Kohlhammer

Ulrike Sallandt

Theologie des Verlassens

Theologisches Denken und Handeln
in performativen Räumen

Verlag W. Kohlhammer

Für Lina

1. Auflage 2024

Alle Rechte vorbehalten
© W. Kohlhammer GmbH, Stuttgart
Gesamtherstellung: W. Kohlhammer GmbH, Stuttgart

Print:
ISBN 978-3-17-045266-4

E-Book-Format:
pdf: 978-3-17-045267-1

Für den Inhalt abgedruckter oder verlinkter Websites ist ausschließlich der jeweilige Betreiber verantwortlich. Die W. Kohlhammer GmbH hat keinen Einfluss auf die verknüpften Seiten und übernimmt hierfür keinerlei Haftung.
  Dieses Werk einschließlich aller seiner Teile ist urheberrechtlich geschützt. Jede Verwendung außerhalb der engen Grenzen des Urheberrechts ist ohne Zustimmung des Verlags unzulässig und strafbar. Das gilt insbesondere für Vervielfältigungen, Übersetzungen, Mikroverfilmungen und für die Einspeicherung und Verarbeitung in elektronischen Systemen.

Inhalt

Abkürzungen		9
Vorwort		11

Theologie des Verlassens. Ein Grundriss 15

1	Utopie als Sprache		16
1.1	Der radikal-utopische Raum: Alterität als Utopie		17
	1.1.1	Konstitution des Raums	17
	1.1.2	Bedingung und Bedeutung theologischer Rede von Gott als utopischer Raum	19
	1.1.3	Konsequenzen der theologischen Rede vom utopischen Raum	21
1.2	Die Sprache der Entdeckung		24
1.3	Erstes Zwischenergebnis: die Bedeutung des radikal-utopischen Raums für eine Theologie des Verlassens		27
1.4	Erste theologisch-christologische Deutung: Gottes Sprache der schöpferischen Differenz		30
2	Sprache als Bekenntnis		33
2.1	Sprache als Bekenntnis der Alterität		34
	2.1.1	Der Anfang	34
	2.1.2	Verhältnis von Schöpfer und Geschöpf	35
	2.1.3	Die ‚gute' Schöpfung, oder: Schöpfung durch das Wort	36
	2.1.4	Schöpfung und Gabe	37
2.2	Die Sprache der Verantwortung		38
2.3	Zweites Zwischenergebnis: die Bedeutung der ethischen Sprache der Differenz für eine Theologie des Verlassens		43
2.4	Zweite theologisch-christologische Deutung: Jesus Christus – Gottes Wort der lebendigen Differenz		44
3	Zwischen Alterität und Sprache: eine Theologie des Verlassens		46
3.1	Kritik und Anspruch		47
3.2	Alterität und Sprache		48
3.3	Ambivalenz und Differenz		49
3.4	(Be-)Deutungen einer Theologie des Verlassens		53
3.5	Ausblick		57

Kulturwissenschaftliche Vorbemerkungen 60

Theologie des Verlassens: räumlich

Philosophische Überlegungen zur theologischen Bedeutung
kultureller Räume 67

1	Theologie des Verlassens: Alterität und Sprache	67
1.1	Alterität als Utopie: schöpferische Raumgabe	67
1.2	Theologisch-christologische Rede im von Gott gegebenen Raum .	69
2	Die theologische Bedeutung kultureller Räume	71
2.1	Von der Missionswissenschaft zur Interkulturellen Theologie: eine Skizze	72
2.2	Bedeutung für die theologische Rede: Erkennen und Handeln	76

Ausblick 80

Theologische und christologische Überlegungen im Zeitalter der
Digitalisierung 81

1	Theologie des Verlassens: Alterität und Sprache	81
1.1	Alterität als Utopie: schöpferische Raumgabe	81
1.2	Theologisch-christologische Rede im von Gott gegebenen Raum .	83
1.3	Sprache und Differenz: theologische Rede herausgefordert	85
2	Digitalisierung: zwischen (globaler) Einräumung und (lokaler) Entgrenzung	88
2.1	Erste Überlegungen: Was ist Digitalisierung?	88
2.2	Raum und Wahrnehmung: Vorüberlegungen zum spatial turn	91
2.3	Aufgabe gegenwärtiger Theologie im Kontext der Digitalisierung	93
2.4	Christologische Vertiefung: Überlegungen im Zeitalter der Digitalisierung	94
3	Schlussbemerkungen	97

Inhalt 7

Theologie des Verlassens: Theologische und
religionspädagogische Bedeutung kultureller Räume 99

1	Theologie des Verlassens: Alterität und Sprache	100
1.1	Alterität als Utopie: schöpferische Raumgabe	100
1.2	Theologisch-christologische Rede im von Gott gegebenen Raum .	102
1.3	Religiöse und theologische Bildung im von Gott gegebenen Raum: Herausforderungen	104
2	Theologie Interkulturell: theologische und religionspädagogische Bedeutung kultureller Räume	106
3	Wahrnehmen neuer religionspädagogischer Körper-Räume	110

Theologie des Verlassens: performativ

Kritische Überlegungen zum Wesen und zur Produktion von
Wissen und Erkenntnis am Beispiel der Religionspädagogik 117

1	Situiertes Wissen (Donna Haraway)	117
1.1	Wesen und Ursprung	117
1.2	Funktion und Absicht	119
2	Hermeneutik und Wissen	121
3	Kritisches Wissen und Denken	123
3.1	Kritisches Wissen und Denken als hermeneutische Aufgabe: eine interdisziplinäre Vertiefung	123
3.2	Ästhetische und globale Religionspädagogik: kritische Diskussionsansätze	127

Welche Theologie benötigt die (performative)
Religionspädagogik? Überlegungen zum Verhältnis von
Theologie und Religionspädagogik 130

1	Religiöse Bildung und Religionspädagogik: Herausforderungen ...	130
2	Paul Tillich und Emmanuel Levinas	132
2.1	„Sein und Gott": Paul Tillichs Verständnis der Beziehung zwischen Gott und Mensch	132
2.2	Emmanuel Levinas' Begriff der Alterität	136

3	Performative Religionspädagogik	138
3.1	Komplexität der Wahrnehmung	140
3.2	Theologie als Bezugswissenschaft der (performativen) Religionspädagogik	141

Alterität als Orientierungshilfe in der Pentekostalismusforschung ... 144

1	Pentekostalismus/Pentekostalismusforschung	144
2	Das Leibkonzept im radikalen Alteritätsdenken Levinas'	146
2.1	Trennung	148
2.1.1	Erste Trennung: biologische Dimension des Leibs	148
2.1.2	Dritte Trennung: ethische Dimension des Leibs	149
2.1.3	Zweite Trennung: Bewusste existenzielle Dimension des Leibs	151
3	Überlegungen zur Notwendigkeit (anderer) religionsästhetischer Methoden in der Pentekostalismusforschung	152
3.1	Einblick in aktuelle Studien	154
3.2	Mein Anliegen: Forderung und Vertiefung des religionsästhetischen Ansatzes	156
4	Schlussbemerkungen	161

Performative Räume im pentekostalen Gottesdienst: Überlegungen zur räumlichen Atmosphäre von Tönen und Klängen ... 164

1	Theoretischer Rahmen: Religionsaisthetische Überlegungen	165
2	Gottesdienstgeschehen	166
2.1	Spatial turn	166
2.2	Performative Räume	167
2.3	Liturgische Geschehen: eine dichte Beschreibung (Clifford Geertz)	167
2.4	Ekklesiologie: Wesen und Vollzug performativer Räume	169
3	Pneumatologische Vertiefung	171

Ausblick ... 173

Schlussüberlegungen ... 174

Literatur ... 177

Abkürzungen

Bekenntnis	Schöpfung als Bekenntnis (= Askani 2006)
GGV	Gedächtnis, Geschichte, Vergessen (= Ricœur 2004)
GW	Geschichte und Wahrheit (= Ricœur 1974)
HdM	Humanismus der Anderen Menschen (= Levinas 2005)
JdS	Jenseits des Seins oder anders als Sein geschieht (= Levinas ^{4}2011)
KD	Kirchliche Dogmatik (Barth)
KdrV	Kritik der reinen Vernunft (Kant)
LT	Lebendig bis zum Tod (= Ricœur 2011)
SA	Das Selbst als ein Anderer (= Ricœur 1996)
SpA	Die Spur des Anderen (= Levinas ^{6}2012)
SuZ	Sein und Zeit (= Heidegger ^{18}2001)
TP	Vom Text zur Person (= Ricœur 2005)
TU	Totalität und Unendlichkeit (= Levinas ^{5}2014)
Utopie	Eia, wärn wir da – eine theologische Utopie (= Marquardt 1997)
WdA	Wege der Anerkennung (= Ricœur 2006b)
WGDE	Wenn Gott ins Denken einfällt (= Levinas ^{4}2004)
ZuE	Zeit und Erzählung (= Ricœur 1989–91)
Zwu	Zwischen uns (= Levinas 1995)

Vorwort

Warum Theologie, wie theologisieren? Die Fragen nach Bedeutung und Umsetzung theologischen Denkens und Sprechens sind im Anbetracht glokaler Veränderungen von höchster Dringlichkeit. Kritische Reflexion über Wesen und Funktion von Theologie schließt unabdingbar ein kritisch-konstruktives Selbstverständnis ein, um in Auseinandersetzung mit Alteritätsphänomenen mit der eigenen Position permanent im Zwiegespräch zu bleiben.

Im vorliegenden Band möchte ich meinen philosophisch-theologischen Grundriss einer Theologie des Verlassens anhand von sieben Studien zur Anwendung bringen. Ich orientiere mich dabei an der Fragestellung, wie theologische Rede – Theologisieren – heute in kritischer Auseinandersetzung konkretisiert werden kann. Ausgehend von der Alterität, einem Ort außerhalb des mir Vertrauten, ist kein Bedeutungsraum abgeschlossen. Der Anspruch meines theologischen Denkens, Sprechens und Handelns wird folglich darin sichtbar, provisorische Räume immer wieder verlassen zu müssen, epistemologisch kontinuierlich im Aufbruch zu sein, radikal zu theologisieren. Entsprechend versuche ich anhand der differenzierten Anwendung diesen Anspruch räumlich und performativ / in performativen Räumen sichtbar zu machen. Im Anschluss an eine Skizze des Grundrisses einer Theologie des Verlassens und grundlegenden kulturwissenschaftlichen Vorbemerkungen (zum besseren Verständnis meiner theologischen Ausrichtung), arbeite ich im ersten Block *Theologie des Verlassens: räumlich* die Bedeutung des Raumes / der Räumlichkeit in kultureller und digitaler Dimension heraus. Im zweiten Block *Theologie des Verlassens: performativ* fokussiere ich die Bedeutung des Vollzugs, der Geschichtlichkeit und Prozesshaftigkeit sowie Körperlichkeit, und zwar in den Bereichen der Epistemologie, der Religionspädagogik, der Religionswissenschaft bzw. Ästhetik, letzteres insbesondere im Anschluss an meine Pentekostalismusforschung. Pentekostale Theologien entstehen primär im Kontext von und im Anschluss an Glaubenserfahrungen. Theologische Rede wertet die Bedeutung von Körperlichkeit und Sinnlichkeit, deren Potenzial es gilt, wissenschaftlich angemessen auszuloten.

Theologie des Verlassens: räumlich

Im ersten Kapitel *Philosophische Überlegungen zur theologischen Bedeutung kultureller Räume* skizziere ich ausgehend vom Alteritätsbegriff bei Emmanuel Levinas (m)ein theologisches Denken, das sich in dem von Gott gegebenen Raum immer wieder neu ein- und ausrichten muss. Die Dimension des Raumes und der Räumlichkeit schöpfungstheologisch in den Fokus meiner Betrachtung zu stellen, ermöglicht es, die Herausforderung an theologische Rede heute in Begegnung mit kulturellen Alteritäten differenzierter in den Blick zu nehmen. Der Wandel in der zweiten Hälfte des 20. Jahrhunderts – sichtbar in der Kritik an der kolonialen christlichen Missionsgeschichte – muss sich im theologischen Denken und Sprechen in Anbindung an kulturelle Räume ausdrücken. Dabei geht es primär darum, theologisches Wissen und Sprechen räumlich zu entgrenzen und kontinuierlich in kulturellen Transformationsprozessen situativ selbstkritisch zu deuten. Die komplexen Transformationsprozesse, die sich vor allem durch eine rasante Entwicklung im digitalen und entsprechend im glokalen Kommunikationsgeschehen abbilden, fordern auch die Theologie heraus, sich kritisch zu positionieren und ihre gesellschaftliche Verantwortung wahrzunehmen.

Aus der Perspektive einer Theologie des Verlassens ist es im zweiten Kapitel *Theologische und christologische Überlegungen im Zeitalter der Digitalisierung* mein Anliegen, Raum/Räumlichkeit im Kontext digitaler Kultur (Stalder) zu beleuchten und die theologische Aufgabe christologisch zu analysieren und zu schärfen. Die bleibende Trennung in Jesus Christus öffnet, so meine These, den notwendigen Differenzraum, um Diskurs- und Handlungsräume gesellschaftlich politisch zu schützen.

Die Dimension des Raumes und der Räumlichkeit schöpfungstheologisch in den Fokus meiner Betrachtung zu stellen, ermöglicht, die Herausforderung an Theologie und Religionspädagogik heute in Begegnung mit kulturellen Alteritäten und die Aufgabe religiöser Bildung differenzierter in den Blick zu nehmen. Im anschließenden Kapitel *Theologische und religionspädagogische Bedeutung kultureller Räume* skizziere ich (m)ein theologisches Denken, das sich theologisch permanent herausgefordert weiß. Religiöse Bildung beschränkt sich im „Global Christianity" nicht auf den europäischen Kontext, sondern muss den Bewusstseinswandel in der zweiten Hälfte des 20. Jahrhunderts kritisch in Anbindung an kulturelle Räume widerspiegeln. Dabei geht es mir primär darum, die religiöse Verständigung nicht nur kulturhermeneutisch zu entgrenzen und interkulturelle Lernorte zu erschließen, sondern diese Öffnung theologisch zu begründen.

Theologie des Verlassens: performativ

Werden die räumlichen Herausforderungen ernstgenommen, Geschichtlichkeit, Prozesshaftigkeit konstitutiv berücksichtigt, ist es unausweichlich, die Konsequenzen für Wissensproduktion auch im (religiösen) Bildungskontext in den Blick zu nehmen. Der wissenstheoretische Ansatz des Situierten Wissens (Haraway) ermöglicht, das hermeneutische Geschehen epistemologisch zu vertiefen. Im ersten Kapitel des zweiten Blocks *Überlegungen zum Wissensverständnis. Eine Grundlagenanalyse für (religiöse) Lernprozesse ausgehend von Donna Haraways Konzept des Situierten Wissens* geht es mir vor allem darum, Komplexität, Ambiguität und

Perspektivismus als permeable Membranen zu verstehen, die das komplexe Lernsetting bestimmen, indem sie es nicht isolieren, sondern im Sinne eines offenen performativen Raumprozesses tragen. Wissen und Erkenntnis ereignet sich demnach in einem offenen Austauschgeschehen. Mein Anliegen ist es, für einen Wissensbegriff zu sensibilisieren, der jeglicher Art des Absolutheitsanspruchs aufgibt, stattdessen fördert, Prozesshaftigkeit und Diskursivität, Offenheit und Geschichtlichkeit, Geist und Körperlichkeit, epistemologisch nicht nur ernst zu nehmen, sondern konkret in (religiösen) Lernprozessen kritisch-konstruktiv zu integrieren. Der Fragestellung *Welche Theologie benötigt die (performative) Religionspädagogik?* widme ich mich im folgenden Kapitel. Dabei analysiere ich das Verhältnis von Theologie und Religionspädagogik. Auf der Grundlage Paul Tillichs korrelativem Verständnis der Beziehung Gott und Mensch reflektiere ich anhand von Emmanuel Levinas' Konzept der radikalen Alterität die geschöpfliche Grenze des Menschen. Das Verständnis der Grenze vertiefe ich im Folgenden schöpfungstheologisch. Als sich immer wieder neu konstituierender Grenzraum fordert sie primär den konstruktiven Akt, wahrzunehmen. Infolgedessen erörtere ich die (performative) Religionspädagogik als Wahrnehmungswissenschaft. Dabei vertiefe ich differenziert das Verständnis von Wahrnehmung und begründe das Verhältnis von Theologie und Religionspädagogik theologisch. Anhand meines Kapitels *Alterität als Orientierungshilfe in der Pentekostalismusforschung* setze ich mich für einen (neuen) Forschungsansatz ein, der die – das vielschichtige Phänomen des Pentekostalismus – prägenden Aspekte von Körper(lichkeit), Sinnlichkeit bzw. sinnlicher Erfahrung ermöglicht, wahrzunehmen. Ausgehend vom Ansatz der radikalen Alterität Levinas' begründe ich mein Anliegen methodisch und theologisch. Im Bewusstsein meiner Verpflichtung theologischen Denkens im Sinne einer Theologie des Verlassens, leitet mich die Einsicht, dass die Position des/der Anderen kein lästiger Nachtrag ist, sondern elementarer Bestandteil wissenschaftlicher Forschung und Lehre. Diese Überzeugung kann nicht nur postuliert werden, sondern muss in Wissenschaft und Gesellschaft gleichermaßen praxisorientiert Einfluss nehmen und sich eben auch in der Religionsforschung *methodisch* widerspiegeln. Realitätsfern verliert sich theologische und religiöse Forschung in äußeren Zuschreibungen, die dem Untersuchungsgegenstand, hier dem komplexen vielschichtigen Phänomen des Pentekostalismus, nicht gerecht werden. Inhaltlich vertiefe ich in der abschließenden Studie *Performative Räume im pentekostalen Gottesdienst: Überlegungen zur räumlichen Atmosphäre von Tönen und Klängen* das akustische Geschehen im pentekostalen Gottesdienst. Dabei konzentriere ich mich auf die religionsästhetische Bedeutung von Tönen und Klängen in den performativen Räumen im liturgischen Geschehen. Auf der Grundlage meiner empirischen Forschung und Erfahrung im Pentekostalismus (Lateinamerika/Peru) beschreibe und deute ich das dynamische Phänomen. Anhand des peruanischen Pfingsttheologen Bernardo Campos Morante analysiere ich die ambige performative Räumlichkeit im Gottesdienst pneumatologisch, die im Sinne des *spatial turn* im Spannungsfeld von

Verräumlichung und Enträumlichung als spirituelle Atmosphäre wahrnehmbar wird.

Berlin, den 3. Juli 2024 *Ulrike Sallandt*

Theologie des Verlassens. Ein Grundriss

> Wir sollen als Theologen von Gott reden. Wir sind aber Menschen und können als solche nicht von Gott reden. Wir sollen Beides, unser Sollen und unser Nicht-Können wissen und eben damit Gott die Ehre geben (Karl Barth, Das Wort Gottes als Aufgabe der Theologie, 1922).

Theologie hat die Aufgabe, Gott in Worten, oder doch zumindest sprachlich, auszudrücken, denn, ohne Gott eine hörbare Gestalt zu geben, wäre seine Anwesenheit zum Schweigen verdammt und der Gefahr des Vergessens ausgesetzt. Worte, Sprache, Verständigung sind herausfordernde Aufgaben, nicht nur in Bezug auf die Rede von Gott, aber diesbezüglich umso mehr. Denn Gott ist Alterität, Gott ist unverfügbar, unbegreifbar, unsichtbar, zugleich erfahrbarer Raum, erfahrbare Einsicht und erfahrbare Anwesenheit. Die entscheidende Frage ist doch, *wie* wir als Theolog:innen von Gott reden sollen und wie wir dabei unser Sollen und Nicht-Können nicht nur bekennen, sondern auch methodisch konkret umsetzen. An dieser Stelle kommt die Theologie des Verlassens ins Spiel. Theologie des Verlassens versucht zu vertiefen, welche Art von theologischem Denken, Sprechen und Handeln Alterität an-und-für-sich ernst nimmt. Der Grundriss einer Theologie des Verlassens, von dem im Folgenden im spannungsvollen Verhältnis von Philosophie und Theologie die Rede sein soll, denke ich außerhalb gesetzter normativer Strukturen ausgehend von Gott, von seiner absoluten Alterität und Transzendenz. Indem theologische Rede sich selbst verlässt, folgt sie den unverfügbaren Spuren, d. h. einer Gottesvorstellung, der zufolge Gott sich selbst verlässt und auf diese Weise auf sich und sein Geschöpf vertraut. Dieser Gottesbegriff ermöglicht es der theologischen Rede, sich selbst, Gott und sein Wirken ‚sichtbar', in Gestalt von Alteritätsphänomenen immer wieder theologisch ausgehend-von und in Verständigung-mit Anderen zu entdecken. Ausgehend von meinen bereits andernorts dargelegten ausführlichen Überlegungen zu Emmanuel Levinas und unter Berücksichtigung von Paul Ricœur, F.-W. Marquardt und Hans-Christoph Askani[1] denke ich im Spannungsfeld von Utopie und Bekenntnis einen Raum, in dem der Grundriss einer Theologie des Verlassens sichtbar wird.

Im ersten Kapitel vertiefe ich die Utopie als Sprache (Marquardt) primär in der Verständigung mit Levinas (Kap. 1.1), anschließend die Sprache der Entdeckung mit Ricœur (Kap. 1.2). Das Verständnis der Sprache als Bekenntnis

---

[1] Vgl. Sallandt 2024. Beim vorliegenden Kapitel handelt es sich um den dritten Teil meiner Habilitationsschrift, der für mein Anliegen, mein theologisches Denken anzuwenden, entsprechend überarbeitet wurde.

(Askani) vertiefe ich hingegen primär ausgehend von Ricœur (Kap. 2.1), dabei wird erst in einem zweiten Schritt die Voraussetzung der Sprache als Verantwortung im Levinas'schen Denken deutlich (Kap. 2.2). Methodisch begründet sich das Vorgehen darin, dass Marquardt und Levinas jeweils vom Standort außerhalb, d. h. systemtranszendent, beginnen, ihr theologisches Denken zu entwickeln, hingegen Askani und Ricœur anthropologisch, d. h. systemimmanent ansetzen, Gott zu ‚begreifen'. Der jeweiligen Vertiefung folgt ein Zwischenergebnis, in dem ich die Bedeutung für eine Theologie des Verlassens herausstelle (Kap. 1.3 u. 2.3) und diese anschließend aus christlich-theologischer Perspektive analysiere (Kap. 1.4 u. 2.4).

Meine These ist, dass die wechselseitige Verständigung der vier Denker den für den Grundriss einer Theologie des Verlassens notwendigen Denk-Raum konstituiert. Eine Theologie des Verlassens ermöglicht sich in dem Moment und an dem Ort, in bzw. an dem mit dem Anspruch der absoluten Alterität Levinas' ernst gemacht wird. Der radikale Bruch fördert ein Gottesverständnis, das Gott nicht ‚einfach' voraussetzt, sondern Gottes Gegenwart und Handeln, die bzw. das gegenwärtig keinen Raum hat (*u-topos*), sprachlich anders sichtbar werden lässt. Gott als utopischen Raum wahrzunehmen und zur Sprache zu bringen, ist Aufgabe einer Theologie des Verlassens, die dem radikalen Bruch folgend sich im Sinne eines offenen Grundrisses immer wieder herausfordern lässt, sich auf Gottes Alterität utopisch zu verlassen. In der Sprache des Bekenntnisses erkennt sie ihre schöpferische Grenze, die ihr zugleich ermöglicht, sich und die Anderen immer wieder neu und anders auszulegen. In der Spannung von Kritik und Anspruch (Kap. 3.1), von Alterität und Sprache (Kap. 3.2) sowie von Ambivalenz und Differenz (Kap. 3.3) münden meine Überlegungen im Schlusskapitel darin, Bedeutungen einer Theologie des Verlassens (Kap. 3.4) sichtbar werden zu lassen. Im Ausblick (Kap. 3.5) verweise ich exemplarisch auf diverse gesellschaftliche Bereiche, in denen ich ausgehend von einer Theologie des Verlassens Handlungsbedarf sehe.

1 Utopie als Sprache

Marquardt zufolge schafft Sprache den für die Utopie notwendigen Realitätsbezug. *Utopie* zeigt bei ihm, wie Sprache Realität bindend wirkt. Die radikale Transzendenz zwischen Gott und Mensch, die schon im zweiteiligen Aufbau der *Utopie* zum Ausdruck kommt, bleibe gewahrt, wenn sprachlich an die geschichtliche Beziehung zum jüdischen Erbe erinnert werde. Das jüdische Bekenntnis zur radikalen Transzendenz müsse ernst und ihr Anspruch angenommen und integriert weitergegeben werden. Marquardt zeigt auf, dass der Mensch die Einladung in die utopischen (Sprach-)Räume Gottes *geschichtlich* anstatt begrifflich verstehen müsse, sie immer wieder in Sprachhandlungen verantwortungsvoll weitererzähle und Gott auf diese Weise offen begegne.

Die Bedeutung und das Verständnis von Sprache bei Marquardt vertiefe ich im Folgenden anhand der philosophischen Ansätze von Levinas und Ricœur kritisch. Dabei liegt der Schwerpunkt auf der Verständigung mit Levinas, dessen Ansatz der radikalen Alterität die Notwendigkeit der absoluten Differenz Gottes unterstreicht und theologisch ermöglicht, unerschöpflich neue und ganz anderen Räume zu denken.

1.1 Der radikal-utopische Raum: Alterität als Utopie

Die Sprache der Utopie (Marquardt) gleicht der An- bzw. Vorsprache der Alterität (Levinas). Levinas und Marquardt kritisieren anhand ihres Verständnisses von Sprache das gegebene System. Ausgehend vom absolut Anderen sehen beide systemische Einseitigkeit und strukturelle Verschlossenheit kritisch und wollen dem Leben seine Lebendigkeit und Dynamik zurückgeben, indem sie Brüche und Unstimmigkeiten wahrnehmen. Ihre Sprache von Utopie und Alterität nimmt die absolute Differenz in Gestalt von Ungewöhnlichem und Unerwartetem, teilweise (vielleicht) auch nicht Gewolltem und Unerwünschtem, wahr und benennt sie. Sie offenbart, dass Leben und Geschichte nicht in fixierten und verschlossenen Systemen des Eigenen liegen, sondern sich inmitten von Alteritätsphänomenen begründen. Die (theologische) Sprache bildet nicht einfach ab, sondern bricht immer wieder mit ihren Bildern der Erinnerung und Erwartung.

1.1.1 Konstitution des Raums

Meine These ist, dass Levinas den Ansatz der utopischen Sprache Marquardts radikalisiert. Anhand seines Verständnisses von Alterität verdeutlicht sich das der Utopie Wesenhafte: ihre ursprünglich notwendige Disharmonie und Dissonanz. Als sich selbst konstituierende Grenze wird die absolute Differenz in Gestalt der Utopie sichtbar. Zwischen Vision und Wirklichkeit (Bildverständnis Marquardts) ereignet sich Gott als utopischer Raum geschichtlich. Als Widerspruch, d. h. zwischen dem, was sein soll, und dem, was ist, bindet sich der utopische Raum konkret inmitten der und an die ganze Lebenswirklichkeit. Levinas' Begriffe der Nähe und Spur, Ausdruck von Gottes räumlich-sinnlich erfahrbarer Gegenwart bzw. Gottes räumlich-geschichtlichen Wirkens, verdeutlichen den Raum einerseits als Ort der Befreiung von Struktur und System (Nähe), anderseits als Ort der unbegreifbaren irreduziblen Begegnung mit dem Anderen, dem Antlitz (Spur).

Die Metapher der unverfügbaren Spur (Levinas)[2] als Evidenz dieser asymmetrischen Begegnung zwischen Gott und Mensch drückt das ursprüngliche

---

[2] Vgl. Henrix 1999, 38–40 zur Vertiefung der Bedeutung des Spurbegriffs bei Levinas für die christliche Theologie.

Paradox der fernen (Marquardt) und ethischen Nähe (Levinas) aus. Ihr theologisches Echo liegt nicht nur jenseits von Intentionalität, sondern auch jenseits eines teleologischen Offenbarungsverständnisses. Abseits vom theologischen Lehrsystem ermöglicht diese schöpferische Nähe es im utopischen Raum *wirklich* von Gott zu reden, d. h. Gott in der Sprachhandlung ethisch, inspiriert aus den eigenen existenziellen Erfahrungen heraus, zu bezeugen und zu bekennen, ohne der Gefahr zu verfallen, Gott zu vereinnahmen. Levinas' Ansatz radikalisiert den theologischen Anspruch Marquardts, sich von Tradition und ontologischem Sprachsystem zu befreien, um Gottes Spur exklusive theologisch zu folgen (vgl. Morrison 2009, 115). Weder harmonisch noch harmonisierend vollzieht sich die theologische Rede, sondern sie drückt unter- und aufbrechend (letztlich) die „unmögliche Möglichkeit" (Derrida)[3] aus, sich der wahren menschlichen Existenz (im Raum Gottes) zu nähern. Die sich vollziehende Rede von der utopischen Raumgabe kritisiert das Gegebene, widerspricht immer wieder im/dem System und ermöglicht kontinuierlich neue Denk-, Sprech- und Handlungsperspektiven. Als Ausdruck des von Gott gegebenen Raums der Hoffnung, der auf die Zukunft weist, ist es die Sehnsucht, die im Jetzt, d. h. realutopisch, die Hoffnung gegenwärtig in der theologischen Rede (weiter-)trägt und in Gestalt des Widerstands und des Widerspruchs bewahrt. Die eschatologische Hoffnung erfährt demnach eine konkrete reale Anbindung im Widerspruch zum Gegebenen.

Levinas' Unterscheidung von Bedürfnis und Begehren greift hier. Das Verständnis des Begehrens erhellt Marquardts zum Teil unklaren Begriff der Sehnsucht (vgl. SpA 225, Utopie 539). Als Jenseitsbewegung markiert das Begehren die Grenze menschlicher Rede von Gott, sich die Hoffnung selbst zu erfüllen. Die klare Differenz zwischen Bedürfnis, das selbst zu stillen möglich sei, und Begehren, dass einen in eine ewige Unruhe nach dem absolut Anderen (Transzendenz) versetze, ermöglicht es, Gott als den utopischen Raum sprachlich anzuerkennen, sich nach der Möglichkeit seines Handelns zu sehen. Konkret bedeutet das: die Hoffnung auf das Unmögliche in der theologischen Rede ‚sichtbar' werden zu lassen. Demnach liegt die Bedingung der letzten Möglichkeit darin, das System (Gesagte) ethisch (im Sagen) zu reduzieren: „Die Transzendenz richtet sich nicht in der Immanenz des Gesagten (sei es das Sein oder das Bewusstsein) ein, sondern sie ist seine Öffnung, die sich aber, sobald sie thematisch wird, verrät" (Lotz 2008, 222f.).

Theologisch interpretiere ich die sich vollziehende utopische Rede von Gott als Raum im Sinne einer angemessenen Annäherung an die wahre Schöpfung Gottes, an das paradiesische Paradox menschlichen Lebens, das ursprünglich in,

---

[3] Vgl. Derrida 2003. Derrida drückt damit die Schwierigkeit aus, über Ereignisse zu sprechen. Barth verwendet den Ausdruck, (1) um den Anschein eines dualistischen Verhältnisses von ‚gut' und ‚böse' des Sündenbegriffs zu vermeiden (vgl. u. a. KD III/3, 405), (2) um das widersprüchliche Wesen der Sünde auszudrücken (vgl. KD IV/1, 454) und in struktureller Verwandtschaft zu Derrida, (3) um das notwendige Scheitern der theologischen Rede zu versprachlichen (vgl. Barth 1922).

1 Utopie als Sprache

aus und als Differenz erschaffen wurde (vgl. Utopie 136). Das geschöpfliche Leben lässt sich nicht begrifflich in eindeutigen Systemen erfassen. Eindeutigkeit widerspricht ja gerade dem Schöpfungsgeschehen und der geschaffenen menschlichen Existenz. Als Produkt anthropologischen Denkens degradiert theologische Eindeutigkeit Gott als Schöpfer auf die Vorstellung eines menschlichen Handwerkers, der nach festgelegtem Modell sein Produkt geschichts-, zeit- und beziehungslos vollendet. Die unverfügbare Wahrheit der Schöpfung liegt für mich ausgehend von Levinas und Marquardt vielmehr in der ständig sich sprachlich vollziehenden Suche der Theologie, die sich ihres asymmetrischen Verhältnisses zu Gott hörend und antwortend bewusst wird und erst, indem sie sprachlich handelt, Gottes ganz anderen utopischen Raum er- und anerkennt. Das Entscheidende des Gottesbegriffs liegt hier darin, dass Gott in seiner Freiheit sich einzuschränken, sich aus der Welt zurückzuziehen und damit diesen schöpferischen Zwischenraum, den Ort Gottes, *makom* zu ermöglichen[4], theologisch im Vordergrund steht. Vor diesem Hintergrund lässt sich die *creatio ex nihilo* als Narrativ eines Differenzgeschehens lesen. Theologisch öffnet sich im Rückzug Gottes kein Raum der Harmonie, sondern ein Differenzraum. Anthropologisch wirkt sich die schöpferische Differenz darin aus, dass (erst) sie es dem Menschen ermöglicht, wirkliche (Sprach-)Beziehung zu leben,[5] die sich räumlich real-utopisch immer wieder konkretisieren muss.

1.1.2   Bedingung und Bedeutung theologischer Rede von Gott als utopischer Raum

Meine These ist, dass der Ansatz der Alterität (Levinas) verdeutlicht, dass von Utopie, vom Gott eingeräumten Raum (Marquardt), ‚nur' dann geredet werden kann, wenn sie bzw. er Kein-Ort und insofern menschlicher Erkenntnis unverfügbar bleibt. Die Herkunft und Heimat der Theologie als menschliche Rede von Gott begründet sich vor aller Logik in einer Art prälogisch-präsynthetischen Einheit im Leib. Demzufolge drückt sich Gottes Unverfügbarkeit schöpfungstheologisch in seiner einzigartigen Treue als Schöpfer zu seinem Geschöpf aus. Darin erkennt Theologie ihre schöpferische Grenze, der sie ausschließlich utopisch-ethisch begegnen kann. Allein im performativen Akt des Hör- und Sprachhandeln spricht sich Theologie in Beziehungsräumen mit dem Anderen paradiesisch aus. In der paradiesischen Spannung, im Verweis auf eine andere (verborgene) Wirklichkeit ihrer ‚unmöglichen Möglichkeit', ist Theologie Gott nah und fern

---

[4]   Vgl. Schulte 2014. Dies erinnert an die Selbstkontraktion Gottes im Glauben der jüdischen Kabbala (Isaak Luria). Dieser jüdischen Lehre zufolge liegt die Macht Gottes in der Kontraktion, die als Einschränkung Gottes verstanden wird. Der Anfang wird als einfaches Licht gedacht, das sich in seiner eigenen Mitte kontrahiere. In dieser Bewegung entstehe leerer Raum, d. h. Raum für die Schöpfung. Diese Selbsteinschränkung wird als Weisheit Gottes bezeichnet.

[5]   Vgl. van Riessen 2009, 152f. Der Autor verdeutlicht vom Standpunkt der Kabbala das Schöpfungsverständnis Levinas'.

zugleich.⁶ Die Fähigkeit, das Unsichtbare und scheinbar Unmögliche (verborgene Paradies) zu berücksichtigen, öffnet der Theologie unerwartete Ereignisse; erwartete, geplante Ereignisse widersprächen dem theologischen Anspruch des/im schöpferischen Raum(es) Gottes, der sich als die unmögliche Möglichkeit offenbart und sich die ereignishafte Absolutheit und Selbstständigkeit bewahrt bzw. bewahren muss. Gemeinsam lassen die Sprache der Utopie (Marquardt) und der Ansatz der Alterität (Levinas), d. h. die utopische Sprache der Alterität – Gottes Anrede, Gottes erstes Wort, das Sagen – in der theologischen Rede dahingehend nachvollziehen, dass es Theologie nicht festlegt, sondern sie einlädt, die von Gott eingeräumten Beziehungs- und Gestaltungsräume wahrzunehmen und *anders* von Gott zu reden. Im Beziehungsraum, der ewigen Gabe göttlicher Verheißung, ereignet sich menschliche Rede von Gott, Theologie als Aufgabe, dem (sichtbaren) Verlust des Paradieses geschichtlich verantwortungsbewusst zu begegnen. Theologische Rede muss sich dieser Verantwortung für die absolute Differenz (den Verlust des Paradieses) annehmen, denn allein utopisch wird der verheißungsvolle Raum Gottes unter uns ‚sichtbar'. Die Theologie wird dabei ethisch infrage gestellt und es kommt außerhalb von Vernunft und Erkenntnis zu einer „Umkehrung der Herrschaftsverhältnisse" (Lotz 2008, 221). Theologische Rede ist demzufolge „kein Akt eines Subjekts" (ebd.) Ausgehend von der Sprache (der Alterität) ermöglicht sie vielmehr in konkreter Konfrontation mit dem Gegebenen ein räumliches Befreiungsgeschehen, ohne Differenz(en) aufzuheben. Dabei fördert Theologie aktives Zeugnis und Bekenntnis anstatt passive Erkenntnis und statisches (Un-)Wissen.

Theologisch interpretiere ich den Übergang von der Phänomenologie der Erkenntnis zur Phänomenologie der Ethik mit Blick auf seinen sozialen Bedeutungsgehalt, der sich darin äußert, utopisch von Gott zu reden bzw. reden zu müssen. Der Übergang konstituiert die theologische *agency* ausgehend vom absolut Anderen und in einer unbedingt schöpferischen Gabebeziehung, die es theologisch unausweichlich zu bekennen gilt und die jedweder Art dogmatischer Isolation widerspricht. Besonders deutlich wird die theologische Gabebeziehung, das Befreiungsgeschehen, das befreit und bindet, im Bewusstsein des ethisch transzendenten Leibverständnisses von Levinas (vgl. SpA 258.). Die sich ihrer ursprünglichen (leiblichen) Wurzeln bewusste ethische Sprache der Alterität konstituiert sich notwendigerweise inmitten leiblicher Existenzialität: Letztere ist ihr Ausgangspunkt. Insofern ist sie bzw. die Ethik nicht nur erste Philosophie, sondern auch „first theology"⁷ Es ist notwendig, sich des anthropologi-

---

⁶ Vgl. Lotz 2008, 292f. 296. Lotz zufolge übersteigt die biblische Gottesrede die Vernunft, und genau diesem Anspruch werde Levinas gerecht. Dies zeige sich gerade im Begriff der Nähe und der Spur, die je auf ihre Weise in der Selbstmitteilung Gottes *seine* Treue zum Ausdruck bringen, die unerkennbar und unverfügbar nur im Antlitz zu empfangen sei.

⁷ Purcell 2006, 45. Es verwundert nicht, dass Alain Mayama in seiner Untersuchung *Emmanuel Levinas' Conceptual Affinities with Liberation Theology* neben Dussel und Marion auf

schen Ausgangspunktes der Theologie, der Rede von Gott als utopische Raumgabe, zu besinnen, der sich, unter Berücksichtigung des ethischen Fokus in der Philosophie von Levinas, in seiner ursprünglichen, transzendenten, leibhaften Gegebenheit als bedeutsam erweist (vgl. Purcell 2009, 137–139). Erst diese existenzielle Bindung schützt die Theologie vor der Gefahr, sich und den Anderen zu entfremden, ihn theologisch-dogmatisch zu reduzieren. Die Leibdimension[8] trägt die paradoxe Spannung des theologischen Sprachgeschehens und schafft deren Bedingung, Theologie als inkarnierte Rede zu denken, die die genuine Differenz zur Alterität und ihren Erscheinungsformen ethisch überbrückt, anstatt sie ontologisch aufzulösen. Diese Bedeutung des Leibs zeigt theologisch, dass das Verständnis des Leibs in der traditionellen christologischen Lesart als Mittlerschaft unterbestimmt bleibt. Die Bedeutung von Geschichte, der ihr inhärenten Bild- und Raumdifferenz, erfährt durch das differenzierte Leibverständnis eine theologische Aufmerksamkeit, die darin liegt, die ursprüngliche Unmittelbarkeit der ethischen Verantwortung schöpfungstheologisch zu begründen. Schöpfungstheologisch verkörpert sich die utopische Raumgabe als eine differenziert zu denkende performative Anbindung zwischen Gott und der theologischen Rede von Gott. Im mehrdeutigen Zwischenraum erkennt Theologie nicht Gott-an-sich, aber hört den ganz Anderen aus dieser Uneindeutigkeit heraus. Indem Theologie ihrer ursprünglichen Leiblichkeit bewusst wird, hört und spricht sie utopisch anders. Das räumliche performative Leibverständnis, d. h. die gemeinsame Betrachtung von Geschichtlichkeit und radikaler Transzendenz, ermöglicht demnach eine Theologie, die sich Alterität und Pluralität konstitutiv nähert bzw. nähern muss. Diese erste ursprüngliche Theologie bzw. theologische Rede von Gott deutet und interpretiert in der ursprünglichen Weite des performativen Schöpfungsraumes (Vgl. Morrison 2009, 106.110f.119).

1.1.3 Konsequenzen der theologischen Rede vom utopischen Raum

Meine These ist, dass theologische Rede von der utopischen Raumgabe, die Rede von Alterität als Utopie – befreit aus der ontologischen Zwangsjacke – ein schöpferisches Sprachereignis bewirkt, das der Gefahr der Ontotheologie[9] vorbeugt

---

Michael Purcell zurückgreift. Der befreiungstheologische Ansatz geht notwendigerweise von der konkreten historischen Situation menschlicher Existenz aus.

[8] Die Bedeutung des Leibs wird bei Levinas schon auf der elementaren Ebene der ersten Trennung deutlich und nimmt in *Jenseits des Seins* ethische Bedeutung an.

[9] Vgl. Gander, Hans-Helmuth, „Ontotheologie", in: *Religion in Geschichte und Gegenwart*, Bd. 6, 568–569. Der Begriff stammt von Immanuel Kant und charakterisiert neben Kosmotheologie den zweiten Strang der transzendentalen Theologie. Aufgabe der Ontotheologie ist es, „durch bloße Begriffe, ohne Beihülfe der mindesten Erfahrung, sein [...]. Dasein zu erkennen" (KdrV B 660). Martin Heidegger hat die Bedeutung und den Gebrauch des Begriffs geprägt. Er charakterisierte damit die abendländische Metaphysik im Ganzen. Denke man Metaphysik im Hinblick auf den gemeinsamen Grund von jedem Seienden sei sie Logik als Onto-Logik, richtet sie sich hingegen auf das Seiende mit Blick auf das höchste Sein aus,

und es ermöglicht, Gottes Wirken abseits von logischer Erkenntnis utopisch und ethisch wahr- und ernstzunehmen. Im Besinnen auf die ursprüngliche, leibliche Abhängigkeit wird ein mehrdeutiges schöpferisches Raum- und Sprachgeschehen sichtbar und erfahrbar. In diesem unerwarteten und unverfügbaren Ereignis legt Theologie Zeugnis vom Anderen ab. Gottes Wahrheit ist nicht an und für sich zu erkennen, sondern theologisch in den unverfügbaren Gesichtern anderer (Theologien) wahrzunehmen, zu deuten und zu bekennen. Das Schöpfungsgeschehen ereignet sich als utopische Raumgabe (Marquardt). Als schöpferische Sprachhandlung gleicht Gottes Urhandeln der von Levinas dezidiert geforderten ethischen Sprache. Als Verkündigung wird sie empfangen und gehört und öffnet mitten in der Welt eine neue und unbekannte ursprüngliche räumlich-soziale Beziehungswelt. Kerygmatisch bindet sich das schöpferische Geschehen ereignishaft an die reale Wirklichkeit, die die existenzielle Bedeutung vertieft und Theologie immer wieder vor Gott in die (soziale) Verantwortung stellt. Diese theologisch-anthropologische Grunderfahrung ereignet sich im ewigen Widerspruch, der die theologische Rede aber nicht mehr zur klassischen Theodizee-Frage führt, sondern vielmehr dafür sensibilisiert, jenseits traditioneller Systeme Gott als utopischen Raum wahrzunehmen. Marquardt weist zu Recht darauf hin, dass der erste Artikel des Credos den Glauben an den Schöpfer zum Ausdruck bringt und nicht den an seine Schöpfungswerke (vgl. Utopie 307). Dabei drückt die theologische Rede aus, dass Theologie ihren wahrhaft existenziellen Ort allein im Antlitz erfährt. Diese scheinbare unmögliche Sprachbegegnung, die sich zwischen Gott und theologisch-menschlicher Rede von Gott ereignet und allein schöpfungstheologisch zu denken möglich ist, vollzieht sich asymmetrisch und asynchron im Augenblick. Der utopische Raum stiftet sich nicht dauerhaft, sondern als Begegnung im/durch das Antlitz ethisch, überbrückt im Moment ungeahnte Risse und Spalten, indem er eine andere Art theologischer Verständigung ermöglicht. Die bereits erwähnte ethische Verantwortung des Menschen (Levinas) entsteht im freiwilligen eigenständigen Rückzug Gottes (Marquardt), in seiner unverfügbaren Treue zu sich selbst bzw. in seinem Urhandeln, das theologisch den Weg zur ethischen Verantwortung des Menschen ebnet.

Theologisch ermöglicht das radikal ethische Verständnis der Sprache (Levinas), der Transzendenz in der Immanenz, die Rede vom ereignishaften Geschehen der utopischen Raumgabe Gottes (Marquardt): Ausgehend von der ethischen Sprache vollzieht sich theologische Rede vor Gott im notwendigen Bezug zur Realität politisch-sozial, um der Gefahr vorzubeugen, ontologisch starren Strukturen zu verfallen. Die ethisch inspirierte Sprache trennt und bindet die theologische Rede gleichermaßen. Es muss gesprochen werden. Die Besonderheit liegt darin, die Transzendenz Gottes radikal utopisch zu denken. Eingefallen

---

dann sei sie Theo-Logik. Nach Heidegger ist die abendländische Metaphysik ‚Onto-Theo-Logik'.

1 Utopie als Sprache

in die Immanenz hat sie unausweichlich eine (sozial-)ethische bzw. raumschaffende performative Bedeutung[10], auch wenn diese menschlich unsichtbar bleibt.

Die ethische Dimension, die in der konstitutiven Anbindung an das Gegebene zeigt, erkenne ich für die theologische Rede von Gott mit Marquardt und Levinas als das Entscheidende. Theologie heute muss die radikale Transzendenz Gottes immer wieder im/als utopischen Raum in stetiger Wechselwirkung der absoluten Differenz sprachlich verdeutlichen: „A human capacity that is divinely and ethically inspired"[11]. „Gotteszeugnis ist zuerst als *genetivus subjectivus* zu verstehen: Es ist Gott, der Zeugnis von sich ablegt durch den Zeugen. Hierin liegen die Ohnmacht und die Macht des Gotteszeugnisses, hierin seine Unverfügbarkeit" (Van Riessen 2009, 168). Der Gottesbegriff wird nicht als statisches Gegenüber gedacht, sondern Gott bleibt in dieser Art theologischer Rede in seiner radikalen Transzendenz der Theologie unverfügbar, und darin ganz nah (Marquardt). Außerhalb von System zu denken ermöglicht es, in der theologischen Rede dem Verständnis von Gott entsprechend ethisch gerecht zu denken, zu sprechen und zu handeln (Levinas). Es handelt sich um einen räumlich-performativen Akt. Dadurch wird es möglich, dass Theologie Gott in den schöpferischen Zwischenräumen, in der Vielfalt von endlichen Sprachen und Räumen, wahrnimmt. Theologisch: In konkreten Erfahrungen gewährt Gott sich und der theologischen Rede performativen Raum. Schöpferischer Lebensraum konstituiert sich folglich, wenn theologische Rede der radikalen Alterität und Transzendenz Gottes, der in ihr/durch sie ermöglichten Vielfalt des ganzen Lebens, utopisch begegnet. Theologisch spricht sich der Raum dieser Art von ethischer Begegnung als heiliger Raum aus, denn theologisch begründet und bestimmt er sich primär im Wort Gottes. Das radikale Alteritätsdenken überwindet demzufolge den (utopischen) Raum nicht, sondern führt vielmehr unausweichlich in diesen hinein und konkretisiert ihn bzw. die Rede von Gott als einen performativen Raum, d. h. als eine zu gestaltende Räumlichkeit.[12] Die Rede von Gott erhält als unhintergehbare Verantwortung die Möglichkeit, Gottes utopischen Raum zu erfahren (vgl. Kirschner 2009, 174). Im scheinbaren Widerspruch liegt das

---

[10] Vgl. Barth 1956, 29–32 u. KD I/2, § 22, 875–890. Barth ist der Meinung, die ethischen Implikationen durch sein Verständnis des Verhältnisses von Dogmatik und Ethik nicht explizit machen zu müssen. Vielmehr möchte er jegliche Art von hierarchischem Verhältnis dadurch unterbinden, dass für ihn die dogmatischen Grundsätze wesenhaft der Abzweckung, d. h. der Zielausrichtung und Intentionalität auf ihren ethischen Gehalt dienen.

[11] Vgl. van Riessen 2009, 158. Der Autor berücksichtigt an dieser Stelle die Studie von Dorothee C. von Tippelskirch, *„Liebe von fremd zu fremd ...": Menschlichkeit des Menschen und Göttlichkeit Gottes bei Emmanuel Levinas und Karl Barth* (2002). Van Riessen arbeitet das der Ethik inhärente Vermögen heraus, die fragmentarische und fragile Realität in Form einer Überbrückung zusammenzuhalten. Im Sinne der jüdischen Ethik der Tora spreche Levinas von der „creation of the world ‚in ethics'" (van Riessen 2009, 153).

[12] Vgl. Fischer/Hattrup 1999, 349f. zum ethischen Verhältnis von Philosophie und Theologie bei Levinas.

Geheimnis des utopischen Raums, ausgehend von und in dem Gott in der theologischen Rede immer wieder ‚sichtbar' wird.

1.2 Die Sprache der Entdeckung

Die radikal-utopische Raumgabe denke ich den vorherigen Überlegungen zufolge als ein von Gott ins Leben gerufenes Sprachgeschehen, das dem kulturellen Dasein des Menschen vorausgeht und dessen kulturell-sprachlichen Gestaltung trägt. Religiöse Erfahrungen widerfahren dem Menschen inmitten der räumlich-existenziellen Lebenssituation utopisch und ethisch. Ihre transzendent begründete und bestimmte ereignishafte performative Räumlichkeit erfordert im Sinne Paul Ricœurs, Zeichen und Symbole kulturell differenziert wahr- und ernst zu nehmen. Sie sind menschlich eingerichtete Systeme und umkleiden die wahren Dinge in der Zeit, zeitigen und konkretisieren sie im geschichtlichen Kulturraum. Das kulturelle Symbol und Zeichen ist keine unantastbare Voraus-Setzung, sondern unterliegt als zeit- und raumgebundener Ausdruck der geschichtlichen Veränderung des und im Raum(s). Ihm liegt ein theologischer Wetteinsatz zugrunde, der erst im Prozess der Interaktion und Interpretation zurückgezahlt werden kann (vgl. Ferber 2016, 134–137). Die Symbole werden als Ausdruck der Transzendenz in der Immanenz empfangen, ihnen wird ein Mehr an Bedeutung zugetraut. Durch diesen Vertrauensvorschuss konstituiert sich ein Entdeckungsraum, der sie nicht einseitig und eindeutig verstehen lässt, sondern der selbst lebendig und mehrdeutig verstanden werden muss. Hermeneutik und Reflexion sind insofern nicht voneinander zu trennen, um der (metaphorischen) Sprache im utopisch-ethischen Raum auf die Spur zu kommen. Mittels der hermeneutischen Reflexion erkennt man den nicht unmittelbar verfügbaren Gehalt der kulturellen Sprache an. In dieser Reflexion wird das Ganze der Geschichte räumlich sichtbar und auf der Suche nach Sinn- und Bedeutungswandel, der sich in den Kulturräumen unterschiedlich versprachlicht, verantwortet (vgl. Gräb 2016, 46–59).

Meine These ist, dass Ricœurs Verständnis der lebendigen Metapher den schöpferischen Aspekt (vgl. Hupe 2013, 89–110, Frey 2013, 161), der sich in der ent-grenzenden Metaphorik der den utopischen Raum öffnenden Sprache der Alterität zeigt, nachvollziehen lässt. Ihren Mehrwert erkenne ich darin, dass diese Sprache es ermöglicht, deutend und interpretierend Neues zu entdecken. Indem Theologie in der/durch die utopische Raumgabe zu dieser performativen Sprache fähig ist und wird, befindet sie sich auf der Suche der unerschöpflichen Wahrheit. Demzufolge liegt im utopischen Raum der ewigen (Selbst-)Zeugung Gottes (vgl. Utopie 562) das theologische Vermögen, auf diese Art von Gott zu reden. Theologie wird demnach räumlich fähig, sprachlich (poietisch) zu deuten und die objektiv gesetzte, scheinbare Wahrheit zu hinterfragen. Das räumlich-performative Geschehen der theologischen Sprachhandlung vollzieht sich dabei absolut unabhängig (vgl. Trusheim 2016, 148–154). Allein sie ermöglicht eine Rede von Gott, die den Dingen immer wieder neue Namen gibt und sie kontinuierlich anders ‚ordnet'. Die sich in dieser Art vollziehende theologische Rede von Gott als und im utopischen Raum immer wieder erschließende Wahrheit deckt das ‚Ursprüngliche' als dynamisch-performatives Geschehen auf und ermöglicht es, von eigenen (theologischen) Überzeugungen loszulassen. Die Theologie versprachlicht den ‚Lebensraum' Gottes entdeckend/performative, der nicht stillsteht und mehr ist und (zu bieten) hat, als die menschliche (verbale) Rede in ihrem Ichsein zu glauben meint (Utopie 310, 405f.). Dieser sozialgeschichtliche Lebensraum bzw. die Lebensgabe Gottes, in dem/der sich theologische Rede in Beziehung zu Anderen konstituiert, gibt ihr immer wieder Anlass, sich selbst und den Anderen in diesen komplexen Lebensbeziehungen aufzuspüren. Theologie muss notwendigerweise die zu deutende (Raum-)Gabe Gottes (Marquardt) in ihrer reichen Vielfalt interpretieren (vgl. 126). Es gibt für sie niemals direkten Zugang, sondern sie sucht nach Möglichkeiten narrativ anzuknüpfen und kreative Brücken trotz, oder gerade wegen ihres Unverständnisses zu bauen (vgl. SA 175). Die die theologische Rede charakterisierende integrative performative Kraft versteht und vertieft sich mit Blick auf das Geschichtsverständnis Ricœurs, der auf das unverfügbare Ganze der Geschichte vertraut, ohne es begreifen zu wollen. Es handelt sich um ein öffnendes Erschließungsgeschehen von Poietik und Mimesis, das im grundlosen Vertrauen Leben in Geschichten weitergibt (vgl. Hiller 2016, 118–130). Insofern befindet sich die Theologie auf ewiger Spurensuche, deren Fragilität sie sich nicht entziehen kann, sondern die sie das Ganze der Geschichte (Gottes) nachzuvollziehen lehrt (vgl. ebd.).

Mittels ihrer Sprachhandlungen orientiert sich Theologie und folgt darin der Spur Gottes. Diese Wirklichkeit (vgl. Utopie 575), die die Theologie in der räumlich-performativen Begegnung mit Gott erfährt, vollzieht sich aufgrund ihrer Unsichtbarkeit und Unverfügbarkeit als realutopisches Auslegungsgeschehen (vgl. TP 209–225), das von sprachlicher Vielfalt geprägt ist. In diesem Raum ist der Ambiguität Gottes hermeneutisch zu begegnen: Interpretierend wird ein offener, dynamischer Umgang möglich, räumlich be- und zugleich performativ entgrenzend. Diese theologische Rede offenbart befreiende Wahrheit, die der Grenze ihrer Erkenntnis entspricht. Als Grenzgeschehen verständigt sie sich, ohne Anspruch auf Letztgültigkeit. Vielmehr ist sie sich der Unverfügbarkeit Gottes bewusst, entzieht sich aber nicht ihrer Aufgabe, von Gott zu reden, sondern spricht von seiner radikalen Transzendenz. Dabei wird Gott *nicht* verobjektiviert, sondern Theologie spricht die konkrete geschichtliche Situation an und damit Gottes radikales Anderssein aus. Indem Theologie auf diese Weise existenziell verstrickt von Gott redet,[13] versteckt sie sich nicht hinter dogmatischen Traditionen, sondern antwortet mit der von Gott gegebenen performativen

---

[13] Vgl. Dietz 2016, 60–74: Dieser Aspekt wird im Hiobbuch, auf das Ricœur sich oft bezieht, thematisiert; vgl. auch Oeming 2013, 37–52 und Lienhard 2013, 111–142.

Sprachlichkeit auf geschichtlich-räumliche Veränderung und entdeckt Gott in seiner Unverfügbarkeit und Mehrdeutigkeit. Als sprachlich-räumliches Befreiungsgeschehen ermöglicht Theologie Erkenntnis von Mehrdeutigkeit, d. h. sie lässt (Gott als) weite Räumlichkeit sichtbar werden. In dieser Hinsicht konstituiert sich die Rede von Gott, indem sie im Auslegungsgeschehen diese Mehrdeutigkeit der ethischen Wahrheit Gottes (vgl. GGV 83f., ZuE III 349f.) performativ erfährt.

Festzuhalten ist: Theologie gestaltet die von Gott ausgesprochene Raum-Gabe. Im utopischen Sprachereignis und ethischen Auslegungsgeschehen kann Theologie von Gott und seiner (Raum-)Gabe „unter eschatologischem Vorbehalt" reden (Utopie 575). Die Auswirkungen der Gabe Gottes lassen sich im theologischen Entdeckergeist deuten, auslegen, und immer wieder neu verstehen (vgl. ZuE I 119). Indem Theologie entdecken will, vollzieht sie sich im utopischen und performativen Raum, anstatt sich ontologisch vom Leben abzuwenden. Diese Art theologischer Rede von Gott hebt/unterläuft die Tendenzen von dualen und binären Ausdrucksweisen. Die ethische Sprache ist im Anbetracht des menschlichen Unverständnisses die dem Raum Gottes angemessene Sprache, da sie vor diesen Tendenzen schützt.

Levinas radikalisiert und konkretisiert den utopischen Raum (Gott) als einen radikal anderen Ort der Begegnung, Verständigung und Handlungsorientierung. Die Radikalität seines Ansatzes unterstreicht die Unantastbarkeit der absoluten Differenz Gottes, die unerschöpflich neue theologische Perspektiven erlaubt (s. o.). Ricœur ermöglicht es, die theologische Rede von Gott differenziert zu thematisieren. Dabei denkt er die komplexe Verständigung zwischen Gott und Mensch narrativ, die Gott in seiner unverfügbaren Alterität und Transzendenz wahr- und ernstnimmt und darin (an-)erkennt.[14] Mit Ricœur kann der unbedingte theologische Anspruch Marquardts, Gott, den ganz Anderen, geschichtlich-konkret zu erfahren und von Gott zu reden, unterstützt werden. Gott zu deuten, zu interpretieren und zur Sprache zu bringen, um sich selbst immer wieder neu zu entdecken, vollzieht sich in performativ-räumlichen Prozessen, die

---

[14] Vgl. Richter 2016, 116. Cornelia Richter deutet die implizite religiöse Rede bzw. Deutung in der Anerkennungslehre Ricœurs an; vgl. auch Korsch 2016, 177–180. Die Anerkennungslehre zeigt sich noch deutlicher in Korschs kritischem Vergleich mit der Rechtfertigungslehre. In seinem Aufsatz „Rechtfertigung und Anerkennung. Auslegungsdimensionen der Rechtfertigungslehre" schreibt er, dass die wechselseitige Anerkennung sich im Modus des Unbedingten vollziehe, Differenz berücksichtigt werde und somit von einer ‚faktischen Ambivalenz' zu reden sei. Die Grundlage, das im Kampf um Anerkennung zugrundeliegende Unbedingte, Gott selbst, drücke sich als Riss, Differenz, Spalt aus. Dieser Gott verschaffe sich als ewiger Lebensbegleiter in allen noch so unverfügbaren Lebenssituationen sprachlich Gehör. Anders gesagt: Als Paradox trennt und bindet Gott, das Unbedingte zugleich.

Gott sich selbst einräumt: Selbstgabe gleich Raum- bzw. Lebensgabe.[15] Sprachlich-performativ (er-)findet sich Theologie im Sinne Ricœurs kontinuierlich neu.

> Immer wieder danach zu suchen, wie sich der Mensch als religiöser – und wie wir hier vorläufig festhalten als *wirklich möglicher* – konstituiert, immer wieder von der reflexiven Neugier getrieben zu sein, das Wirken des Lebendigen, das Wirken Gottes unter den Bedingungen seiner geschichtlichen Gegenwart im Menschen neu zu denken, ja neu zu finden, bleibt der zwar letztlich *uneingelöste*, aber darum auch immer wieder *neu verheißende* Horizont. Wer reist, sieht viel (Ferber 2012, 24).[16]

1.3 Erstes Zwischenergebnis: die Bedeutung des radikal-utopischen Raums für eine Theologie des Verlassens[17]

In der philosophisch-theologischen Verständigung verdeutlicht sich die Notwendigkeit, die absolute Alterität, Gott, in seiner radikalen Transzendenz als utopischen Raum anzuerkennen. In der theologischen Rede vom utopischen Raum konkretisiert sich der Anspruch von Levinas und Ricœur, Alterität und Sozialität Gottes gemeinsam zu denken. Der utopisch-dynamische Raum, der Ausdruck für die von Gott gewählte nahe Ferne oder ethische Nähe, ermöglicht es, die radikale Transzendenz anzuerkennen, ohne der Gefahr ideologisch-dogmatischer Totalität (Levinas) zu verfallen, die vereinnahmt und das Wort (Gottes) ausräumt, d. h. Gott raumlos macht. An diesem von Gott eingeräumten Ort konstituiert sich vielmehr der ursprüngliche Anspruch, sich theologisch vom radikalen Anderen unterbrechen zu lassen, d. h. eine ethisch-theologische Perspektive einzunehmen. Es handelt sich um das *paradise lost* (Marquardt). Am paradiesischen Ort, der sich in ewiger Beziehung verborgen ereigne, konstituiert sich die wahre Grundstruktur im Sinne eines Grundrisses theologischer Wissensproduktion. Dem Schöpfungsverständnis folgend, das Gott im Wort inmitten von Differenz und Dissens, im Widerspruch und in-Geschichten-verstrickt schöpferischen Lebensraum ermöglicht, muss theologische Rede diese Raumgabe per-

---

[15] Korsch 2016, 221. Dietrich Korsch spricht von der „unbedingten Quelle". Gott komme vom bzw. im Anruf mitten aus und in dem Leben auf den Menschen zu. Diese Sprachbewegung entspreche dem Wirken des verborgenen Gottes, der sich – in Zeit und Raum kritisch wirkend – offenbare.

[16] Christian Ferber zeigt – wie ich finde – am Ende seiner Dissertation über die Anthropologie Ricœurs gut nachvollziehbar, inwieweit „Das religiöse Subjekt im Vollzug", so die Überschrift des Kap. IX, mit anderen Worten das ethische Selbst, bei Ricœur die Ansätze Schleiermachers und Barths vermittlungstheoretisch erweitere. Der *homo capax* sei Ausdruck einer heuristischen, explorativen Kraft. Im Verzicht auf Letztbegründung höre der Mensch als Zeuge zwischen Wirklichkeit und Möglichkeit *mehr*.

[17] Im Anschluss an die theologische Skizze konkretisiere ich diese Bedeutung des radikal-utopischen Raums für eine Theologie des Verlassens, in dem ich sie in Bezug auf unterschiedliche Raumdimensionen untersuche.

formativ empfangen; indem Theologie diesen Raum wahrnimmt, antwortet sie und empfängt die darin liegende Aufgabe, den Raum zu gestalten, sich und den Anderen ethisch zu verantworten (vgl. TP 247f., SA 192). Auf diese Weise erfüllt Theologie ihre Aufgabe, wird Mitmensch und Mitwelt, Gott und sich selbst gerecht. Sie richtet sich nicht teleologisch aus, sondern indem sie bereit ist zu entdecken, denkt, spricht und handelt sie *ethisch,* richtet ihr Sprechen und Handeln performativ-räumlich immer wieder neu aus.

Blickt man ausgehend von dieser philosophisch-theologischen Betrachtung auf die Anforderung theologischer Rede heute, vor allem im alltäglichen Umgang mit Unbekanntem und Fremdem, hat der theologische Gedanke eines ursprünglich utopischen und ethischen schöpferischen Raums handlungsorientierendes Potenzial. Indem Theologie sich primär ethisch performativ verständigt, ‚entlastet' sie sich in der Beziehung ausgehend vom absolut Anderen. Sie hat sich nicht absolut selbst zu verantworten, sondern steht in befreiender Beziehung. Im Verständigungsraum, in dem Gott sie permanent infrage stellt und herausfordert, ohne sie zu verlassen, ereignet sich der Grundriss für eine theologische Rede in ökumenischer Lebendigkeit. Der utopische Raum trägt die Geschichtlichkeit ethisch und ist theologisch immer wieder neu aufzubrechen. Ausgehend vom Anspruch der radikalen Alterität und der ethischen Sozialität vergegenwärtigt Gott sich im sichtbaren Zeugnis. Insofern ermöglicht die Rede von Gott als utopischem Raum, Gott im Leben theologisch zu jeder Zeit vielfältig sprachlich zu erfahren. In dieser Hinsicht sprengt theologische Rede die Grenzen gewöhnlicher Kommunikation. Als theologische Glaubens- und Hoffnungssprache transzendiert sie ethisch und richtet sich an der Lebensrealität aus. Damit bindet sie utopisch und handlungswirksam. Die sprachlich-performative Vielfalt von Lob und Klage zu thematisieren entspricht der Weite des Selbstzeugnisses Gottes und gilt als theologisch-sprachlicher Ausdruck des Strebens nach sozialer Aufrichtig- und Gerechtigkeit.

Manche Menschen glauben an politische Programme, an ideologische Verheißungen, an Religionen, an die eigene Kultur; andere glauben an den menschlichen Fortschritt, die Entwicklung in Wissenschaft, Technik und Wirtschaft. Woran der Mensch glaubt ist vielfältig und liegt u. a. in seiner eigenen Entscheidung, die aber vom soziokulturellen Kontext, von Sozialisation und von der eigenen Lebensgeschichte beeinflusst ist. Trotz aller Unterschiede, woran geglaubt wird, unterliegen alle Glaubensausrichtungen der Veränderung, demnach auch die theologische Rede vom christlichen Glauben. Es ist breiter Konsens, wissenschaftlichen Ergebnissen keine rational unantastbare Gültigkeit mehr zu zusprechen. Ebenso zeigt sich im religiösen Umfeld, nicht zuletzt durch die über 100 Jahre alte Ökumenische Bewegung, Kritik an fundamentalistischen Positionen, die sich jeglicher Art der Veränderung und der Verständigung verschließen. Die Einsicht, den Wandel der Zeit wahr- und ernstzunehmen, findet breite Zustimmung. Sie widerspricht jeglicher Art der Verabsolutierung bzw. des Absolut-Setzens. Zugleich meine ich noch immer wahrnehmen zu können, dass der Konsens sich (noch) zu wenig und zu unkonkret auf die theologische Rede auswirkt. Zwar wird die Veränderung durch die und in der Zeit erkannt, aber der eigene theologische Diskursraum, trotz Einsicht in Eurozentrismus und Kolonialismus, wird in der Tiefe nicht infrage gestellt. *Postcolonial studies* haben zwar auch Eingang in die Theologie gefunden, wirken aber noch immer eher wie ein (sekundärer) Nachtrag im universitären Curriculum. Kontextuell begrenzte, insofern isolierte, theologische Positionalität verhindert aus meiner Sicht (noch immer) in weiten Teilen theologischer Wissenschaft den Übergang vom Erkennen zum Anerkennen. Anzuerkennen, dass jede theologische Position dem Irrtum unterliegt, d. h. auch die eigene, dass das grundlegende Verständnis von Wissen und Erkenntnis sich wissenschaftstheoretisch unermüdlich infrage stellen lassen muss, stellt die Theologie, insbesondere die europäische, vor eine unausweichliche Aufgabe. Europäische Theologie hält dem Konsens zum Trotz an ihrem Machtanspruch, Maßstab theologischer Wissenschaft zu sein, fest. Sie richtet sich – in gewisser Weise im Widerspruch zum allgemeingültigen Konsens – immer wieder ausgehend von sich und der eigenen Geschichte auf. Indem sie im Gleichen und Gleichbleibenden verharrt, strebt sie danach, ihre (Macht-)Position zu bewahren. In Anbetracht ihres Strebens nach Eindeutigkeit und Eindimensionalität muss sie herausgefordert werden, den geschichtlichen Wandel nicht nur zeitlich wahrzunehmen, sondern ihn theologisch anzuerkennen. Den gegenwärtigen Anforderungen dahingehend nachzukommen ermöglicht es der Theologie, sich immer wieder selbst aktiv aus den eigenen vier Wänden zu befreien und realitätsnah auf die Veränderungen vom Anderen in Raum und Zeit einzugehen.

Über die reine Zeit lässt sich nicht verfügen. Ihr ist ein Schwebezustand eigen, der seinem flüchtigen Wesen nach realer Bindung an die Realität benötigt, um für die theologische Rede erleb- und erfahrbar zu werden. Als Teil der Geschichte muss sich Theologie in den Räumen ihrer Lebenswirklichkeit immer wieder neu einrichten. Indem sie ihr Eigenheim immer wieder verlässt, unterbricht sie sich, folgt darin ihrem Gottesverständnis, durch und in der Beziehung zum radikalen Anderen und Fremden konkret unterwegs zu sein. Der Ausgang aus dem Eigenen, zugleich der Eingang ins Unbekannte, bedeutet, theologisch immer wieder anzufangen, Gottes Wirken wahrzunehmen und das Wahrgenommene zur Sprache zu bringen. Theologie ist dann lebendig und ethisch gerecht, wenn sie sich auf diese Weise gestaltet: in offener, vielfältiger Bindung an die reale(n) Gegenwart(en) in Raum und Zeit. Gott wird demnach als unaufhebbare Beziehung zu seinem Geschöpf gedacht, performativ zur Sprache gebracht und auf diese Weise gefolgt. In dieser Hinsicht ‚berühren' sich Gott (radikale Alterität) und Mensch (ethische Sozialität) in ihrer Eigenständigkeit im zu gestaltenden Raum. Die ursprüngliche Geschöpflichkeit konkretisiert sich in dieser ‚Berührung', indem Theologie sich sprachlich und ethisch im utopischen Raum verständigt, ohne sich durch die Hintertür in die eigenen (scheinbar) sicheren vier Wände zurückziehen, sondern sich immer wieder selbst verlässt. Theologie muss demnach aus der kulturellen Heimat ausziehen, sich der zweiten menschlichen Natur entledigen und sich hautnah auf den Anderen einlassen (vgl. SpA 327). Allein auf diese Weise versucht sie dem Konsens (s. o.) gerecht zu werden, stellt sich und ihren wissenschaftlichen Machtanspruch kontinuierlich infrage. Theologisch handelt es sich darum, die Sehnsucht (vgl. Utopie 162), die radikale Transzendenz (Gott), auch im wissenschaftlichen Diskurs wahrzunehmen und zu bewahren.

Die fähige Theologie (vgl. WdA 125), empfängt die radikale Alterität (vgl. SpA 244) im sozialen Gefüge, deutet und entdeckt sie.[18] Sie erfährt die Gegenwart Gottes, ohne sie vollkommen im utopischen Raum bzw. in ferner Nähe (vgl. Utopie 539) zu verstehen. Alterität ermöglicht ihr aber, nach der Anerkennung des utopischen Raums performativ zu streben (vgl. SA 423).

1.4 Erste theologisch-christologische Deutung: Gottes Sprache der schöpferischen Differenz

Utopie als Sprache, die Marquardt geschichtlich und ausgehend von der absoluten Transzendenz entwickelt und deutet, ‚versprachlicht' die radikale Alterität, die die Selbstständigkeit Gottes und seine Grund-Losigkeit ausdrückt. Anhand von Marquardts Sprachverständnis deute ich den utopischen Raum christologisch als die von Gott gegebene ausgesprochene Sprache des Selbstwiderspruchs, die sich verlässt und genau darin absoluten Widerstand leistet. Es gibt keinen menschlich begreifbaren Grund der Existenz Gottes. Vielmehr verdeutlicht sich mit Blick auf Alterität und Transzendenz Gottes das ursprüngliche paradiesische Differenzgeschehen, das jeglicher Schöpfungsharmonie entgegensteht und christologisch sichtbar wird. Die Sprache der Utopie drückt das dem Grundriss zugrunde liegende (Vater-)Werden aus. Theologisch bedeutet das, dass Gott sich seinen Ort selbst einräumt: Gott kommt nicht von einem Seinszustand her, sondern ihr/sein Sein ist ein der Geschichtlichkeit unterworfenes Werden aus sich selbst heraus. Indem sich Gottes innere Beziehung von Anfang an geschichtlich, insofern mehrdeutig, ereignet, offenbart Gott sich als unverfügbarer Raum, der die theologische Rede herausfordert, sich kontinuierlich in Beziehung zu setzen. Gottes Sprechen und Handeln vollzieht sich christologisch als eine unerschöpfliche Selbst-Werdung. Gottes Sagen umfasst mehr als Worte. Es handelt sich um ein christologisches Sprachereignis.

Gottes Offenbarung in Jesus Christus verstehe ich in erster Linie als eine Art Unterbrechung. Indem Gott sich seiner Schöpfung zuwendet, unterbricht sich theologisches Denken und Sprechen. Der Bruch ist als Appell an die Theologie zu lesen, ihre Herkunft und Geschichte handlungswirksam kritisch zu prüfen. Es

---

[18] In Kap. 2.3 wird die Auf-Gabe des Menschen vertieft.

1 Utopie als Sprache

handelt sich nicht nur um eine äußere Botschaft der zukünftigen Verheißungen. Es geht an dieser Stelle um mehr als um ein Vermittlungsgeschehen gesetzter Botschaften. Entscheidend ist anzuerkennen, dass in der sprachlichen Selbst-Werdung des Schöpfers Theologie in Anbindung an den Kontext angesprochen wird. In Gestalt dieses Anrufs nimmt (der verborgene) Gott in der theologischen Rede sichtbare Gestalt an, wird sein Handeln und Wirken sichtbar. Christologisch gelesen: Gott ereignet sich von Anfang an mitten im Leben. Der Gottesbegriff konkretisiert sich: Gott lässt sich ‚begreifen‘, indem Er/Sie sich unaufhörlich verlässt. Im Verlassen kommt Gott zu sich, bezieht sich unerschöpflich auf sich selbst und darin auf die Beziehung (Treue) zu den Geschöpfen. Im (ewigen) Verlassen konstituiert sich theologisch das Selbst-Vertrauen Gottes, das im christologischen Bekenntnis die menschliche (theologische) Fähigkeit, immer wieder anfangen zu können, begründet.

Der Gehalt der utopischen Sprache entspricht christologisch dem Sagen: Jesus Christus in Wort (Sprache) und Tat (Ethik). Gottes Selbstgabe schützt vor dogmatischer Vereinnahmung. Theologisch ist demnach diese inhärente Spannung der Selbstgabe des Vaters im Sohn ernstzunehmen, denn sie bindet die hoffnungsvolle Zukunft allein im Widerspruch an die Gegenwart, ohne die Alteritätserfahrungen der Vergangenheit, die bis in die Gegenwart reichen, zu ignorieren. Ausgehend von dieser Spannung folge ich einem differenzierten Gottesverständnis: Gott bindet in Differenz und ermöglicht es sich und seiner Schöpfung inmitten von unüberwindbaren Differenzen zu sein. Christologisch geht es hier – wie schon in einem anderen Zusammenhang erwähnt – demnach nicht primär um die Mittlerschaft Jesu Christi, die vor allem die Einheit von Gott und Mensch suggeriert. Der Akzent liegt vielmehr auf der Selbst-Ständigkeit Gottes, die trotz oder gerade in seiner Selbst-Aufgabe und seinem Selbst-Widerspruch und absoluten Selbst-Vertrauen, deutlich wird. Der Gehalt der christlichen Botschaft, das ewige Werden (des performativen Sprechgeschehens) muss inmitten von Alterität in allen ihren Erscheinungsformen in der Geschichte theologisch nicht nur erkannt, sondern anerkannt werden. Wenn die radikale Transzendenz Gottes in der theologischen Rede als Grenze unangetastet bleibt und als Entgrenzung aus menschlich gesetzten Systemen erfahren wird, ereignet sich die Möglichkeit, vom geschichtlichen Gott Israels in Anerkennung zu denken, zu sprechen und zu handeln.

Die Voraussetzung der skizzierten christlich-theologischen Deutung der utopischen Sprache liegt darin, die Geschichte Gottes als die *eine* heilsame Geschichte Gottes in ihrer Geschichtlichkeit, und damit in ihrem kontinuierlichen Wandel räumlich differenziert, wahrzunehmen. Dieses Geschichtsverständnis ermöglicht es, christologisch differenziert zu hören und das Gehörte sprachlich-performativ zum Ausdruck zu bringen. Im theologischen Sprachgeschehen konkretisiert sich Gottes ganze Geschichte, wenn ihre Geschichtlichkeit als das allein in Gott liegende *Geheimnis* bestehen bleibt. Dann, wenn die radikale Alterität und Transzendenz existenziell auf die Theologie wirken darf und die Gabe vom *ganzen* Lebensraum theologisch gehört und (wissenschaftlich) verantwortet wird, vollzieht sich theologische Rede verlassend im absolut eigenständigen utopischen Raum Gottes geschichtlich.

Ausgehend vom Empfangen der ganzen (unverfügbaren) Geschichte – des ewigen (Vater-)Werdens – geht eine theologische Wirkung aus, wirkt ein anderer als der Zeitgeist und inspiriert theologische Rede sich zu verlassen und zur *grund*legenden Sprachhandlung zurückzukehren. Bibelgeschichtlich bedeutet das, Jesus vom Sinai-Ereignis aus und in der Geschichte Israels in der Spannung von Exil und Befreiung im Bund mit Gott permanent neu zu deuten, um utopische Sprachbilder zu entdecken. Christologische Voraussetzung für diese geschichtliche Auslegung anhand von Bild- und Raumsprache ist die Bereitschaft der Theologie, mit ihrem christologischen Bekenntnis ernst zu machen, um sich (wirklich) unterbrechen zu lassen: Wenn Gott als Ort der Welt eingeräumt sein will, wenn Gott Vater/Mutter werden will, ereignet sich sein/ihr Sohn / sein/ihre Tochter, sein/ihr Selbst-Vertrauen, theologisch nicht in falsch verstandener dogmatischer Harmonie, sondern in der theologischen Rede, den christologischen Gehalt (wahrhaftig) als paradiesische Neuschöpfung und aus dem Widerspruch heraus selbst verlassend zur Sprache bringt.

Im Raum Gottes, in dem theologische Rede im utopischen Geist Unverfügbares, Unerwartetes und Unmögliches zusammenhält, ereignen sich schöpferische performative Gaben. Im Raum der Utopie ermöglicht Gottes Geist der Theologie außerhalb des eigenen Systems Zwischenräume zu betreten, in dem Sie (Gottes Geist) die Theologie dazu in die Lage versetzt. Pneumatologisch wird der utopische Raum Gottes in seinem unerschöpflichen Werden und Wirken sichtbar, räumt sich und seinem Geschöpf Gestaltungsraum ein, geschichtlich zu wirken. Die wahrhaft theologische Rede *vor* Gott ereignet sich demnach in der ausgesprochenen inhärenten Spannung Gottes Selbst-Verlassenheit. Indem sie sich im geschichtlichen Wirkungsbereich des Heiligen Geistes (im Zwischenraum) konstituiert, entfaltet diese Spannung das in sich differenzierte relationale Verhältnis des Schöpfers, sein wahres Potenzial als reine Gabe (vgl. WdA 286). Die inhärente Spannung zwischen Vater und Sohn ermöglicht der theologischen Rede, von Gott zu reden, gerade weil die radikale Transzendenz Gottes wahr- und ernstgenommen und nicht christologisch als überwunden gedacht wird. Erneut zeigt sich, dass es theologisch nicht primär um die Mittlerschaft Jesu Christi geht, sondern vielmehr um die sich christologisch ereignende Raumgabe, die sich ereignet, wenn Gott sich verlässt und aufbricht. Gottes Selbst-Trennung als (sprachliche) performative *Differenz* fordert kontinuierlich neue theologische Denkansätze.

Festzuhalten ist: Der utopische Raum des Paradieses (vgl. Utopie 149) und der Raum schöpferischer Auslegung (vgl. ZuE I 88f.) verhelfen gemeinsam dazu, die Bedeutung von Differenz und Dissens der radikalen Alterität als ethische Transzendenz (vgl. JdS 308) zu interpretieren. Diese absolut bedeutende Differenz hebt in ihrer unverfügbaren Vielfalt und Mehrdeutigkeit jeglichen theologischen Anspruch auf Letztgültigkeit und absolute Eindeutigkeit auf: Gottes Sprache der schöpferischen Differenz transzendiert: Sie erweitert theologisches Denken, Sprechen und Handeln utopisch. Die Bereitschaft der Theologie sich immer wieder zu verlassen und nach neuen Anfängen zu suchen (vgl. TP 209–225), sich aus veralteten, überholten Perspektiven und Positionen befreien zu lassen (vgl. TU 84), ermöglicht es, die biblische paradiesische Raumutopie ethisch wahr- und ernstzunehmen. Christologisch weit zu denken öffnet theologisch eine neue Perspektive auf das ganze Leben. Indem Theologie an Vergangenes erinnert, ein geschichtliches Bewusstsein für Schuld und Verantwortung entwickelt, radikaler Alterität als Gabe vertraut, erfüllt sie ihre Aufgabe, Gott zu begegnen. Dabei macht sie die Bedeutung des utopischen Raums der Alterität als Ausdruck für Mehrdeutigkeit, Differenz und Dissens für den wissenschaftlichen theologischen Kontext sichtbar und weiß sich ihr sprachlich verpflichtet.

2   Sprache als Bekenntnis

(Responsive) Differenz zu bekennen bedeutet im Sinne Askanis, das reale Leben, das sich nur inmitten von Alterität und Pluralität abspielt, als Schöpfungsgabe zu bekennen.

> Ein solcher Gedanke war etwa der eines Anfangs, bis zu dem wir nie kommen, sondern der zu uns kommt und der uns immer zuvorkommt; oder der Gedanke des „Handelns Gottes" nicht als des Endpunktes einer Kausalkette, sondern als Aufsprengen von deren Schema; der Gedanke des Verhältnisses von Schöpfer und Geschöpf, deren Differenz sich als Raum erwies: Lebensraum der Endlichkeit oder die Idee einer Schöpfung durch das Wort, welches die Schöpfung in eine eigenartige Schwebe erhebt, in welcher sie nicht näher bei ihrem Ursprung als bei ihrer Ankunft ist, in welcher sie bei ihrem Ursprung mitten in ihrer Ankunft ist (und umgekehrt). (Bekenntnis 180)

Die theologischen Sprechakte und Sprachhandlungen begründet Askani in der Gabe des Wortes Gottes, der Differenz, die die Auf-Gabe bestimme, theologisch antworten zu müssen (vgl. 179f.). In dieser Hinsicht überbrückt theologische Rede zeitliche und räumliche Grenzen. Als komplexes Sprachgeschehen drückt sie Vergebung und Versprechen bekenntnisartig aus (vgl. 199). Anhand seiner Analyse des (Ver-)Gebens und (Ver-)Sprechens verdeutlicht Askani, dass die Bekenntnissprache die lineare Zeitfolge durchbreche und die Bindung an die ganze Schöpfung ausdrücke. Die Bekenntnissprache stehe „für die Gabe selbst und für das Mehr als sie selbst" (200). Für die Theologie bedeutet das, dass sie ausgehend vom Versprechen ihre Auf-Gabe übernehmen kann, ethisch gerecht zu handeln.[19]

---

[19]   Die Analyse Askanis über das Versprechen trägt aus meiner Sicht Ricœurs Handschrift.

Im Folgenden analysiere ich Askanis Rede vom Schöpfungsgeschehen als sprachlich-performatives Beziehungsgefüge. Indem ich anders als bei Marquardt meine Analyse ausgehend von Ricœur entfalte, versuche ich methodisch dem Ausgangspunkt Askanis zu entsprechen. Er beginnt seine Reflexion ausgehend vom menschlich Gegebenem, dem Gesagten. Dabei arbeite ich die Relevanz der Beziehung von Alterität und Sprache heraus, die aus meiner Sicht die vom Jenseits eingeräumten Zwischenräume erhellt und deren Bedeutung für die theologische Rede von Gott als utopischen Raum kritisch aufzeigt.

2.1 Sprache als Bekenntnis der Alterität

In *Schöpfung als Bekenntnis* konzentriert Askani sich auf die Bekenntnissprache. Theologie empfange ausgehend von Alterität, vom unverfügbaren Ursprung, die Anrede Gottes außerhalb ihres eingerichteten Daseins. Indem sie das tue, bekenne sie sich zu Gott. Sie verständige sich narrativ und kreativ. Die integrative Lebensinterpretation erfordert es im Sinne Askanis, dass Theologie sich immer wieder vom Einbruch des Unverfügbaren, vom Ursprung (in) der Trennung, vom Sagen, infrage stellen lassen muss. Reflektierte theologische Rede äußert sich demnach nicht als Zustand, sondern erfordert einen unermüdlichen Bekenntnis-Prozess, kritisch überlegend und abwägend das paradoxe Schöpfungsgeschehen, insbesondere die es tragende qualitative Grenze bzw. Trennung, wahrzunehmen und narrativ zu deuten (vgl. SA 422, 426).

2.1.1 Der Anfang

Meine These ist, dass sich Askanis Ansatz der Schöpfung als Bekenntnis anhand des narrativen Vermittlungsansatzes Ricœurs konkretisieren lässt. In der Auseinandersetzung mit Komplexität und Alterität des Lebens liegt die Möglichkeit zu denken, dass Theologie sich selbst immer wieder neu erfindet und auf diese Weise Fremd- und Selbstzeugnis ablegt. Ricœurs Philosophie des Zeugnisses greift hier. Entscheidend ist, dass Philosophie sich notwendigerweise interpretierend konstituiere. (vgl. Askani 2016, 193). Übertragen auf die Theologie bedeutet das, dass sie sich selbst und das Selbst (die Position) des Anderen kontinuierlich auslegt. Sich theologisch zu bekennen vollzieht sich demnach – wie Askani betont – im Wahrnehmungsprozess. Dieser Prozess trägt kontextuelle Veränderungen, die es immer wieder wahrzunehmen und im Sinne Ricœurs zu interpretieren gilt. Ausgehend von dessen poietisch-sinnstiftenden Sprachverständnis, dass sich Sprache aus dem ursprünglichen Entstehungskontext befreie, kann Theologie sich immer wieder im Auslegungsgeschehen dem lebendigen Ganzen sichtbarer Möglichkeiten und unsichtbarer Unmöglichkeiten narrativ stellen und neue Anfänge denken.

2.1.2 Verhältnis von Schöpfer und Geschöpf

Meine These ist, dass, indem theologische Rede sich in Gestalt der narrativen Identität dialogisch, relational und dynamisch verhält, sie sich und Anderen einen Grundriss legt, der es ermöglicht, im Kontext von Pluralität zu denken, zu sprechen und handeln zu können. Im schöpferischen dynamischen Geschehen bestimmt der narrative Ansatz (Ricœur) die theologische Rede dahingehend, dass sie das Differenzverhältnis von Gott und Mensch als schöpferische Mitte (Askani), als schöpferischen Grund(riss) des Lebens wahr- und ernstnimmt. Die Deutung der Sünde als *grund*legendes Verhältnis zwischen Gott und Mensch bedingt und bestimmt die theologische Rede insofern, als sie die Differenz von schöpferischer Sprache und endlicher Sprache vor Gott zum Inhalt hat. Der Ansatz der narrativen Identität lässt die *creatio continua* als ewige Entfaltung dieses schöpferischen Verhältnisses (Askani) sprachlich differenziert in Lob und Klage sichtbar werden. Dem Konzept des *homo capax* (vgl. WdA 125) folgend geht es nicht nur um das Bekenntnis des Wirklichen und wirklich Möglichen, sondern darum, das, was jenseits dualer Kategorien auftaucht bzw. auftauchen kann, zu bekennen (vgl. Ferber 2012, 24). Das darin enthaltene Bewusstsein für Alterität bietet theologisch die Möglichkeit, absolut differenziert im Sinne des dialogischen, relationalen und dynamischen Charakters der narrativen Identität zu denken. Das Bewusstsein, die absolute, unüberwindbare Alterität abseits menschlich endlicher Kategorien wahrzunehmen (vgl. Hunziker 2016, 210), fordert Theologie auf, ethisch zu transzendieren und sich ihrer schöpferischen Auf-Gabe, die Schöpfungsgaben wahrzunehmen, zu widmen. Die Gabe Gottes, des ganz Anderen, enthält die immerwährende Auf-Gabe für die Theologie, sich selbst und dem Anderen in dieser Hinsicht gerecht zu werden. Gottes Wirken muss theologisch nicht erkannt, sondern vielmehr anerkannt werden. Es geht nicht (mehr) um Erkenntnis-an-sich, sondern darum, die einzigartige räumlich-performative Beziehung zu Gott – das Sündenverhältnis – theologisch anzuerkennen (Askani). Indem sich auf diese Weise das Verständnis von Intersubjektivität dialektisch-wechselseitig im Sinne Ricœurs erweiternd denken lässt, muss Theologie sich im Spannungsfeld von ethischer Verantwortung und kritischer Selbstreflexion immer wieder situativ angemessen ‚erfinden'. Der Pflichtcharakter für die Theologie, der im Sinne Ricœurs in der ontologischen Verankerung der ethischen Aufgabe selbst liegt, ermöglicht es, das Sündenverhältnis anzuerkennen und im Handlungsgeschehen besser nachzuvollziehen. Die bei Ricœur in das Gewissen verlagerte Auseinandersetzung mit der Alterität, mit Differenz und Widerstand, ist Ausdruck der theologisch-anthropologischen Herausforderung, Gott zu bekennen, ohne zu verstehen. In der spürbaren Verantwortung des Gewissens wird die ethisch-theologische Auf-Gabe sichtbar, vom Eigenen loszulassen, um für sprachlich-narrative Anschlussmöglichkeiten zu sorgen, ohne sich von selbst erschaffenen theologisch-dogmatischen Strukturen vereinnahmen zu lassen.

Beispielsweise geht es bei der Theodizee-Fragestellung nicht (mehr) primär darum, das Unverständliche, ja sogar Unmenschliche, verstehen zu wollen, sondern zuerst darum, mit der Situation absolut dialektisch umzugehen: Zuschreibungen zu unterlassen, zugleich zweitens die Klage gegenüber Gott aufzuwerten und wertzuschätzen. Diesen vermeintlichen Widerspruch gilt es schließlich nicht mehr begründen zu wollen, sondern in Hoffnung auf Besserung zu bekennen: „Auf [dieser] dritten Ebene geht es um die Verknüpfung [...] beider Zugänge: Einsicht in die Kontingenz des Bösen [stellv. für alles Unverfügbare, Anmerk. US] und zugleich Hoffnung auf seine letzte Überwindung" (Dietz 2016, 68f.). „Die Betroffenheit vom Leiden, die Affizierung durch das Böse [kann] durch kein Begreifen ruhiggestellt werden" (Lienhard 2013, 140), zugleich ist Theologie im Sinne Ricœurs dazu bestimmt, antworten zu müssen. Diese Ambivalenz führt dazu, dass sie sich der unaufhebbaren Spannung von Fragen und eigenem Unvermögen, auf diese zu antworten, stellen muss. Der Beitrag Ricœurs bestätigt Askanis Deutung, „den Sieg gegen das Böse auf die Ebene der Sprache zu verlegen und ihn so aus mythologischen, theologischen und spekulativen Kategorien herauszuführen" (ebd., vgl. Ricœur 1985). Theologische Rede öffnet den bedeutsamen utopischen Raum der Transzendenz in der Immanenz (s. o.). In diesem Raum vollzieht sich nicht nur die „Sprache der Entdeckung" (vgl. Kap. 1.2)., sondern auch die der Selbstentdeckung bzw. des (Selbst-)Bekenntnisses.

2.1.3 Die ‚gute' Schöpfung, oder: Schöpfung durch das Wort

Ricœurs unermüdlicher interdisziplinärer Einsatz motiviert die Theologie, die transversale utopische Weite der Schöpfungswirklichkeit wirklich wahr- und ernst zu nehmen. (vgl. Ferber 2016, 140). Meine These ist, dass sich Askanis Ansatz, Bekenntnissprache in ihrer ‚Brückenfunktion' zu denken (vgl. Bekenntnis 98), anhand Ricœurs Verständnis der ethischen Auf-Gabe, vertiefen lässt. Es wird sichtbar, dass sich die schöpferische Bindung zwischen Schöpfer und Geschöpf theologisch im Wahrnehmungs- bzw. Glaubensvollzug und sprachlich im wechselseitigen performativen Vertrauensgeschehen entfaltet. Der bekenntnisartige Prozess der fähigen Theologie richtet sich nicht gegen Denken und Verstand, weist diesen Fähigkeiten aber ihre räumliche Grenze und lässt selbige als schöpferische performative Quelle des menschlichen Daseins verstehen. So lässt sich mit Askani ein Wirkungsraum für die theologische Rede denken, der es ermöglicht, die Rede primär ausgehend von der Auf-Gabe, Gottes Wort absolut zu bekennen, zu verstehen (106). Das Bekenntnis der theologischen Rede vollzieht sich notwendigerweise inmitten und aus der spannungsreichen Differenz zwischen Gottes Ansprache (Sagen) und der theologischen Antwort. Allein in der schöpferischen Differenz konstituiert, bewahrt und bejaht sie sich als performativer Bekenntnisakt. Das – dauerhaft zu bewahrende und zu bejahende – Bekenntnis ereignet sich dann, wenn „dieser neue Akt nicht auf das aktive Setzungsvermögen des Subjekts reduzierbar ist" (vgl. Ferber 2016, 157f.). Ich deute folglich das Bekenntnis (also) als die Theologie der „Urbejahung" (Bekenntnis 157), die sich nicht vom theologischen Dogmatismus vereinnahmen lässt. Inmitten des räumlichen Widerstands ermöglicht Theologie es vielmehr, sprachlich-performativ zu handeln.

2.1.4 Schöpfung und Gabe

Ähnlich wie Theologie als Bekenntnissprache im Sinne Askanis transzendiert die poietische Sprache Ricœurs das gegebene System. Meine These ist, dass Ricœurs Konzept der narrativen Identität, das die absolute Dialektik wahr- und ernstnimmt, es ermöglicht, die Sprache in ihrem schöpferischen bekenntnisartigen Wirken deutlich(er) in Erscheinung treten zu lassen. Anhand der von Ricœur analysierten differenzierten Einheit von Leib und Körper bzw. von Zugehörigkeit und Differenz, nimmt die tragende Gabe des Wortes Gottes (Askani) im theologischen Bekenntnis konkrete Gestalt an (vgl. Bekenntnis 107f.). Im ewigen Empfang der Selbst- und Welterkenntnis – im Sprach- und Handlungsraum –, der das Geschöpf als Geschöpf vor Gott sichtbar werden lässt (Askani), bindet Theologie. Erst in der Ankunft des Wortes Gottes beim Empfangenden, am vorläufigen Ende der immer wieder neu zu suchenden Adressaten, entfaltet sich das schöpferische Gabe- und Sprachgeschehen. Die Gabe des Wortes/im Wort Gottes ermöglicht der Theologie, absolute Alterität anzuerkennen, damit jeglichen Letztgültigkeitsanspruch abzulehnen und damit Schöpfung als nie endende Trennung (Askani) zu bekennen (Bekenntnis 89). Demzufolge vollzieht sich theologische Rede sprachlich und utopisch in wechselseitiger ethischer Anerkennung (vgl. WdA 290.295) und erkennt darin Schöpfung als Alterität, als reine, absolute Gabe (286f.). Als utopischen Raum (er-)fordert sie es theologisch, sich primär ethisch in der Schöpfung und für sie auszusprechen.

Festzuhalten ist: Schöpfung als Bekenntnis schafft das Bewusstsein dafür, dass die Auf-Gabe theologischer Rede sich jenseits logischer Deduktion begründet (vgl. Dietz 2016, 70). Die archäologische Suche nach kausalen Zusammenhängen tritt in den Hintergrund. Theologisch geht es in erster Linie darum, konkrete Hoffnungsräume und Erfahrungen wahrzunehmen. Im Beziehungsgeflecht von Sünde, Tod und Leid ereignet sich theologische Rede ausgehend vom Bekenntnis und öffnet sich selbst dadurch neue (narrative) Anschlussmöglichkeiten, ihrer Aufgabe, von Gott zu reden, nachzukommen (vgl. Lienhard 2013, 139).

Anhand der gemeinsamen Betrachtung von Askani und Ricœur setze ich mich für eine Theologie ein, die das Wort Gottes, die räumliche Weite seiner Schöpfung im und aus Glauben immer wieder gegen alle Gründe, besser zu schweigen, im Bekenntnis und Zeugnis differenziert zur Sprache bringt. Im Prozess der Wahrnehmung verlässt Theologie sich, empfängt verlassend die die Schöpfung tragende Sprache vor Gott, die (erst) nachträglich Selbst- und Welterkenntnis ermöglicht. Dabei geht es theologisch darum, die Transzendenz der Sprache Gottes in der verstrickten Immanenz der Endlichkeit im Vollzug

(Bekenntnis) (an-)zuerkennen, nicht Gott selbst. Deutlich wird hier die immerwährende Grenze der theologischen Rede, denn mit dieser bekennenden Sprache bezeugt sie zwar reflektiert die ganze Schöpfung, sucht aber weder theoretisches Wissen noch Erkenntnis, sondern übernimmt primär ethische Verantwortung fürs Ganze (vgl. JdS 249). Letztere vertiefe ich im Folgenden anhand Levinas' Ansatz der radikalen Stellvertretung.

2.2 Die Sprache der Verantwortung

Im Bekenntnis ereignet sich theologische Rede vor Gott, weil Gott den Menschen an seiner Sprache teilhaben lässt (Askani). Die ethische Nähe (vgl. JdS 318) und der Begriff der Spur (vgl. SpA 258) drücken diese unausweichliche Verantwortung aus, Brücken des wertschätzenden Respekts zu bauen, den Anderen zu bekennen und die qualitative Differenz wahrhaftig anzuerkennen. Die Gottesebenbildlichkeit, die Bereitschaft, die Nähe zu Gott zu leben und seiner Spur zu folgen, dabei primär ethisch zu denken, macht Theologie handlungsfähig (vgl. Henrix 1999, 38). Theologische Rede, die sich allein aus Glauben an eine rein sakramental vermittelte Nähe zu Gott ereignet, trägt nicht mehr, sondern Göttlichkeit definiert sich durch ihre scheinbare Abwesenheit. Die wirkliche Nähe zu Gott kommt theologisch zum Ausdruck, wenn der klassische Verweiszusammenhang aufgebrochen wird.[20] Das Verständnis der Gottesebenbildlichkeit, sich selbst zu verlassen und bei Gott zu sein, schafft eine paradoxe Nähe, die sich anhand von Heideggers Begriff der Entfernung (vgl. SuZ § 23) erhellen lässt: In der Ansprache trennt Gott sich selbst und sorgt für die Ferne, zugleich überbrückt Gott sie und kommt auf den Menschen zu. Gott bietet ihm an, sich im Ereignis seiner Selbstgabe *anders* zu binden. Gottes ungewöhnliche Annäherung zeigt sich der Theologie als Ferne. Ihr bleibt die Deutung dieser Ferne als eine sich selbst überbrückende Ferne, als ein qualitativer Abstand, der die mögliche Nähe zu Gott erst ermöglicht, verborgen. Dieses paradoxe, der Theologie unverfügbare, Ereignis der Entfernung ermöglicht es aber, (erst) wirklich von Gottes Nähe zu reden. Die in sich isolierte dogmatische Theologie versteht diese Einladung nicht, denn in Gestalt qualitativer Differenz kann sie von ihr ausschließlich als menschlich verstandene Ferne und Distanz empfunden und empfangen werden. Die Personalität Gottes lässt sich hingegen dahingehend deuten, keine Verbindung[21] einzugehen und genau darin sich theologisch zu binden (vgl. Dickmann

---

[20] Vgl. 39. Henrix drückt dies mit dem Begriff der ‚Unrichtigkeit' aus.
[21] Wichtig an dieser Stelle ist zwischen den Präfixen Ver- und An- zu unterscheiden. Verbindung suggeriert einen Zusammenschluss, der dazu neigt, zu vereinnahmen. Deswegen ist dem Begriff der Anbindung Vorzug zu gewähren, der eher eine Beziehung ausdrückt, die die Eigenständigkeit der in Kontakt Tretenden bewahrt, insofern geeigneter ist, eine Nähe, ohne über den Anderen verfügen zu wollen, auszudrücken.

1999, 430). Die Spur liest sich in dieser Hinsicht als ein Hinweis auf die *Idee* Gottes, auf keinen Fall als ein theologischer Gottes-Verweis, geschweige denn als ein Gottes-Beweis (vgl. Henrix 1999, 40). Theologische Rede vollzieht sich ausgehend von einem Außerhalb getrennt vom gegebenem System (vgl. Zimmermann 2013, 145) und lässt sich allein ethisch nachvollziehen (vgl. JdS 261, Zimmermann 2013, 147, Lotz 2008, 376f.). Ausgehend vom dargelegten Sündenverständnis als Ausdruck und Entfaltung des schöpferischen Verhältnisses von Gott und Mensch radikalisiert sich die Auf-Gabe, Verantwortung zu übernehmen, denn theologische Rede übernimmt sie demnach auch stellvertretend für Gott.

Levinas' Verständnis der ethischen Stellvertretung setzt die absolute Differenz voraus (vgl. JdS 171) und lehnt damit den christlichen Stellvertretungsgedanken der Sündenvergebung Christi ab (vgl. Hansel 2008, 98). Anhand seines Stellvertretungsgedankens vertieft sich Askanis Deutung, Schöpfung als Entfaltung des konstitutiven Sündenverhältnisses zwischen Gott und Mensch (absolute Differenz) anzuerkennen, das demzufolge ‚nur' im Sündenbekenntnis selbst ethisch zu verantworten ist (vgl. Bekenntnis 98). Aus reinster Passivität bindet Theologie sprachlich alles an die Schöpfung, an Mitwelt und Mitmensch, so auch das vermeintlich[22] Böse Gottes. Die Bereitschaft theologischer Rede, Sünden zu bekennen, ereignet sich als eine radikal affirmative Theologie, die das unverfügbare Verhältnis von Gott und Mensch ausdrückt. Das bedeutet, dass die „ethische Reduktion" (SpA 258) nicht nur die theologische Thematisierung des anderen Menschen, sondern zugleich auch die des absolut Anderen (Gott) umfasst. Gott in der theologischen Rede zum thematischen Gegenstand zu degradieren, würde seine qualitative Differenz und insofern die unausweichliche ethische Verantwortung ignorieren (vgl. Wohlmuth 1999, 54f.). Die ethische Verantwortung hingegen, von der die theologische Rede spricht, vollzieht sich im und aus Glauben an Gott. Theologisch geht es nicht darum zu verstehen, sondern ethisch aus Glauben zu handeln. Die ethische Verantwortung für alle, die Stellvertretung für Gott und seine Geschöpfe, erwächst eben nicht aus Eigeninitiative, sondern passiv. Theologie empfängt, hört und handelt. Es geht hier um einen Gehorsam, dem nicht auszuweichen ist, sondern der sich mit Worten Levinas' „unausweichlich" ereignen muss (Zwu 203). Theologie und Religion der Verantwortung vollziehen sich in der leiblichen, existenziellen Begegnung mit dem Anderen; nur so konstituiert sich theologische Rede vom wahren (eschatologischen) Glauben. In Analogie zu Theologien der Befreiung rechtfertigt sich eine Theologie der Verantwortung anthropologisch aus der Mitte existenzieller Betroffenheit und aus dem Mit-Leiden Unterdrückter. Theologie ist Purcell zufolge ‚nur' in Mitwelt und mit Mitmensch (*conditio humana*) möglich, in der konkreten utopischen Begegnung, wo Gott uns finde. Nicht mehr die traditionelle Metaphysik, sondern

---

[22] ‚Vermeintlich', da es sich um das vom Menschen als Böse Gedeutete handelt.

diese anthropologische Perspektive sei befreiungstheologisch der Kreuzungspunkt von Phänomenologie und Theologie.[23]

In der grundsätzlichen Anerkennung und Verantwortung der qualitativen Differenz Gottes liegt die unausweichliche Auf-Gabe der Theologie begründet, ethisch zu antworten. Die biblische Geschichte der Opferung Isaaks lässt diesen Übergang von der absoluten zur konkreten materiellen Verantwortung für den Dritten erkennen. Dabei geht es theologisch um eine Verantwortung, die transzendiert und die Komplexität der Geschichte umfasst. Theologisch muss vom moralischen Imperativ, Verantwortung-für-etwas zu übernehmen, unterschieden werden. Indem Verantwortung theologisch als der Endlichkeit vorläufig gedacht wird, muss kritisch von einer gewissen Doppelpoligkeit der Theologie gesprochen werden. Einerseits neigt theologische Rede dazu, totalisieren zu wollen, andererseits sich durch die Berufung auf eine Metaebene aus der Verantwortung zu ziehen. Die ambige Beziehungshaftigkeit hingegen fordert und ermöglicht zugleich eine theologische Rede von Gott, die Sündhaftigkeit und Gottesebenbildlichkeit des Menschen im Blick hat. Diese Art theologischer Rede bestätigt Sünde als qualitativ differenzierte Verhältnisbestimmung von Gott und Mensch (vgl. Bekenntnis 87), die theologisch nicht zu überwinden, sondern sprachlich als Spur Gottes auszudrücken ist. Der Zustand der Sünde (vgl. ebd.) bzw. der Zustand des Atheismus ist als theologische Voraussetzung und Bestimmung zu denken, Gott, den Schöpfer, als radikal transzendent anzuerkennen (vgl. TU 78, 98, 169, Zimmermann 2013, 143f.). Sein Geschöpf kann ihm nur ethisch zum Ebenbild werden.[24]

> Der Mensch ist *als* Gottes Ebenbild *bestimmt* in seinem vorursprünglichen Erwähltsein zum Guten. [...] Was den Menschen in seiner Ebenbildlichkeit auszeichnet, ist mithin kein substantieller Gehalt [...]. Er ist vielmehr in seiner personalen Einzigkeit, die seine Leiblichkeit und seine Rationalität einschließt, als Verantwortlicher vom Absoluten her bestimmt in einer Weise, die es nicht ermöglicht, dieses Bestimmtsein in den Besitz des Ich hinein zu versammeln und von außen zu identifizieren. Seine

---

[23] Vgl. Purcell 2008, 125 u. ders. 2006. Exemplarisch verweise ich auch auf die Arbeit *Emmanuel Levinas' Conceptual Affinities with Liberation Theology* (2010) von Alain Mayama, in der der Autor sich mit Enrique Dussel, Jean-Luc Marion und Michael Purcell beschäftigt. „Dussel, Marion and Purcell, each in his own right argue that Levinas' focus on God accessible in love and justice calls to mind Christian theologies relating of love of God with the love of the neighbor" (164).

[24] Vgl. Dickmann 1999, 467; Wohlmuth 1996, 75. Josef Wohlmuth beschäftigt sich in seiner Untersuchung über das Verhältnis von *Judentum und Christentum* (1996) mit der Schöpfung und stellt die anthropologische Ambivalenz des Menschen heraus, die die qualitative Differenz zum Schöpfer bewahre: „Der klassische Topos für das schöpfungstheologische Gespräch mit Levinas in diesem Punkt wäre m. E. die christliche Gnadentheologie. Danach ist der Mensch als geschaffenes und zugleich sündiges Wesen zur Teilnahme am Unendlich-Göttlichen berufen, ohne daß dabei Endlich-Geschöpfliches und Unendlich-Göttliches jemals vermischt würden. Gerade auch der Gott der christlichen Gnadentheologie ist ein Gott der Gastlichkeit."

2 Sprache als Bekenntnis

gottesebenbildliche Einzigkeit wird ihm je neu gesagt vom Anderen her, der ihn in die Pflicht nimmt (Dickmann 1999, 475).

Im Sinne der universalen Stellvertretung, der absoluten Hingabe für den Anderen, müssen Alterität und Pluralität in der theologischen Rede im gesellschaftlichen Kontext verantwortet werden. Die Sprache der Verantwortung (Levinas) vertieft das Verständnis von Schöpfung und Gabe (Askani) handlungsweisend. Die Gabe ereignet sich in der Anrede, die es theologischer Rede räumlich ermöglicht, ethisch verantwortungsbewusst zu handeln. Die ethisch-theologische Gabe hält im Sinne der ersten Gabe die eine schöpferische Wirklichkeit trotz oder gerade wegen der schöpferischen Differenz zusammen. Der in ihr enthaltende ethische Appell fordert jedes theologische System heraus (vgl. Zimmermann 2013, 157f.). Ausgehend vom Anderen entspannt sich zugleich das Verhältnis von Philosophie und Theologie ethisch. Wissen und Konkurrenz lösen sich im ursprünglichen theologischen Anspruch zu handeln auf. Während die Philosophie ihren Blick auf den Anderen ausrichtet, erkennt die Theologie ausgehend vom Anderen das Wunder des wirklichen Lebens an: „Die Religion ist der für die [theologische] Wissenschaft unbemerklicher und für die Philosophie unerreichbarer Trost" (Fischer/Hattrup 1999, 344.). In der theologischen Rede binden und berühren sie sich ursprünglich in der Sprache der Verantwortung, die notwendigerweise vom Anderen ausgesagt (erste Gabe) und in Beziehung zu allen anderen bewahrt wird:

> What Levinas offers by suggesting that ethics is not only first philosophy but also first theology is that there is a way of bringing into dialogue phenomenology and theology such that they are not „always two" and, while „never one", they do have a shared interest in incarnate or enfleshed existentiality. The confrontation that both phenomenology and a fundamental theology must undergo is the ethical excess of the other person, and the ways of excess. The very fundament of phenomenology and theology is the other person, who always comes first, and suggests a God who comes in mind (Purcell 2008, 141).

Erst in der Spannung von Gabe und Auf-Gabe, von Ansprache (Gott) und Antwort (Theologie), von ethischem Appell und ethisch-theologischer Verantwortung, befreit sich Theologie zur wahren Theologie und wirklichen Wissenschaft. Der Übergang von der Erkenntnis zur Ethik bildet ihren ewigen Befreiungsprozess ab, sich immer wieder zu verlassen. Die Befreiung zur wahren theologischen Rede kann genau genommen erst im Bewusstsein des Todes (vgl. TU 73, 82), dem Grenzbegriff *par excellence,* in der Tiefe er- und anerkannt werden. Indem Theologie um die Grenze ihrer eigenen wissenschaftlichen Positionalität weiß, ereignet sie sich immer wieder von neuem, nimmt Alteritäts- und Pluralitätsphänomene wahr und damit die Verantwortung für die ganze Schöpfung.

Festzuhalten ist: Vor dem Hintergrund der Verständigung zwischen Askani und Levinas liest sich die ethische Sprache als radikale Bedingung für die theologische Rede als Bekenntnis. Die ethisch gedeutete Bekenntnissprache muss in ihrer tragenden Vorläufigkeit und ihrer schöpferischen Qualität theologisch interpretiert und konkretisiert werden. Theologie wird nicht aus der Verantwortung genommen, sondern im Bekenntnis an selbige herangeführt. Die Qualität des Bekenntnisses, Gott in seiner Ferne wahrzunehmen, bewirkt theologisch, Ihm/Ihr zugleich in der Nähe zu folgen (vgl. van Riessen 2008, 162; Zimmermann 2011, 161; Wohlmuth 1996, 97; Morrison 2008, 121) und soziale Verantwortung zu übernehmen. „Das Bekenntnis zu Gott [...] ist auf die Erde verwiesen, nicht in den Himmel, in die leibliche Existenz, nicht in eine ideale, rein geistige Gottesbegegnung im Herzen: Gottes Kraft zeigt sich in der Schwachheit des sterblichen Fleisches" (Kirschner 2009, 155f.). Im schöpferischen Verständnis schafft theologische Rede sich selbst als Bindeglied, als performative Sprache der (leiblichen) Realität, die die ganze Schöpfung ethisch zusammenhält:

> Sprache ist – vor allem Gesagten – der Gestus, in dem sich das Subjekt dem nicht thematisierbaren Anderen anbietet, indem es sich in seiner uneinholbaren Geschöpflichkeit als Nähe gibt, bis zur äußersten Bereitschaft der Selbsthingabe. [...] Dem Geschöpf [ist] die ganze Welt aufgeladen [...] und es [trägt] Verantwortung, als sei es das einzige verantwortliche Geschöpf in der Welt. Denn dies heißt ja gerade Schöpfung, daß sich der Schöpfer zurückzieht und den Geschöpfen Raum gibt. (Wohlmuth 1996, 95)

Bei Marquardt zeigt sich die Bedeutung der (theologischen) Utopie, die er von Gott aus denkt und mit Blick auf gesellschaftliches Leben in lebendiger Wahrheit und sozialer Gerechtigkeit analysiert. Sprache kommt dabei als das den utopischen Raum stiftende Wort Gottes zum Ausdruck. Mit Blick auf Askanis Ansatz zeigt sich hingegen, wie die theologische Rede als Rede vom affirmativen Bekenntnis die ganze Schöpfung ins Visier nimmt. Dabei wird deutlich, wie es möglich ist, das ungleiche Verhältnis von Schöpfer und Geschöpf theologisch als Bekenntnis zu denken; ebenso, dass die Überlegungen Askanis über die Schöpfung beim Geschöpf (vom Gesagten) aus anfangen. Sein Ausgangspunkt lässt sich anhand des narrativen Ansatzes Ricœurs vertiefen, anhand dessen Verständnisses der narrativen Identität das Profil einer fähigen Theologie deutlich wird. Während Ricœur das komplexe narrative Beziehungsgefüge zugunsten einer dialogisch-relationalen und dynamischen theologischen Rede erhellt, ermöglicht es Levinas' Konzept der radikalen Alterität, Gott als Raum (als Zwischen- bzw. Grenzraum, als Grundriss), der das ganze schöpferische Sprachgeschehen trägt, zu denken. Die theologische Rede muss die Anrede im und vom utopischen Raum immer wieder als das Wort des radikal Anderen, das sich immer wieder neue Anknüpfungspunkte sucht, zur Sprache bringen. Von Beginn an liest sich der Bruch mit der Ontologie zwischen den Zeilen, der aber von Askani erst im Kontext der ‚guten' Schöpfung explizit untersucht und in Bezug zur Schöpfungsgabe entfaltet wird.

2.3 Zweites Zwischenergebnis: die Bedeutung der ethischen Sprache der Differenz für eine Theologie des Verlassens[25]

Schon in der theologischen *Utopie* Marquardts ist die Bedeutung der utopischen Sprache als Realität bindendes Element deutlich geworden. Auf den ersten Blick scheint schon alles gesagt zu sein. Doch bei genauerem Hinschauen ändert sich der Eindruck. In gewisser Weise lässt die zweite philosophisch-theologische Verständigung das utopische Raum- und Sprachgeschehen aus der performativen Perspektive theologischer Rede besser nachvollziehen. Der Grundriss des utopischen Raumes Gottes erhält seine sichtbare Füllung darin, *wie* sich theologische Rede in ihm sprachlich und ethisch konstituiert. Die Raumgabe befreit Theologie aus scheinbaren Sicherheiten, um sich ihrem Bekenntnis entsprechend auszudrücken: zu denken, zu sprechen und zu handeln. Theologische Rede, die sprachlich diesen Raum ethisch gestaltet, drückt darin ihr Bekenntnis zum schöpferischen Sündenverhältnis, zur qualitativen schöpferischen Differenz zwischen Gottes Rede und menschlicher Rede von Gott aus. Im performativen Ausdruck begründet sich ihr (ethisches) Bekenntnis, das in der Anerkennung anderer theologischer Positionen räumlich sichtbar wirkt.

Die Anerkennung der radikalen Transzendenz in der theologischen Rede impliziert die unausweichliche Verantwortung, Gott in seinen vielfältigen Ausdrucks- und Handlungsweisen in Mitwelt und mit Mitmensch wahrzunehmen. Im Raum Gottes agiert Theologie nicht (mehr) als das theologisch-dogmatische Ich, sondern als theologisch fähiges Selbst ausgehend von und in Beziehung zu Anderen. Theologie weiß sich in den Zwischenräumen von Eigenem und Fremdem zu bewegen. Die Herausforderung für die theologische Rede, *wie* mit der qualitativen Differenz im Verhältnis zu Gott, Mitmensch und Mitwelt umgegangen werden kann, liegt darin, die Differenz nicht als einen Nachtrag zu begreifen. Die qualitative Differenz macht das Wesen der Theologie aus, die sich zu diesem Verhältnis (ent-)sprechend (und) handelnd bekennt. Theologische Rede ereignet sich in der Übernahme dieser Verantwortung als das wahre Bekenntnis. Indem sie sie übernimmt, tritt sie in kontextuelle Beziehung. Sie prüft, deutet und interpretiert ausgehend vom und in Beziehung zum konkreten Kontext. Ihre komplexe Selbstauslegung, Entscheidungen ernsthaft und gewissenhaft zu treffen, verdeutlicht ihr eindeutiges Bekenntnis zur Mehrdeutigkeit (Ambiguität). Es sind nicht die einfachen, eindeutigen Antworten, sondern es geht der theologischen Rede darum, sich immer wieder inmitten der ganzen Wirklichkeit verantwortungsvoll zu versöhnen und zu ‚versprechen'.

---

[25] Im Anschluss an den ersten Anwendungsteil konkretisiere ich in einem zweiten Block die Bedeutung der ethischen Sprache der Differenz für eine Theologie des Verlassens, in dem ich meine Art theologischen Denkens und deren Folgen auf konkrete *performative* Handlungsräume anwende.

Dem schöpferischen, paradoxen Beziehungsraum kann Theologie nur mit der ethischen Sprache (Levinas) bzw. der Bekenntnissprache (Askani) begegnen, die sich der heterogenen Wirklichkeit immer wieder nähert, indem sie sich selbst verlässt. Das absolut Bedeutsame an der theologischen Sprache der Differenz ist, sich dem ganzen Leben geschichtlich im Geschehen von Gabe und Auf-Gabe, von Sich-Verlassen und auf den Anderen Verlassen, von Wirklichem, Möglichem und Unmöglichem zu stellen. Alterität und Pluralität werden theologisch geschichtlich wahr und ernst genommen, sprachlich bezeugt und so handlungsweisend performativ er- und gelebt (Ricœur).

2.4 Zweite theologisch-christologische Deutung: Jesus Christus – Gottes Wort der lebendigen Differenz

Schöpfung als Sprachgeschehen bzw. performative Sprache als schöpferisches Bekenntnis beginnt im Wort, in der ewigen Gabe der guten Schöpfung, deren Ursprung anderswo an einem der Theologie unverfügbaren Ort liegt. Dieses erste Wort, das Sagen, richtet sich als ethischer Appell an die Theologie. Der differenzierte Gottesbegriff ermöglicht es, über Verschlossenheit und Ablehnung der Welt hinweg, die ungeahnte Weite Gottes zu denken. In Treue zu sich und seinem Wort ermöglicht das differenzierte Verständnis, Gottes ethisches Verhältnis zur Welt wahrzunehmen bzw. daran zu glauben. Gott ruft Theologie aus ihrer isolierten Scheinwelt in die wirkliche Welt, die sie real, inmitten von Alterität, Pluralität, Zwiespalt und Widerstand verstrickt, herausfordert, utopisch zu denken, zu sprechen und zu handeln.

Als Raum schaffende Anrede legt Gott den immerwährenden Anfang theologischer Rede, öffnet ihr die Augen für differenzierte Wissenschaft. Es geht nicht darum, eine jenseitige Welt religiös und theologisch dogmatisch im Diesseits zu integrieren, sondern darum, theologisch Gottes Selbstgabe immer wieder im Sinne christologischer Neuschöpfung zu empfangen und weiterzugeben. Entscheidend ist, dass theologische Rede Gottes Wort als das empfängt, was es ist: als in sich differenziertes geschichtliches Paradox, das den Blick für die ‚gute' Schöpfung weitet. Die Pointe liegt darin, fern jeglicher Moral und Moralisierung, theologisch deutlich werden zu lassen, dass diese christologische Wort-Gabe radikal, ohne Fluchtmöglichkeit die Realität beim Namen nennt und dass darin das schöpferische Wort sichtbar wird. Dieses Wort, die Selbstaufgabe Gottes in Jesus Christus, wirkt absolut, und zwar geschichtlich, indem es nichts verschönert, geschweige denn außer Acht lässt. Ausgehend von diesem Verständnis muss theologisch Eindeutigkeit und sich aufhebender gegensätzlicher Zweideutigkeit eine Absage erteilt werden.

Es ist hier die Rede vom inkarnierten leiblichen Wort der absoluten Hingabe: vom lebendigen Wort der Differenz. Die Selbstgabe Gottes schafft geschichtliches Leben in seiner sprachlichen Mehrdeutigkeit, das Systeme dualer Begrifflichkeit und Kategorisierung unterläuft/trägt. Gottes Anrede im Wort liest sich als Ausbruch aus der Eindeutigkeit isolierten theologischen Denkens. Darin zeigt sich theologisch Gottes absolute Treue, die der theologischen Rede unverfügbar bleibt. Das ausgesprochene Wort, Gottes lebendige Differenz, bestimmt christologisch die Uneindeutigkeit und Unverfügbarkeit als das Wesentliche und Notwendige des Verhältnisses zu seinem Geschöpf, als *den* ‚Gegenstand' theologischer Rede.

Theologisch bestimmt sich das Wort als paradoxe Mitte: Trennung und Vollendung zugleich. Sein Verständnis umfasst Leid und Hoffnung, Sünde und Glaube. Genau in dieser Ambivalenz lässt sich Gottes Nähe zur Sprache bringen. Als ewiges Grenzgeschehen wirkt das lebendige Wort schöpferisch. Es kommt nie in einem theologischen System an und löst die in sich angelegten Aporien und Unstimmigkeiten nie (ganz) auf. Diese wesenhafte christologische Differenz ist von ewiger Bedeutung. Theologisch gedeutet: Gott geht auf diese Weise mit seiner eigenen Differenz um, verneint sie nicht, sondern lebt sie, gibt ihr einen Namen und eine reale Existenz in Jesus Christus.

Die Sprache ist die Gabe der Schöpfung, die es Theologie ermöglicht, sprachlich-performativ die Schöpfung immer wieder zu vollenden. Dieser Ort der Lebensmitte ist nicht als ein geometrisch fixierter Punkt eines Kreises mit gleichem Abstand zu denken. Er verspricht der Theologie weder ewige Ruhe, noch Harmonie und Klarheit, sondern schafft performative Zwischenräume, in denen weniger der genau gleiche Abstand von ihren gesetzten Eckpunkten eine Rolle spielt, sondern die Fähigkeit, sich in ihnen zu verständigen. Diese Mitte wird in ihrem ewigen Werden nicht vermittelt, sondern indem Theologie(n) sich verständigt/verständigen, blitzt die Mitte auf und schärft in ihrer augenblicklichen Erscheinung den theologischen Blick ausgehend vom Anderen.

Gottes tragendes Wort (er)trägt alles, bleibt sich in der Welt und im Verhältnis zu seinem Geschöpf treu. Gott spricht demnach eine andere Sprache, die einerseits trägt und anderseits aufträgt, Theologie herausfordert, sich ihrer anzunehmen und ihr zu antworten: Jesus Christus ist der sprachliche Ausdruck des lebendigen schöpferischen Differenzverhältnisses. Der christologische Leib liest sich einerseits als der, der die ursprüngliche Einheit des schöpferischen Sprachgeschehens trägt, anderseits zugleich als der, der die Uneinheit erträgt und ein dynamisches in-sich zu unterscheidendes, schöpferisches Ganze begründet. Ausgehend von einem christlich erweiterten Verständnis des Leibs – der Sohn ist Leib und hat einen Körper – erzählen sich Urgeschichte und Geschichte(n). Das hat zur Folge, dass theologische Rede sprachlich bindet ohne zu verbinden, loslässt, ohne loszulassen, fordert, ohne zu überfordern, stirbt, ohne zu sterben: Jesus Christus und die lebendige christologische Rede ist der lebendige Widerspruch *par excellence*.

Sich in Jesus Christus als ewige Wort-Gabe zu verständigen, bedeutet nicht nur ein radikales Nein oder Ja. Vielmehr öffnet Gott die schöpferische mehrdeutige Mitte im Da-Zwischen, im Sowohl-als-auch. Im Gegensatz zum klassischen

Sprachsystem, das das unentschiedene Vielleicht ablehnt, bewahrt sich christologisch die lebendige, lebensnotwendige mehrdeutige entschiedene Unentschiedenheit: die Differenz und die Trennung. Die christliche Verheißung verspricht – in Bindung an die Realität und zugleich in kritischer Distanz zu ihr –, sich geschichtlich zu ereignen. Zugleich ermöglicht sie, Widerspruch zu erheben, Kritik zu üben und Rechte einzufordern: Gottes Nähe ethisch und utopisch wahrzunehmen. Die entscheidende Botschaft liegt im christologisch begründeten ewigem Neuanfang, Geschichte zu erzählen, in Trennung und Bindung an die alte(n) anzuknüpfen, nichts auszulassen, nicht(s) zu verschönern.

(Neu-)Schöpfung deutet sich vor diesem Hintergrund als das immer wiederkehrende sich öffnende performative Raumgeschehen. Bildlich-theologisch hört die Theologie zwischen den Bäumen des Paradieses hin- und hergerissen das lebendige Wort, wird berührt, ohne berührt zu werden, angesprochen, ohne angesprochen zu werden, gesehen, ohne gesehen zu werden. Im Prozess, reale Differenzen wahrzunehmen, entscheidet Theologie sich, in der Mitte des wirklichen Lebens zu stehen, das keinen festen Grund hat, sondern vielmehr einem fragilen, dynamischen Grundriss gleicht. Theologie bekennt sich zu ihrem schöpferischen (Sünden-)Verhältnis zu Gott. In Anerkennung dieser qualitativen schöpferischen Differenz verantwortet sie die christliche Botschaft. Ihre Verantwortung, sich zu bekennen, resultiert insofern nicht aus einer einfachen und eindeutigen Sprache, sondern aus der schöpferischen Sprache der Differenz, welche die Realität sieht und dadurch *mehr* sieht.

Jesus Christus, die Mitte menschlichen Lebens, wie es klassisch heißt, erfordert, dass theologische Rede sich unaufhörlich in der Spannung der paradiesischen Bäume verständigt. Diese christologische Mitte ereignet sich als Auf-Gabe; eine Unruhe, die anspricht und auffordert, theologisch zu antworten, ohne jemals anzukommen. Indem Theologie auf diese Weise unterwegs ist, bekennt sie *ganzheitlich* die ewige Weiter-Gabe im Sinne der ersten Gabe, die in keinem System ankommt, geschweige denn vorkommt. Die Gabe bleibt sich treu: Als qualitative Differenz schafft sie einen performativen Gestaltungsraum, in dem sich immer wieder über die wahre Mitte des Lebens verständigt werden muss. Dabei zeigt die Theologie den praktisch-theologischen Gehalt der Differenz, der kein Nachtrag ist, sondern konstitutiver Bestandteil einer Theologie des Verlassens.

3 Zwischen Alterität und Sprache: eine Theologie des Verlassens

Im Folgenden geht es mir weder darum, eine Zusammenfassung noch eine Schlussfolgerung meiner Studie zu liefern. Vielmehr skizziere ich eine neue Haltung, ein neues Ethos, für die theologische Rede. Ich verstehe meine Auseinandersetzung und Verständigung mit Levinas, Ricœur, Marquardt und Askani im

Hinblick auf Alterität und Sprache als Anstoß, eine Theologie des Verlassens zu denken, die sich auf der räumlichen Schwelle zwischen Eigenem und Fremden performativ finden lässt. Bei dieser theologischen Rede geht es um die gemeinsame dritte Ebene, die sich weder vom Eigenen noch vom Anderen isoliert, sondern allein im gemeinsamen Verlassen und aufeinander Einlassen – in der performativen Räumlichkeit – ausdrückt.

3.1 Kritik und Anspruch

Der Weg der Befreiung aus den eigenen Strukturen nimmt unaufhörlich Umwege in Kauf, die in keiner Karte eingezeichnet geschweige denn markiert sind. Indem diese Art des Theologisierens aus sich herausgeht, sich selbst verlässt, sucht sie immer wieder ausgehend vom Anderen nach neuen Anknüpfungsmöglichkeiten. Im Spannungsfeld von Alterität und Sprache ähnelt ihr (poietisches) Befreiungspotenzial dem der Sprache der Philosophie und Theologie der Befreiung. Die (neue) Sprache stellt den Besitzanspruch der Unterdrückenden infrage. Deren gewaltsames Handeln drückt sich darin aus, dass es Menschen objektiviert, sie sprachlich zu einem Gegenstand degradiert. Der Mensch steht in keiner sozialen Sprach- und Handlungsbeziehung (mehr), ohne Mitspracherecht, politische Teilhabe, geschweige denn Handlungsspielraum, wird er zum Opfer der Gewalttat schlechthin. Die Opfer der Shoah stehen in dieser Hinsicht für die totale Entwürdigung und Entmenschlichung der Menschheit. Indem der Mensch einen anderen kategorisch als Teil einer identitätslosen Masse verdinglicht, wird er als Teil der Menschheit und mit ihr als Ganzes einer unvergebbaren Tat schuldig. Der Opfer dieser Tat zu gedenken erfordert in Analogie zur Außerordentlichkeit der Tat bzw. der Täterschaft eine Erinnerungskultur, die immer wieder ausgehend vom Anderen, außerhalb von Ordnung und System, stellvertretend für die Opfer, die Stimme erhebt. Erinnern bedeutet – wie Chucholowski (vgl. Ricœur 2011, VII–XVII) in Anlehnung an Levinas und Ricœur nicht müde wird zu betonen – substituierend für diejenigen in der Gesellschaft zu handeln, die aufgrund ihrer marginalisierten peripheren Position und Lebensumstände keine *agency* besitzen. Diese Verantwortung erfordert es, nicht zu schnell, wie Ricœur mahnt, Kategorien und Konzepten zu verfallen, die zum Teil vergessen, dass die Erinnerungsarbeit eine intensive Art der Trauerarbeit umfasst, die letztlich ‚nur' vom Einzelnen geleistet werden kann und muss (vgl. 49, 55).

Eine Theologie des Verlassens steht für eine ethisch-theologische Rede, die die Dimension der Trauer in der Erinnerungsarbeit berücksichtigt und deren Gehalt das schöpferische Wort ist. Der Mensch erhält seine Würde zurück. Eine Theologie des Verlassens klagt die Unterdrückenden, die Täterschaft von damals wie die von heute und morgen an, erneuert unerlässlich die menschliche Würde der Unterdrückten. Der Unterdrückte kann sich erneut als Mensch fühlen und wahrnehmen (Sidekum 1990, 184). Der Befreiungsmoment ereignet sich im

Sinne einer Theologie des Verlassens in dem Augenblick, in dem der marginalisierte, in der Peripherie lebende, Andere sprachlich (re-)integriert und damit konkret als eigenständige Existenz, als Geschöpf Gottes anerkannt wird. Enrique Dussel nutzt das Begriffspaar Peripherie und Zentrum, um im Rahmen seines befreiungsphilosophischen Ansatzes auf die gewaltsamen Unterdrückungsmechanismen traditioneller Herrschaftsregime, ihres Denkens und Handelns aufmerksam zu machen. Erst das radikale Verlassen von dualen kolonialen Herrschafts- und Denksystemen ermögliche es, einen Neuanfang von Geschichte, Geschichtsschreibung ausgehend vom Anderen zu denken. Ausschließlich im radikalen Bruch mit den veralteten Strukturen kolonialen Erbes kehre die (neue) Menschheit ins Kommunikations- und Handlungsgeschehen des sozialen, gesellschaftlichen und politischen Kontextes zurück.[26] „Als kritische Kulturphilosophie musste die Philosophie der Befreiung eine neue Elite hervorbringen, deren ‚Aufklärung' sich mit dem Interesse des sozialen Blocks der Unterdrückten [...] verbindet" (Dussel 2013, 147).

3.2 Alterität und Sprache

Den Begriff der Alterität verstehe ich im Kontext einer Theologie des Verlassens zunächst als einen Ausgangspunkt einer konkreten Perspektive, die den Menschen in seinem (Sprach-)Handeln orientiert. Zugleich deute ich Alterität räumlich als immerwährenden Anfang eines Übergangs von einem zu einem anderen Ort: als Grenzort. Sie setzt immer wieder den Beginn einer dynamischen, dauerhaften Bewegung, die sich in einem ständigen räumlichen Verlassen und Hinübergehen äußert. Diese der Alterität wesenhafte räumliche Dynamik impliziert somit auch eine zeitliche Dynamik, die lineare und eindimensionale Zeit- und Geschichtsvorstellung aufhebt. So verstanden erinnert der Begriff der Alterität an die biblischen Geschichten, insbesondere an den Exodus, der einerseits die Geschichte des Auszugs des Volkes Israel aus Ägypten und aus dem babylonischen Exil ausdrückt, andererseits als Motiv für grundsätzliche Veränderung, Umkehr und *metanoia* in den biblischen Geschichten Gestalt annimmt. Während an der Geschichte des Volkes Israel, primär der zeitliche Aspekt von Alterität sichtbar wird, tritt sein räumlicher in den Prophetenbüchern in den Vordergrund. Es sind die Propheten, die sich in ihren jeweiligen soziopolitischen Kontexten für die Sichtbarwerdung des Unsichtbaren, für soziale Gerechtigkeit und für Hoffnung im Exil einsetzen. Und steht nicht die Antrittsrede Jesu (Lk 4,16–20) für ein sozialethisch ausgerichtetes Parteiprogramm, das die Breite von Alteritätsphänomenen in ihrer zeitlich-räumlichen Dynamik ernstnimmt? Verstehen wir die biblischen Geschichten auf diese Weise als narrative Zeugnisse ewiger Alterität(en), die uns auf der Suche nach der eigenen jüdisch-christlichen

---

[26] Vgl. Müller 2009, 33f. zur ethischen Bestimmung der Sprache bei Levinas.

Identität begleiten, öffnen sich neue Räume, Gottes Weite nicht trotz, sondern gerade inmitten von Differenz und Dissens wahrzunehmen, anzuerkennen und performativ zu gestalten.

Der Begriff der Sprache, die Umwege geht, ist die Sprache, die neue Ausdrucksweisen schafft, dabei Gegensätze, Differenzen und Dissense nicht überwindet, sondern als Alteritätsphänomene anerkennt. Kritisch äußert sich diese Sprache in den unterschiedlichen Systemen der Gesellschaft, in Politik, Kultur und Wissenschaft. Dadurch können nicht-korrelative Beziehungen entstehen. Diese sprachlichen Neuschöpfungen ereignen sich nicht im leeren Raum, sondern in den konkreten Zwischenräumen, die wahrzunehmen und zu gestalten sind. Sie ereignen sich in performativen Sprachhandlungen, die ans eigene kulturelle (Sprach-)System anknüpfen, in dem sie kontinuierlich nach neuen Adressaten suchen. Die eigene Identität, die sich kontextuell verstrickt entwickelt, bleibt nicht für sich, sondern zeigt jenseits von Wirklichem und Möglichem Bereitschaft für eine andere theologische Rede. Es geht dabei um ein offenes Paradigma, das aber nicht notwendigerweise in Verständnislosigkeit enden muss. Vielmehr ist hier die Rede von einer Haltung, die sich durch Verlässlichkeit und Verbindlichkeit Willkür und Verlorenheit entzieht, die Menschen trotz ihrer Begrenztheit und ihrem Unverständnis kommunikativ miteinander in Beziehung treten lässt. In-Beziehung-Treten bedeutet demnach nicht die Gefahr, die eigene Identität aufzugeben, sondern diese performative Haltung entwickelt und festigt sich vielmehr dadurch, dass sie Menschen in ihrem Handeln orientiert, so dass diese sich immer wieder vom Anderen ansprechen und zum Aufbruch motivieren lassen. Ausgehend vom Anderen entwickelt sich Sprache und gestaltet Wirklichkeit. Von der Schöpfung bis zur Apokalypse geben die biblischen Überlieferungen lebendiges Zeugnis von der schöpferischen Sprache. Das Wort des Schöpfers trägt die ewige Neuschöpfung der Sprache, die in unterschiedlicher Gestalt in den Vätergeschichten, Prophetenbüchern und Psalmen sichtbar wird. Die biblische Sprache lässt Bilder und Räume sichtbar werden, die ausgehend vom Anderen narrativ erschlossen werden. Kein System, keine Theorie leiten hier die Sprache, vielmehr bricht die Sprache einer Theologie des Verlassens mit dem System und öffnet den Blick ausgehend vom und für den Anderen.

3.3 *Ambivalenz und Differenz*

Einer Theologie des Verlassens geht es um Offenheit und Bereitschaft, die je nach individueller Einzigartigkeit umgesetzt und gelebt werden. Die im Begriff des Verlassens angelegte Ambivalenz drückt keinen Verlust aus, sondern beschreibt eine nach Sinn und Bedeutung suchende Theologie, die die menschliche Begegnung mit dem Anderen nicht nur denkt, sondern sie konstitutiv einfordert. Dabei versetzt sie sich bzw. den Anderen in die Lage, sich dieser Anforderung angemessen ethisch zu verhalten und die eigene Identität pluralitätsfähig zu erfahren. Darin zeigt sich eine Theologie des Verlassens als Theologie der Gabe und Auf-Gabe, die ethisch und theologisch als differenzierte räumlich und performative Einheit zu verstehen ist. Allein um das Verständnis willen, differenziere ich an dieser Stelle in Gabe (räumlich) und Auf-Gabe (performativ), obschon im ethischen Appell, genauer gesagt im Hören selbst, die Gabe im Sinne der Fähigkeit, die Gott dem Menschen schenkt, enthalten ist. Im Hören lässt sich diese Ambivalenz einer Theologie des Verlassens nachvollziehen. Unsichtbar, zugleich ‚sichtbar' in der schöpferischen Sprache der Alterität konstituiert sich eine Theologie, die ausgehend vom Anderen primär hört und hörend immer wieder anfängt zu sprechen; und zwar ‚leise' und gerade auf diese Weise unübersehbar ausgehend vom Anderen.

Levinas macht in seinem Schöpfungsverständnis das unaufhebbare Paradox der *creatio ex nihilo* deutlich. Im Spannungsfeld von Abhängigkeit (Natur) und Selbständigkeit (Kultur) befinde sich der Mensch wesenhaft in Beziehung zum Mitmenschen und zur Mitwelt. Die menschliche Geschöpflichkeit versteht Levinas ethisch, seine geschöpfliche Abhängigkeit lasse den Menschen als Mensch gar nicht anders als ethisch leben. Demnach ist es auch die ethische Sprache, mit der Levinas Raum und Zeit in ihrem asymmetrischen und diachronischen Paradox bindend denken kann. Eine Theologie des Verlassens folgt Levinas darin, dass sie ausgehend vom radikalen Bruch versucht Beziehungen primär ethisch performativ zu denken.

Marquardt betont die Ambivalenz der Schöpfung im Spannungsfeld von Raum-Verlust und Raum-Gabe. Trotz Verlust, trotz Vertreibung aus dem Paradies, trotz Brudermord: Das Paradies, der schöpferische Lebensraum, geht im Sinne einer Theologie des Verlassens nicht verloren. Scheinbar unsichtbar spricht sie in utopischen Bildern und Räumen, lässt so den schon als verloren geglaubten Raum sichtbar werden. Paradies und Stadt als biblische Räume der Utopie verkörpern die Ambivalenz des Verlassens im Spannungsfeld von Sichtbar- und Unsichtbarkeit. Eine Theologie des Verlassens folgt den biblischen Utopien, indem sie ausgehend vom Gegebenen auf das *paradise lost* hört, das Unsichtbares im Hören in den lauten Städten sichtbar werden lässt.

Trotz aller Missstände, trotz des Bösen in der Welt, hört Ricœur nicht auf zu denken, dass dem Bösen in der Welt begegnet und geantwortet werden müsse. Das Rätsel des Bösen in der Welt erfordere es, immer wieder nach neuen Antworten zu suchen. In der Gabebeziehung zwischen Gott und Mensch fordere die Differenz zwischen Ist- und Soll-Zustand auf, Verantwortung zu übernehmen und ausgehend vom Anderen ethisch zu handeln. Gabe und Sprache, Gabe und Raum konstituieren sich in der ethischen Aufgabe des Menschen, Welt human zu gestalten. Eine Theologie des Verlassens übernimmt in dieser Hinsicht die Verantwortung, sich in einer zum Teil strukturell bösen Welt unaufhörlich für sozial-politische Gerechtigkeit und Frieden einzusetzen. Sie spricht und handelt ausgehend von dieser Prämisse, dass Leben sich in einem ewigen Kampf der Verständigung ausgehend von und mit dem Anderen vollzieht.

Zwischen den Bäumen im Paradies deutet Askani diesen Kampf als im schöpferischen paradiesischen Zustand angelegt. Die dem Kampf zugrundeliegende ewige Differenz zwischen der erlangten Erkenntnisfähigkeit des menschlichen Geschöpfes und der darin implizierten Distanz zum Schöpfer konstituiere den qualitativen Unterschied, der die ambivalente Beziehung zwischen Gott und Mensch begründe. In der Freiheit des Menschen vereinen sich seine Würde und seine ihn in Beziehung zum Schöpfer prägende Ambivalenz. Zwischen Abhängigkeit und Selbstständigkeit ermöglicht eine Theologie des Verlassens die theologische Rede, die im Bewusstsein der allen Menschen zugrundeliegenden Abhängigkeit vom Anderen Würde und Freiheit des Einzelnen denkt, verspricht und aushandelt.

Im ewigen Verlassen des eigenen Daseins antwortet eine Theologie des Verlassens im Vertrauen, lässt sich auf einen ungewissen Zeit-Raum ein, ohne nach selbst gesetzten Interessen und Zielen zu handeln. Indem sie sich verlässt, lässt sie sich auf einen (unbestimmten) Prozess ein, der sich weder zeitlich noch räumlich verschließt, sondern der ihr den weiten Raum Gottes[27] in seiner Mehrdeutigkeit von Alterität und Pluralität vielmehr er- und aufschließt. An diesem Kein-Ort, utopisch unterwegs, ermöglicht eine Theologie des Verlassens konkrete Gotteserfahrungen, die sich ihrem Wissen entziehen (Transzendenz), sie zugleich ethisch in Bewegung setzen (Immanenz). Auf diese Weise ist eine Theologie des Verlassens fähig, immer wieder situativ, dem (zu gestaltenden) Raum angemessen, eine ethisch-theologische Haltung einzunehmen.

Dies entspricht meiner theologischen Überzeugung, dem Antlitz, von dem Levinas spricht – der ‚nie endenden Trennung' im Wortlaut Askanis, – sprachlich schöpferisch zu begegnen und ihm/ihr nicht auszuweichen. Es geht einer Theologie des Verlassens primär um das Nicht-Verstehen, zugleich darum, es trotz dieser Unfähigkeit immer wieder im Sinne Ricœurs zu versuchen, das Unverständliche ‚verstehen' zu wollen, es in diesem Wollen sichtbar werden zu lassen. Grenzereignisse und -erfahrungen des Menschen, die sich jenseits seines Verstehenshorizonts und Bewusstseins abspielen, fordern eine Theologie des Verlassens nicht nur heraus, ihrer zu gedenken, sondern müssen theologisch unabdingbar als elementarer Bestandteil von Raum und Zeit, Geschichte und Gegenwart aufgefasst werden.

Der Tod, die Gestalt der Alterität *par excellence*, kann nicht, schon gar nicht der, der sich als Folge der Vernichtungslager im Dritten Reich ereignet hat, als ein Gegenüber, als etwas, was die Theologie nichts angeht, erinnert werden. Der Tod eines geliebten Menschen, Natalität und Mortalität, wie Arendt sagt, stiften die Einzigartigkeit menschlichen Lebens. Insofern muss der Tod des Einzelnen

---

[27] Vgl. die gleichnamige Autobiografie von Jürgen Moltmann: *Weiter Raum. Eine Lebensgeschichte* (2006).

in Anerkennung des Subjekts erinnert werden. Geburt und Tod entziehen sich dabei menschlicher Verfügungsgewalt und stehen demnach für die unendlich sich stiftende und andauernde Alterität menschlichen Lebens. Alteritätsphänomene sichtbar in Ambiguität, Ambivalenz und/oder Differenz sind demnach nicht theoretisch ‚objektiv' zu erfassen, geschweige denn zu dogmatisieren, sondern fordern Theologie auf, sich immer wieder selbst zu hinterfragen. Alterität entzieht sich immer wieder der theologischen Rede. Sie lässt theologisch nicht einfach, schon gar nicht eindeutig über sich verfügen, auch nicht, wenn man ein gemeinsames implizites Regelwissen teilt. Hingegen ermöglicht eine Theologie des Verlassens, Alteritätsphänomenen im weiten Raum Gottes in-Beziehung zu begegnen, in dem sie sich auf sie einlässt.

Der Perspektivenwechsel von Alterität und Differenz beginnt immer wieder in dem Augenblick, in dem Theologie anerkennt, dass sie nicht verstehen muss, sondern dass gerade das Nicht-Wissen, Nicht-Verstehen-Können der zunächst fremd wirkenden Alteritätsphänomene zum theologischen ‚Verstehensprozess' von Lebenszusammenhängen gehört. Ihr Anderssein lässt sich nicht aus der Perspektive des eigenen dogmatischen Systems erkennen, sondern allein in dem Moment, in dem Theologie sich auf Alterität und Differenz des Anderen, beispielsweise anderer theologischer Ansätze ausgehend vom Anderen einlässt. Indem sie auf un-begreifliche Weise zu hören beginnt, wird sie zu einer Theologie des Verlassens, die primär hörend anhand neuer Sprachhandlungen sichtbar wird und werden lässt.

Alterität – Ambiguitäten, Ambivalenzen, Differenzen – anzuerkennen, führt in einer Theologie des Verlassens zu einer primär ethischen Haltung, in der deren Bedeutung für die theologische (Selbst-)Entwicklung bewusst wahrgenommen wird. In der wechselseitigen Anerkennung (der radikalen Transzendenz Gottes, der absoluten Eigenständigkeit des Mitmenschen und der komplexen Mitwelt) vollziehen sich theologische Sprachhandlungen als ästhetisches Wahrnehmungs- und hermeneutisches Deutungsgeschehen, das sich als handlungsweisend erweist und in dem eine Theologe des Verlassens den Anderen in der Haltung radikaler Gastfreundschaft empfängt. Die Gabe des Anderen begrenzt und entgrenzt ihren Gestaltungsraum. Durch die Fähigkeit, sich aus dem eigenen Dasein zu entgrenzen und zu befreien, kann eine Theologie des Verlassens sich ihrer Auf-Gabe widmen[28]. Im Antlitz erfährt sie ihre Grenze, die ihr den ursprünglichen (leiblichen) Raum erschließt, sich unausweichlich ethisch zu verhalten.

Sich von der kritischen Perspektive der philosophischen Position infrage stellen zu lassen, bedeutet theologisch, dem Antlitz des ganz Anderen in seinem unverfügbaren Raum hoffend zu folgen. In der Bereitschaft, Gott in seiner Selbstgabe als utopischen Grenzort, an dem eine andere Sprache gesprochen

---

[28] Die Ausführungen von Enrique Dussel über die Exteriorität in seinem Werk (Kap. 2.4) konkretisieren die Auf-Gabe im Kontext der *Philosophie der Befreiung* (1989).

wird, anzuerkennen, liegt die Auf-Gabe einer Theologie des Verlassens verborgen, den vielfältigen Alteritätsphänomenen in der Welt nicht auszuweichen, so befremdlich, abscheulich, abstoßend, grausam diese Phänomene auch erscheinen mögen, mehr noch, ihnen nicht ausweichen zu können; denn ohne diese nie endende Trennung läuft Theologie Gefahr, sich systemimmanent zu entfremden.

3.4 (Be-)Deutungen einer Theologie des Verlassens

Der Versuch, Differenz theologisch als einen produktiven Grenzbegriff anzuerkennen, sie als Phänomen der absoluten Alterität, der radikalen Transzendenz Gottes zu empfangen, bedeutet, sie sprachlich an die Realität, an den und in dem weiten Raum Gottes, zu binden.

Eine Theologie des Verlassens gibt Alterität einen utopischen Raum, der im Hören sichtbar wird. Sie leitet sich nicht von der Überzeugung her, dass Gottes schöpferisches Handeln durch Alteritätsphänomene, die den Menschen bedrohen und überfordern, in der Welt unterbrochen, geschweige denn zerbrochen wird. Vielmehr begründet sie sich in der Wahrnehmung, im Glauben daran, dass Gottes schöpferisches Handeln uns unterbricht, irritiert und immer wieder staunend neu anfangen lässt. Gottes Handeln setzt die Grenze theologischen Verstehens, trägt die endliche Reflexion. Gott verlässt sich selbst, darin verlässt Er/Sie sich auf sich. Diese doppelte Bedeutung der Selbst-Verlassenheit Gottes ist der Theologie als unverfügbare Grenze bzw. als utopischer Raum gesetzt. Gott räumt sich immer wieder jenseits unserer wirklichen und möglichen Vorstellungen den ursprünglichen schöpferischen Raum ein, und genau darin kommt Er/Sie uns geschichtlich ganz nah. Diese Gottesvorstellung lässt Theologie zur Theologie des Verlassens werden, will sie denn menschliche Rede von Gott sein. Andernfalls entfremdet, entmenschlicht und enthumanisiert sie sich, verkennt ihren von Gott eingeräumten Raum im Spannungsfeld von schöpferischer Abhängigkeit und Selbständigkeit.

Von diesem utopischen Grenz-Raum gilt es im Sinne der ‚leisen' Theologie des Verlassens Zeugnis zu geben, nämlich von alle dem und all denjenigen, das bzw. die keinen sichtbaren Ort in der Welt innehaben. Es reicht demzufolge nicht aus, ‚nur' den eigenen Standort zu verlassen, um die schöpferische Weite Gottes besser zu ‚verstehen'. Das eigene System zu verlassen, auf selbstkritische Distanz zu gehen und sich auf die ungewisse Reise einzulassen, um einer irreduziblen Spur zu folgen – ohne klares Ziel – erfordert mehr als die Vorstellung eines gemeinsam geteilten impliziten (System-)Wissens mit dem Anderen. Ausgehend von Alterität, die die Fähigkeit verleiht, Zeugnis zu geben und immer wieder neu anzufangen, sucht eine Theologie des Verlassens aktiv nach neuen Anknüpfungsmöglichkeiten. Im Wissen, die ganze Realität nie ‚sehen' zu können, ‚hört' sie Gottes Anrede in ihrer polyphonen Mehrdeutigkeit. Sie entsteht und folgt der Überzeugung, dass Gott sich jenseits unseres Daseins, unserer Vorstellungen einen Raum einräumt. Orte lebendigen Zeugnisses von Gottes Handeln liegen demnach eher auf der Grenze, im utopischen Raum der Differenz.

Eine Theologie des Verlassens ist als *befreiende Theologie* kritische Theologie im und aus dem Widerstand heraus. Sie ist Theologie des lebendigen Zeugnisses. Die produktiv wirkende Differenz öffnet den Raum nicht ‚nur' im System (systemimmanent), sondern handlungsorientiert, um aus dem System auszubrechen (systemtranszendent). Dabei geht sie auf Distanz zum gegebenen System/zu gegebenen Systemen, leistet de- und konstruierenden Widerstand. Von Innen heraus öffnet sie die Möglichkeit, vergangene und zukünftige Ereignisse bzw. Vorstellungen sprachlich sichtbar werden zu lassen. Als Theologie der Differenz bindet und überbrückt sie im Vollzug traditionelle Raum- und Zeitvorstellung, lässt die in den Gaskammern von Auschwitz Schreienden, wie den Hass aus Hanau hören.

Die Theologie des Verlassens ist *ökumenische Theologie*, die in und aus der Wahrnehmung von Glaubensunterschieden die (inter-/trans-)religiöse Begegnung zu einer Begegnung im weiten Raum Gottes werden lässt. Ihre Fähigkeit, Differenz wahrzunehmen, Alterität anzuerkennen, sich vom Fremden berühren zu lassen, öffnet die Möglichkeit, vergangene und zukünftige Geschehnisse der Aus- und Abgrenzung im kirchlich-theologischen Kontext zu vermeiden und ihnen vorzubeugen. Sie sensibilisiert nicht nur auf leise, stille, zugleich intensive Art, den Anderen in seiner Andersgläubigkeit anzuerkennen, sondern fordert auf, ausgehend vom Anderen sich in der Wirkung der eigenen Glaubensüberzeugungen auf Gemeinschaft und Gesellschaft selbstkritisch zu prüfen. Als Theologie der responsiven Differenz übernimmt sie primär Verantwortung für den Anderen, der unausweichlich konstitutiver Bestandteil des eigenen theologischen Denkens, Sprechens und Handelns ist bzw. wird.

Die Theologie des Verlassens ist *affirmative Theologie*, der es primär darum geht, Alteritätserscheinungen theologisch an die ganze Schöpfung zu binden bzw. binden zu müssen: sie schöpferisch zu bekennen. Sie stellt die Theodizeefrage anders. Als affirmative Theologie ist sie Theologie des Bekenntnisses. Das wahre Bekenntnis liegt darin, Gott in seiner Differenz anzuerkennen, sich immer wieder unterbrechen zu lassen. Die Theologie des Verlassens erfordert, theologisch abseits menschlicher Vorstellung und absoluten Wissensanspruchs Zeugnis Gottes radikaler Transzendenz, seines Antlitzes abzulegen. Erst mit dieser Bereitschaft zur Offenheit in der ganz anderen Begegnung, die das Ich ein- und heimholt (heimsucht), entdeckt sie ihr ursprüngliches ethisches Selbst, das fähig ist, im Bewusstsein der leiblichen, geschöpflichen Gebundenheit (im Raum Gottes) Beziehungen über Grenzen hinweg auszusprechen und auszuhandeln. Unter- und Überführungen, Brücken solcher Art, lösen die Realität nicht auf, sondern binden sie, ohne ihre Missstände zu ignorieren. Theologische Brücken entstehen in den, über und hinter den Zwischenräumen, schaffen Verbindungen, ohne an einem festgesetzten Ziel anzukommen, aber im Glauben daran, dass die

3 Zwischen Alterität und Sprache: eine Theologie des Verlassens

ethische Fähigkeit kein moralischer Nachtrag ist, sondern als ursprüngliches Handeln im schöpferischen Raum Gottes theologisch anzuerkennen ist. Schöpferisch der Welt zugewandt, getrennt, zugleich bindend, konkretisiert eine Theologie des Verlassens diesen Raum utopisch, als nie endende, aber vollkommene Trennung sprachlich. Indem sie hört, kann dieser Raum seine Bildersprache erfahren und empfangen und dabei in der und durch die Sprachhandlung des Bekenntnisses gestaltet werden. Dabei folgt eine Theologie des Verlassens dem Glauben an einen Gott, der sich (auf sich) verlässt: Sie öffnet sich der Ansprache Gottes: Gott kommt sprachlich auf uns zu, bindet sich als ausgesprochene Trennung an die Welt. Eine Theologie des Verlassens nimmt wahr, dass Gott nicht unseren Erwartungen und Vorstellung entspricht, dass Er/Sie sich und der ganzen Schöpfung treu bleibt. Gott spricht sich aus, redet alle Geschöpfe an und darin wirkt Gott Beziehung. Eine Theologie des Verlassens versteht Gott als Wort der Differenz, das trennt und bindet, den ursprünglichen Zwischenraum überbrückt, gerade weil sie Gott in seinem Wort, das den Abstand nicht leugnet, ihn hingegen räumlich ausdrückt, wahr- und ernstnimmt. Dadurch handelt sie primär ethisch, indem sie theologisch Lebensraum schafft. Dieser utopisch-theologische Raum ist die Chance für Theologie, ihre eigene Perspektive zu öffnen, anstatt wegen ihres endlichen Unverständnisses perspektivlos zu werden.

Eine Theologie des Verlassens ist *Theologie der Vergebung und Versöhnung*. Von Gott zu reden ist für die Theologie nur verlassend möglich. Indem Theologie sich verlassen kann, d. h. ihren dogmatisch-theologischen Standpunkt hinterfragt, wird sie fähig sich ihrer ursprünglichen leiblich-ethischen Verantwortung (räumlich) bewusst zu werden. Sie versteht Gott als Gott, der sich sprachlich verlässt, sich ausspricht, und sich in Seiner/Ihrer ganz besonderen Aussprache hingibt und das Geschöpf mit sich versöhnt. Eine Theologie des Verlassens deutet das Versöhnungsgeschehen als Differenzgeschehen, in dem Gottes Wort die Trennung (er-)trägt, dem Menschen widerspricht, zugleich sich ihm verspricht. Ausgehend vom Vertrauen auf den Gott des Verlassens ist Theologie fähig, ihr dogmatisches Ich zu verlassen. Allein im Zwischenraum, der sie von ihrem Schöpfer trennt und dadurch zugleich an Ihn/Sie bindet, reflektiert sie ihr Selbstvertrauen. Sie ‚sieht' Gott, der vergebend und versprechend spricht und handelt. Jenseits der Logik von Gabe und Gegengabe bekennt sie Gott im doppelten Verlassen, ‚erkennt' Gottes Vollendung in der nie endenden Trennung. Im Bewusstsein der Selbstverlassenheit Gottes kann sie Ihm/Ihr ‚nur' folgen, indem sie sich selbst verlässt, d. h. auf kritischen Abstand zu sich selbst geht und sich damit auf den Schöpfer verlässt. Diese radikale Trennung bestimmt Theologie jenseits ihrer anthropologischen Vorstellungswelt. Dadurch handelt sie ethisch konkret, fähig zu vergeben und ihr Versprechen vor Gott, Mitmensch und Mitwelt zu halten. Die schöpferische Verlässlichkeit und Verbindlichkeit verpflichtet sie, Gottes Auf-Gabe konkret zu folgen.

Die Theologie des Verlassens ist *ethische Theologie*. Insofern ist die Rede von Gott ursprünglich ethische Rede, notwendigerweise ereignet sie sich jenseits des endlichen Daseins und gerade deswegen der Realität ganz nah. Von Gott zu sprechen, zu theologisieren, ist primär ethische Rede, und zwar im Bewusstsein der unausweichlichen Gebundenheit an die ganze Schöpfung. Sie vollendet sich notwendigerweise sozial, geschichtlich und interdisziplinär verstrickt. Die Rede Gottes (*genitivus subjectivus*), zugleich die menschliche Rede Gottes (*genitivus objectivus*), vollzieht sich nicht in einer Außenbewegung, sondern spricht sich als Jenseitsbewegung (ethische Transzendenz) aus. Im Wort der Differenz, in utopischer Sprache, trennt eine Theologie des Verlassens auf den ersten Blick, auf den zweiten bindet sie, indem sie ethisch dazu verpflichtet, Gottes Spur zu folgen.

Eine Theologie des Verlassens ist *implizite Theologie*. Der Anspruch der ‚impliziten Theologie'[29] des Verlassens liegt darin, abseits unserer Vorstellungswelt Gott zu hören und hörend von Gott zu reden, Zeugnis abzulegen. Die Rede Gottes objektiviert nicht, sondern ereignet sich immer wieder ethisch. Die Theologie kehrt in Gottes Grenzwort zum Anfang der paradiesischen Schöpfung zurück, um ausgehend vom und für den Anderen ethisch handeln zu lernen, ausgehend von und mit Anderen Beziehungen einzugehen, die sich nicht explizit, sondern implizit ganz leise in den Zwischenräumen der Lebenswirklichkeit ereignen. Bedingung dafür, befreit von unseren Systemgrenzen zu theologisieren, ist es, dem ganz Anderen in der Vielfalt seiner Erscheinungsformen nicht willkürlich, sondern im von Gott eingeräumten utopischen Erscheinungsraum zu begegnen. Eine Theologie des Verlassens orientiert sich dabei an der Überzeugung, dass Mensch Ebenbild Gottes ist, indem sie danach strebt, es dem Verlassenden und Verlässlichen in seinem ethischen Urhandeln gleichzutun. Gott inspiriert und wirkt Gutes im Antlitz. Indem Theologie Ihn/Sie empfängt, verlässt sie sich, bekennt sie sich, überbrückt endliche Grenzen und nimmt damit ein neues Ethos ein.

---

[29] Der Begriff erinnert an Adorno, der sich in einem Briefwechsel mit Walter Benjamin und Max Horkheimer über die Bedeutung der Theologie für eine Gesellschaftstheorie austauscht. Die Theologie habe ihre eigenständige Bedeutung als Wissenschaft verloren, nichtsdestotrotz komme ihr im gesellschaftlichen Diskurs eine tragende Rolle zu, die sich aber eher negativ bzw. invers äußere. U. a. hat Andreas Pangritz in seiner Habilitationsschrift versucht, das Anliegen Adornos mit dem Begriff der „impliziten Theologie" zusammenzufassen (vgl. Pangritz 1996, 162.170f.214). Mein Gebrauch des Begriffes im Zusammenhang mit meinem Ansatz einer Theologie des Verlassens hat sicherlich auch eine gesellschaftskritische Konnotation, allerdings orientiere ich mich dabei an Nikolaus Wandering. Er analysiert in seinem Aufsatz „Zur Rede von einer ‚impliziten Theologie'. Versuch einer Begriffsklärung" den Gehalt der ‚impliziten Theologie' und differenziert ihn dabei von Rahners Begriff des „anonymen Christentums". Es geht ihm um eine „inhaltlich und methodisch-didaktische" Theologie anstatt um eine soteriologische Bestimmung. Dies ermöglicht, das Verhältnis zwischen impliziter Theologie und explizitem Bekenntnis besser in den Blick zu nehmen (2004, 201).

3.5 Ausblick

Ich möchte mich mit meinem Ansatz einer Theologie des Verlassens für eine Theologie einsetzen, die primär Raum schafft, ethisch-theologisch zu wirken. Die alles andere als neue Erkenntnis und Überzeugung, dass sich in den gesellschaftlichen Bereichen inter-/transdisziplinär, inter-/transkulturell, inter-/transreligiös etc. verständigt werden muss, reicht nicht aus. Vielmehr geht es darum, Offenheit und Bereitschaft zu haben, diese komplexe Verständigung konkret in der Praxis umzusetzen. Meine Studie soll insofern Ausgangspunkt weiterer Überlegungen sein, *wie* theologisches Sprechen, Denken und Handeln ausgehend vom Anderen *methodisch* umzusetzen ist. Die Einsicht, dass die Position der Anderen kein lästiger Nachtrag ist, sondern elementarer Bestandteil des eigenen Lebens, kann nicht nur postuliert werden, sondern muss in Wissenschaft, Forschung und Lehre, in Kirche und Gesellschaft gleichermaßen praxisorientiert Einfluss nehmen. Realitätsfern verliert sich diese Einsicht in den leeren gehalts- und wirkungslosen Theorien. Konkret motiviere ich dazu, theologisch *leise*, d. h. undogmatisch, die Stimme des Anderen nicht nur zu hören, sondern sich in wechselseitiger Anerkennung und Wertschätzung mit ihr auseinanderzusetzen. Dabei denke ich an neue Impulse für religiösen Dialog und Ökumene. Das wachsende Phänomen der pfingstlichen und charismatischen Kirchen und Theologien stellt eine Herausforderung für die Universitätstheologie dar. Aus unilateraler Perspektive der eigenen dogmatischen Überzeugung kann diesen neuen Theologien nicht wirklich offen begegnet werden. Ihr Auftauchen fordert einerseits, die Stimmen der pfingstlichen und charismatischen Wissenschaftlerinnen und Wissenschaftler selbst wahrzunehmen, andererseits eine inter-/transdisziplinäre Herangehensweise, die ermöglicht, religionswissenschaftliche, insbesondere -ästhetische Studien zu berücksichtigen, kulturwissenschaftliche und postkoloniale heranzuziehen und grundsätzlich methodisch fächerübergreifend zusammenzuarbeiten.

Blickt man auf die gut hundert Jahre alte moderne ökumenische Bewegung zeigt sich in den uni- und bilateralen Dialogen des Ökumenischen Rats der Kirchen (ÖRK) ein thematischer Schwerpunkt, der sich dahingehend äußert, sich vor allem mit ekklesiologischen und dogmatischen Fragen auseinanderzusetzen. So zeigt der Vergleich zwischen dem ersten und zweiten *Convergence Paper* des ÖRK, dass nach wie vor, trotz der Einsicht in die Bedeutung ethisch-sozialer Verantwortung, die ‚offizielle' ökumenische Annäherung daran gemessen wird, inwieweit trotz konfessionell bedingter *dogmatischer* Differenzen zu einem gemeinsamen Konsens gefunden werden kann. Zwar hat der ÖRK sich in den 80er Jahren im Rahmen des Konziliaren Prozesses für Gerechtigkeit, Frieden und Bewahrung der Schöpfung seiner politischen Verantwortung angenommen, aber die Frage bleibt, inwiefern dieses Sozialengagement für den Anderen entscheidende Wirkung auf sein ökumenisch-theologisches Selbstverständnis hat. Bedeutsam wären hier m. E. Entwicklungen, die die ekklesiologisch und dogmatisch gesetzten Kriterien dahingehend prüfen, ob sie den gegenwärtigen Herausforderungen in Kirche und Gesellschaft (noch) genügen. Das Selbstverständnis des ÖRK, eine Plattform für Verständigung zwischen den christlichen Kirchen, Konfessionen und Denominationen zu sein, entspricht dem Anspruch, Raum für die Begegnung Andersdenkender zu ermöglichen. Nichtsdestotrotz scheint dieser Raum (noch immer) von westlich-europäischer Theologie geprägt zu sein, insofern mangelt es an wirklicher Offenheit dem Anderen gegenüber. Die Tendenz, sich dem Anderen allein aus eigenem traditionellem Selbstverständnis heraus zu nähern, muss ausgehend von einer Theologie des Verlassens selbst zum Gegenstand selbstkritischer ökumenischer Reflexion werden. Wünschenswert wäre diesbezüglich die Bereitschaft, unüberwindbare dogmatische Differenzen anzuerkennen und sich verstärkt den ethisch-theologischen Fragestellungen zu zuwenden, insbesondere der Entwicklung eines neuen ökumenischen Selbstverständnisses, das primär ethisch-theologisch, anstatt dogmatisch-ekklesiologisch verankert sein müsste.

Schaut man auf die Realität der Gemeindearbeit in Deutschland, zeigt sich in der Praxis, dass nicht nur durch die Entwicklungen von Stellenabbau und Fusion in den evangelischen Landeskirchen (schon länger) eine enge Zusammenarbeit mit der katholischen Gemeinde vor Ort stattfindet. Ekklesiologische und dogmatische Unterschiede scheinen oftmals zwischen den Gemeindemitgliedern kein Hindernis darzustellen, praktisch zusammenzuarbeiten. Ruft man sich in Erinnerung, dass die Römisch-Katholische Kirche bis zur Gegenwart kein offizielles Mitglied des ÖRK ist, stellt sich unweigerlich die Frage, warum die Zusammenarbeit mit den Migrationskirchen eher schleppend anläuft. Sie werden in der Regel nicht als gleichwertige Partner akzeptiert, und der ökumenische Austausch vollzieht sich nicht auf Augenhöhe, sondern eher noch im Kolonialstil: Der Weiße hilft dem Schwarzen *(white saviour complex)*. Im Hintergrund steht hier m. E. die sich nur langsam öffnende Bürokratie der Landeskirchen, die trotz der Entwicklungen in der vergangenen Dekade, dem Verlust an Mitgliedern und dem Mangel an pastoralem Nachwuchs tendenziell ihrem theologisch-dogmatischen Selbstverständnis treu bleiben. Die Bereitschaft, sich dem Anderen, auch dem Schwarzen zu öffnen, stellt ein ernstzunehmendes Desiderat dar. Der Umgang damit wird die Zukunft unserer evangelischen Landeskirchen bestimmen. Vor dem Hintergrund der Gemeindezusammenarbeit mit der Römisch-Katholischen Kirche im Kampf gegen Antisemitismus und Islamfeindlichkeit, dem damit verbundenen öffentlichen Einsatz für den interreligiösen Dialog, erscheint der Austausch mit den Migrationskirchen bedeutsam, um nicht nur die eigene Glaubwürdigkeit zu bewahren, sondern im Handeln neue Erkenntnis durch den Anderen zu gewinnen.

Es besteht die Notwendigkeit, über theologischen Austausch und/oder kirchliche Partnerschaftsprogramme neu nachzudenken. Soll mit dem Anspruch einer wechselseitigen Wertschätzung ernst gemacht werden, müssen Austausch- und Partnerschaftsprojekte grundsätzlich ausgehend vom Anderen auf Augenhöhe initiiert *und* durchgeführt werden. Gegenwärtig befinden wir uns gesellschaftlich diesbezüglich eher auf dem Rückzug. Menschen suchen Sicherheit und Halt im Eigenen und Vertrauten. In extremer Gestalt manifestiert sich dieser Rückzug lautstark auf unseren Straßen. Ideologische und religiösfundamentalistische Überzeugungen etablieren sich in öffentlicher Akzeptanz oder zumindest Tolerierung. Sie finden ein nicht zu übersehendes Echo, das sich nicht verstecken muss, sondern salonfähig geworden ist. Ich vermute, dass diese Entwicklung u. a. auch dadurch beeinflusst und ‚gesteuert' wird, dass diese Rückzugstendenzen sich auf höherer Ebene von Politik und Bildung, von Kirche und Theologie, kontinuierlich etabliert haben. Dabei habe ich sowohl die Bundes- als auch Länderebene im Sinn. Studien sind notwendig, auf diese verborgene Systementwicklung aufmerksam zu machen, und Wege sind aufzuzeigen, wie Bildung fähig wird, einer ‚leisen' Theologie folgend den ethischen Zwischenraum realitätsnah zu verantworten, d. h. ihn zwar leise, aber genau darin theologisch leidenschaftlich einzufordern.

Bildung ist für Systemveränderung unerlässlich und entscheidend. Sie bietet den Raum, systemisch die Weichen zu stellen, die nicht nur die theoretische Einsicht der wechselseitigen Anerkennung fördern, sondern die Aussicht, diese pluralitätskompetent umzusetzen. Interdisziplinäre Forschungsprojekte und internationale Studiengänge sollten dahingehend untersucht werden, ob sie sich wirklich in dem Zwischenbereich der Disziplinen und kulturellen Kontexte initiieren und entwickeln oder vielmehr in der klassischen Struktur des Gegenübers verstrickt bleiben. Die Studien sollten in den Blick nehmen, wie im kooperativen Prozess sich der gemeinsame ‚Dritte', der produktive ethische Raum, offen und eben nicht zuvor einseitig gesetzt, entwickeln kann.

Kulturwissenschaftliche Vorbemerkungen

Mit dem Begriff *cultural turn* bezeichnet man paradigmatische Wenden/Veränderungen in den kulturwissenschaftlichen Diskursen. Von einer solchen Wende ist dann die Rede, wenn ein „Wechsel der Forschungsperspektive" vorliegt, der mittels „eigenem performativen Analysevokabular [...] Text- und Kulturverständnis dynamisiert" (Bachmann-Medick 2010, 107).

Theologie des Verlassens ist ein theologisches Denken nach dem *performativen* und *spatial turn*. Mit den folgenden Studien strebe ich danach, unterschiedliche kulturelle, religiöse, gesellschaftliche Bereiche dahingehend zu untersuchen, den (methodischen) Mehrwert einer Theologie des Verlassens sichtbarer zu machen. Dabei betrachte ich die Dimensionen von Raum/Räumlichkeit gleichwohl die von Performanz/Performance/Performativität. Meinem theologischen Ansatz entsprechend gehe ich dabei von einem offenen Kulturbegriff aus, der sich seit den 80er Jahren in den Kulturwissenschaften immer mehr herausgebildet hat. „Kultur erscheint [...] als ein bedeutungsoffener, performativer und dadurch auch veränderungsorientierter Prozess" (ebd.).

Der sogenannte *performative turn* „lenkt die Aufmerksamkeit auf die Ausdrucksdimension von Handlung und Handlungsereignissen bis hin zu sozialen Inszenierungskulturen" (104). Entscheidend ist wahrzunehmen, dass der *performative turn* die „praktische Herstellung kultureller Erfahrung und Bedeutung" besonders in den Fokus nimmt. Dabei steht sowohl die Kultur als sogenannte *Performance* im Vordergrund, als auch die Betonung kritischer Prozessanalyse. Das Neue liegt in dem Wechsel vom Leitbegriff der Struktur zum Begriff des Prozesses. Dieser Wechsel beinhaltet eine Strukturkritik, die bereits im *interpretative turn* sichtbar wurde. Die Kritik zielt auf geschlossene Symbolsysteme, die sich einer binären-statischen Ordnungsstruktur unterwerfen. In gewisser Ergänzung zur Strukturkritik untersuchen Ritualanalysen ethnologischer Forschung diese prozessartigen Übergänge kritisch, d. h. sie nehmen primär die transnationalen Transiträume und/oder auch die Dimension von *Transgression* in den Blick: das Aufbrechen, das Neuordnen von Grenzen, sprich die Grenzziehung von Grenzräumen (vgl. 126). „Mit ihr [Transgression] wird eine Praxis der Überschreitung, der Entgrenzung, Karnevalisierung und Durchbrechung von Codes bezeichnet. [...] Transgression [betrifft] eine performative Überschreitung des legalisierten oder ritualisierten Geschehens innerhalb einer Gesellschaft selbst" (127).

Seit den 1970er Jahren entsteht der *performative turn* in kritischer Abgrenzung zum Autoritätsanspruch von Text und Bedeutung (*interpretative turn*). Immer mehr Begrifflichkeiten kultureller Performanz treten auf. Bereiche der Kunst, Politik, des Alltagslebens, aber auch der Sprachphilosophie und der

Sprechakttheorie sowie wissenschaftlicher Ansätze in der Genderforschung und der Medientheorien konstituieren die Kontexte, in denen sich die Wende herausbildet. Dabei ist die interdisziplinäre Dimension zu berücksichtigen, die sich bei dem Paradigmenwechsel abbildet, und es nicht zuletzt auch dadurch bedingt zu Mischformen kommt, bei denen eine strikte Grenzziehung zwischen Text und Performanz/*Performance* nicht einfach ist. Um von einem wirklichen *cultural turn* zu sprechen muss der Bedeutungswandel des Kulturbegriffs wahrgenommen werden (s. o.). Handlungs- und Ereignisbezug rücken folglich in den inhaltlichen Disziplinbereichen von *Ritual Studies*, Sprachphilosophie/Sprechakttheorien und den Künsten in den Vordergrund (vgl. 107). Die unterschiedlichen Lesarten des Performanz-/des Performance-Begriffs macht das ambige Gemengegelage deutlich. (vgl. 109) Diese Lesarten, so Bachmann-Medick, führen zu einem produktiven Spannungsverhältnis, das für die differenzierte Entwicklung des *performative turn* nicht unerheblich. Es erweitert ein enges Verständnis von Kunst und Theater und macht „Sprache als Handlung und Kultur als Inszenierung beschreibbar" (109). Es geht nicht mehr darum, Symbole als einfache Bedeutungsträger zu verstehen, sondern sie vielmehr in ihrem kontextuell-kulturellem Gefüge in Prozessen der Transformation und des Wandels zu lesen und zu deuten. Letzteres ist für religiöse und theologische Symbole von entscheidender Bedeutung, z. B. zeigt sich das anhand Turners „Transformationsgedanke", der für eine sogenannte „Transformationstheologie" fruchtbar gemacht wurde (121).

Weitreichend sind auch die differenzierten Entwicklungslinien zu einer Unterscheidung zwischen methodischem und historischem *performativen turn*, denn bedeutend wird der *turn* gerade dadurch, dass er „eine neue Analyseeinstellung [ist], mit der die Gegenstände, Handlungen und kulturellen Prozesse überhaupt erst performativ betrachtet werden" (124). Das erinnert an den erwähnten Begriff der Transgression. Methodisch ist es die Wiederholung, die sich sowohl in Ritualprozessen als auch in den Genderstudies abbildet.

In dieser Hinsicht hat nicht zuletzt der Kulturanthropologe Victor Turner mit seinem Ansatz einer ethnologischen Ritualanalyse den *performativen turn* weiterentwickelt. Turner gelingt es, den Begriff des Rituals im engeren Sinne aufzubrechen und die „transformativen Spielräume des Rituellen" aufzuzeigen (112). Bachmann-Medick zufolge zeigt sich hier, wie die performative Wende danach strebt, den „pragmatischen Prozess der Ritualisierung selbst zu erfassen" (113). Es geht also darum, den Untersuchungsgegenstand im situativen Kontext aus einer ihm zugeschriebenen Bedeutung herauszulösen und Einbruchstellen und Risse herauszuarbeiten, die den Raum für „multiple Identitäten" öffnen (127).

In der Genderforschung verortet sich Judith Butler mit ihrer Performativitätstheorie im körperlich-materiellen Horizont der Performance und Transgression. Butler bricht gegebene Kategorien auf, stellt das Geschlecht als biologische Kategorie infrage und rückt dabei den Körper in den Mittelpunkt der Aufmerksamkeit. Dabei „wird der Körper ent-biologisiert und als Ergebnis eines performativen Vorgangs des wiederholten und weitgehend unbewussten Zitierens von Geschlechternormen definiert" (127).

Der hier sichtbar werdende Wechsel vom Text zur Handlung und deren Auslegung, der damit einhergehende Blick auf die menschlich-kulturelle Bedeutung, wird u. a. auch durch den russischen Literaturwissenschaftler und Kunsttheoretiker Michael Bachtin weiterentwickelt und ist für die Theologie des Verlassens bedeutsam. Bachtin betont die Dimension des kulturellen Konflikts, die „Herausforderung durch den Anderen (*Otherness*)" (110). Damit berührt Bachtin den Aspekt der Intersubjektivität, den der indische Literaturwissenschaftler Homi Bhabha in seinem Konzept vom *Third Space* (Dritter Raum) kreativ und kulturdifferenziert ausgestaltet (vgl. ebd., Bhabha 1994). Die bei Bachtin und Bhabha sich ankündigende politische Perspektive bewahrt sich nur dann, wenn der Blick auf das Handeln offen bleibt und dabei vor allem sein wirkungsvolles Potenzial – seine „Mobilisierungskraft" – mit Blick auf Veränderungsprozesse innerhalb kulturell, gesellschaftlich und politisch Gegebenem untersucht wird. Hier zeigt sich immer deutlicher die Auswirkungen auf Raum/Räumlichkeit. Der Fokus auf den Raumbegriff als Analysekategorie etablierte sich im Prozess des *spatial turn*, der eine unter anderem durch Michel Foucault geprägte und seit den 1980er Jahren diskutierte kulturelle Wende bezeichnet. Der *spatial turn* ist damit ein Produkt der Postmoderne (vgl. Bachmann-Medick 2010, 284). Die „Renaissance des Raumbegriffs" (286) ist vor allem durch die politisch-gesellschaftlichen Umbrüche in der zweiten Hälfte des 20. Jahrhunderts bedingt: die Aufhebung der politischen Blockbildung und Polaritäten, die Öffnung der Grenzen bis hin zu einer Verschiebung Zentraleuropas nach Osten (287), der Kapitalismus, die Globalisierung und der damit einhergehende Schwerpunkt auf (und die Bedeutung von) Netzwerk- und Beziehungsstrukturen sowie globalen wechselseitigen Abhängigkeiten. Grenzen werden neu gezogen, Raumansprüche ändern sich, und das heißt, „neue Raumkonstruktionen" nehmen Gestalt an (ebd.). Es geht um ein raumgeprägtes Verständnis von Wirklichkeit: Der Raum, die Synchronie, steht der Zeit, der Diachronie, gegenüber. Das Anliegen des *spatial turn* liegt darin, die Dichotomien des Denkens von Zeit und Raum zu überwinden. Dabei geht es darum, den über eine lange Zeit dominanten Fokus auf die zeitbezogene evolutionäre Vorstellung von Entwicklung und Fortschritt einer kritischen Prüfung zu unterziehen. Letztere war und ist vor allem durch das Erbe der Aufklärung entstanden und beinhaltete das Verständnis von kolonialen Entwicklungsstrukturen und Fortschrittsdenken. Im Spannungsfeld von Raumkonstruktion einerseits und Enträumlichung im Zuge der Digitalisierung (*global village*) andererseits (288) wird versucht, die unterschiedlichen Raumperspektiven anhand neuer, kritischer Raumbegriffe zu berücksichtigen und zu erschließen. Geprägt ist der Umbruch vom Gegensatz zwischen Transiträumen bzw. Transitidentitäten und dem Streben nach Stabilität in einer erneuten Zuwendung zum lokal Vertrauten.

Die Prozesshaftigkeit, das Infragestellen von Grenzen, neue Grenzziehung und -setzung, die Dimension von Transgressionen werden durch den Begriff der Liminalität ergänzt. Als Ausdruck eines höchst prekären Zustands von Individuen oder Gesellschaften bezeichnet Liminalität den „Prozess ihrer Transformation" (130). Die Liminalität zeigt sich vor allem in den Untersuchungen (post-)kolonialer Gesellschaften, aber auch im Kontext von Globalisierungsstudien, die primär die Transiträume, die räumlichen Übergänge *da-zwischen*, in den Blick nehmen. Die an dieser Stelle nur skizzierte Entwicklung hin zu einer performativ-raumorientierten, kulturwissenschaftlichen Ausrichtung hat auch das Raumverständnis in Kirche, (christlicher) Religion und Theologie mit Blick auf die (gesellschaftliche) Sinnsuche verändert.

Festzuhalten ist diesbezüglich, dass „die enge Verknüpfung von Ritual, Liminalität und Grenzerhaltung, aber auch Grenzüberschreitung und Auslassung ein begriffliches und konzeptuelles Terrain [ist], von dem aus Performanz auch als räumliches Phänomen erkannt werden kann" (133). Letzteres, die Verbindung von Raum/Räumlichkeit und Performanz/*Performance*/Performativität, scheint mir der hermeneutische Schlüssel zu sein, die folgenden Studien zur Bedeutung einer Theologie des Verlassens in Gehalt und Methodik alteritätssensibel und inter-/transdisziplinär zu erfassen.

Theologie des Verlassens: räumlich

Denn Gott ist Alterität, Gott ist unverfügbar, unbegreifbar, unsichtbar, zugleich erfahrbarer Raum, erfahrbare Einsicht und erfahrbare Anwesenheit.

> Die Idee der Exteriorität, die die Suche nach der Wahrheit leitet, ist nämlich nur als Idee des Unendlichen möglich. Die Konversion der Seele zur Exteriorität oder zum absolut Anderen oder zum Unendlichen kann nicht aus der Identität dieser Seele abgeleitet werden; denn sie ist nicht nach dem Maß dieser Seele. (Emmanuel Levinas, TU 80)

Philosophische Überlegungen zur theologischen Bedeutung kultureller Räume[1]

Einleitung

Im Folgenden will ich den Entwurf (m)einer Theologie des Verlassens skizzieren. Dabei steht eine philosophisch-theologische Verständigung zwischen Emmanuel Levinas und Paul Ricœur einerseits, Friedrich-Wilhelm Marquardts und Hans-Christoph Askanis andererseits im Hintergrund. Ausgehend vom Verständnis der radikalen Alterität Levinas' sensibilisiere ich für Gott als schöpferisch-utopische *Raumgabe*,[2] der ausschließlich ethisch zu begegnen ist. In Gestalt seiner Unverfügbarkeit wird dieser von Gott ermöglichte Beziehungsraum zum Ort einer verantwortlichen Theologie. Auf diesem Grundriss erörtere ich die theologische Bedeutung kultureller Räume. Im Anschluss an die Skizze des Aufbruchs der Missionswissenschaft zur Interkulturellen Theologie im 20. Jahrhundert, vertiefe ich theologisch die Haltung (m)einer Theologie des Verlassens.

1 Theologie des Verlassens: Alterität und Sprache

1.1 *Alterität als Utopie: schöpferische Raumgabe*

Theologische Rede vom utopischen Raum konkretisiert sich, indem sie dem Anspruch im Sinne von Emmanuel Levinas und Paul Ricœur, Alterität und Sozialität Gottes gemeinsam zu denken, folgt: Der utopisch-dynamische Raum, der Ausdruck für die von Gott gewählte nahe Ferne oder ethische Nähe, ermöglicht es, die radikale Transzendenz, die Ansprache Gottes, in endlicher Anknüpfung handlungsorientierend zu denken, ohne der Gefahr, einer ideologisch-dogmatischen Totalität zu verfallen. Der Ausdruck ‚ethische Nähe' drückt die unausweichliche Verantwortung gegenüber dem qualitativ Anderen aus (vgl. JdS 318),

---

[1] Erstveröffentlicht in: LIMINA Grazer theologische Perspektiven 6:2 2023, 123–14.
[2] Raum verstehe ich hier zunächst im Anschluss an Marquardts schöpfungstheologische Überlegung im Spannungsfeld von Gabe und Verlust. Anhand der Genesiserzählungen verdeutlicht er die Bedeutung des von Gott geschaffenen Raumes als Lebensraum des Menschen. Als „geschichtlicher Raum" konstituiere sich dieser „Beziehungsraum von Gott und Mensch", werde demnach „Raum ihrer gemeinsamen Geschichte" (Utopie 65). In gewisser Nähe zum *spatial turn* wird der Raum als ein sich immer wieder vollziehender Beziehungs- und Diskursraum sichtbar, der sich eindeutigen Grenzen entzieht, vielmehr die Möglichkeit bietet, Grenzen immer wieder neu zu ziehen (vgl. 2.2.).

die den Menschen davor schützt, totalitären Ideologien zum Opfer zu fallen (vgl. Krewani 2006, 48). Letztere vereinnahmen und räumen das Wort Gottes aus – machen Gott raumlos. An dem von Gott eingeräumten Ort konstituiert sich hingegen der Anspruch, sich theologisch vom radikalen Anderen unterbrechen zu lassen und eine ethisch-theologische Perspektive einzunehmen. Es handelt sich um das *paradise lost*, von dem Friedrich-Wilhelm Marquardt sagt, dass die Menschen es

> *gründlich* verloren haben, das meint auch: restlos, ohne Erinnerungsrückstand [...]. So lebendig die Bibel uns das Paradies malt – sie kann dabei an keine Erinnerung anknüpfen [...]. [Sie] gibt uns nur Zeugnisse von der unerhörten Geschichte, daß Gott uns einen Garten gepflanzt, uns dahinein versetzt habe als unsere Umwelt, – daß wir diesen Lebensraum aber verspielt und verloren haben und daß es *dennoch* Gott wichtig ist, uns von dieser unserer Geschichte etwas wissen zu lassen. (Utopie 118)

Am paradiesischen Ort – der sich trotz, oder gerade wegen seiner Unsichtbarkeit – in ewiger Beziehung verborgen ereignet, konstituiert sich die wahre Grundstruktur theologischen Denkens und Wissens in Gestalt eines Grund*risses*. Folgt man diesem Gedanken, dass Gott im Wort inmitten von Differenz, Widerspruch und Verstrickung in Geschichten schöpferischen Lebensraum ermöglicht, muss theologische Rede diese Raumgabe empfangen und verantworten. Mit Levinas priorisiere ich die darin liegende ethische Verantwortung der theologischen Rede, die vor allem Bewusstsein in radikaler Passivität der Geschöpflichkeit begründet liegt (vgl. JdS 251)[3]. Diese Wissens- und Erkenntnisgrenze des Menschen, die in der qualitativen Trennung und Differenz zwischen dem Unendlichen und dem Endlichen deutlich wird, zeigt die sinnstiftende ethische Bedeutung der Schöpfung insgesamt. Schöpfungstheologisch folgt daraus: Indem Theologie diesen Raum wahrnimmt, antwortet sie und übernimmt die darin liegende Aufgabe, den Raum zu gestalten, sich und den Anderen ethisch zu verantworten. Das eindeutige Verhältnis von aktiv – passiv trägt das Geschehen nicht (mehr). Vielmehr wird im Sinne Paul Ricœurs sichtbar, dass die Grenzen von Ertragen und Erdulden bis hin zum Erleiden fließend sind (SA, 192). Die „Begriffe erinnern, daß auf der Ebene der Interaktion ebenso wie auf derjenigen des subjektiven Verstehens Nicht-Handeln immer noch ein Handeln ist: Vernachlässigen, unterlassen, etwas zu tun, bedeutet auch, es durch einen Anderen tun zu lassen" (ebd.) Theologie erfüllt die Aufgabe des Erleidenden, indem sie ausgehend vom Anderen, von Mitmenschen und Mitwelt Gott und sich selbst verantwortet. Sie richtet sich nicht unter Berücksichtigung ihrer eignen Interessen teleologisch aus, sondern darin, dass sie ihren geschöpflichen Raum, ihr Sprechen

---

[3] Die Besonderheit bei Levinas liegt darin, die Unausweichlichkeit ethischen Handelns in der Schöpfung zu verankern. Die ethische Verantwortung bestimmt die menschliche Subjektivität ursprünglich und wird zum Prinzip der Realität. Der Mensch wird im Schöpfungsgeschehen, das Levinas als Beziehung der Trennung versteht, ethisch geboren. Kurz: Er versteht die göttliche Transzendenz ethisch.

und Handeln christologisch verantwortungsbewusst erträgt. Dabei zeigt sich das *paradise lost*: Theologische Rede konkretisiert Utopie, den nicht vorhandenen Ort, räumlich-ethisch; und dieser wird im Sinne einer handlungsorientierenden Real-Utopie sichtbar. Erfahrungen mit dem Anderen ermöglichen diese Realutopie, die sich durch ihren kontinuierlichen Bezug zur konkreten Situation verhält, ohne jemals ihr Ziel zu erreichen. Dabei begründet sich die Fähigkeit des Menschen zum Handeln in der unausgesprochenen Aufforderung des Anderen, auf den er/sie sich einlässt (425)[4]. Die theologische Raumgabe, die ich im Sinne Levinas primär ethisch verstehe und die damit zum Verständigungs- und Handlungsraum wird, konstituiert sich in der dem Menschen unverfügbaren Alterität. Der Ausgang vom Anderen befreit in dieser Hinsicht die Theologie, be- und entgrenzt sie aus den selbst erschaffenen Systemgrenzen, transzendiert, inkarniert und sozialisiert sie. Dabei eröffnet sie einen neuen theologischen Denk-, Sprech- und Handlungsraum. Schöpfungstheologisch legt der sich immer wieder neu stiftende ‚Raum', die Raumgabe der Transzendenz in der Immanenz, den Grundriss eines Entwurfs einer Theologie des Verlassens.

1.2 Theologisch-christologische Rede im von Gott gegebenen Raum

Blickt man ausgehend von dieser philosophisch-theologischen Betrachtung auf die Anforderung theologischer Rede im globalen digitalen Zeitalter, im alltäglichen Umgang mit Unbekanntem und Fremdem, hat der theologische Gedanke eines ursprünglich utopischen und ethischen (neu-)schöpferischen Raums handlungsorientierendes Potenzial. Räumlich gedacht verständigt sich Theologie primär ethisch, ‚entlastet' sich selbst in der Beziehung ausgehend vom absolut Anderen. Sie hat sich nicht selbst zu verantworten, sondern steht in einer christlich-befreienden räumlichen Beziehung. Im Verständigungsraum, in dem der radikal Andere Theologie permanent infrage stellt und herausfordert, ohne sie zu verlassen, ereignet sich der von Gott geschaffene christologische Grundriss für eine theologische Rede in *glokaler* Lebendigkeit. Letzteres betont Ricœur in seiner Kritik an Levinas, indem er die Dimension der Geschichtlichkeit der Geschichte hervorhebt (vgl. GW 53). Geschichte öffne sich so einer produktiven Dynamik. Sie fordere den Menschen auf, Abstand zu sich und seiner eigenen Lebenswelt einzunehmen und anderen zu begegnen. Ricœur spricht vom Ausgang aus der Verschlossenheit des Selbst, die ihm den Eintritt in die Mitwelt ermögliche. Die Distanz zu sich selbst bedeutet demnach die Möglichkeit, mit anderen in Beziehung zu treten. Entscheidend ist, dass Ricœur darin den Ort erkennt, an

---

[4] Ricœur arbeitet ausgehend von und über Levinas hinausgehend heraus, dass die ethische Dimension, in der sich die unausweichliche Verantwortung begründet, ontologisch in der Grundstruktur des Menschen verankert ist. Dabei bleibt der Andere philosophisch in gewisser Weise als Aporie verborgen (vgl. SA, 426).

dem der Mensch sein wahres Menschsein spürt (vgl. 54f.). Der utopische Raum in seiner differenzierten räumlichen Vielfalt trägt die Geschichtlichkeit (sozial-)ethisch und ist theologisch im Christusgeschehen immer wieder neu zu entdecken. In der Menschwerdung Christi hinterlässt Gott eine (unverfügbare) Spur seiner radikalen Alterität, ermöglicht seinem Geschöpf, Räume seiner Unverfügbarkeit im sichtbaren Zeugnis seines Sohnes zu erkennen und danach zu handeln. „Die Spur des Unendlichen ist die [...] Ambiguität im Subjekt" (JdS 326). Insofern setzt die Rede von Gott im und als utopischen/r Raum voraus, Gott im Leben nicht nur zeitlich, sondern in seinem vielfältigen Handeln ‚räumlich' wahrzunehmen. In dieser Hinsicht sprengt die theologische Rede die Grenzen des gewöhnlichen Raumverständnisses. Die „Geste des Gebens" des Schöpfers benötigt, Askani zufolge, Raum. Zugleich setze sie Raum frei, der als Gabe notwendigerweise an jemanden adressiert sei (Bekenntnis 190). Diese schöpferische Geste öffne demzufolge einen Raum, den die Gabe selbst und die/der Empfangende für sich bräuchten: Sie sei sich selbst gebende Raumgabe. Indem sie sich ereigne, inszeniere sie ihren Raum, der sich auf beiden Seiten öffne. Dabei widerspreche der sich immer wieder neu konstituierende Raum binären (Sprach-)Systemen. Demzufolge transzendiert die Kommunikation als theologische Glaubens- und Hoffnungssprache in Christus und öffnet Hoffnungs-Raum inmitten sowie ausgehend von der geschichtlichen Lebensrealität. Ihr Sprachgebrauch erfüllt nicht nur einen zuvor gesetzten Lebensplan, so Ricœur, sondern nähert sich differenziert (vgl. Ricœur, Bd. 1, 1989, 119). Im theologischen Sprachvollzug entsteht also eine Wirklichkeit, die sich nicht in Eindeutigkeit erschöpft. Auf der Grenze zeigt sich Sprache kreativ und erfinderisch, hier liegt für Ricœur ihr Wahrheitsanspruch (vgl. Ricœur ^{3}2004, 93f.). Sprache denkt er als produktive Sprache, wenn sie vom Anderen ausgeht.

Mit Marquardt betone ich an dieser Stelle die Bedeutung, Gott geschichtlich verstrickt zu verstehen (Utopie 452). Als Teil der Geschichte muss sich Theologie in den gegebenen ‚Räumen' ihrer Lebenswirklichkeit immer wieder neu aus- und einrichten. Indem sie ihre ‚Komfortzone' verlässt, unterbricht sie sich. Der ewige Ausgang des Vaters in Gestalt seines Sohnes, die Vermenschlichung Gottes, (er-)fordert theologisch, immer wieder neu anzufangen, Gottes Wirken wahrzunehmen und das Wahrgenommene zur Sprache zu bringen. Gott spricht nicht ‚nur' asynchron, sondern auch asymmetrisch in und aus den vielfältigen, heterogenen und komplexen gesellschaftlichen Kontexten.

Folgt die Theologie diesem räumlich-geschichtlichen Gottesverständnis, bindet sie sich utopisch und ethisch handlungswirksam, räumt sich ihren Raum situativ anders ein und entgrenzt andere christologisch. Theologie ist dann lebendig und ethisch gerecht, wenn sie sich auf diese Weise utopisch gestaltet: in offener, vielfältiger Bindung an die sich wandelnden reale(n) Gegenwart(en) / Gegebenheiten in Raum und Zeit. Christologisch wird die unaufhebbare Beziehung zwischen Gott und seinem Geschöpf als eine „nie endende Trennung" gedacht (Bekenntnis 81). Christologisch ‚berühren' sich Gott (radikale Alterität) und Mensch (ethische Sozialität) in ihrer Eigenständigkeit im utopischen Raum. Die ursprüngliche Geschöpflichkeit konkretisiert sich in dieser ‚Berührung', indem die Theologie sich im utopischen Raum verständigt, ohne sich durch die Hintertür in die eigenen (scheinbar) sicheren vier Wände zurückziehen, sondern sich immer wieder selbst verlassen muss. Die (christliche) Theologie muss demnach ihre Tradition/Systeme prüfen, sich der konstruierten menschlichen Natur immer wieder entledigen und sich hautnah auf den Anderen einlassen (vgl. SpA 327).[5]

Theologisch geht es darum, dass der Mensch sich nach der radikalen Transzendenz, dem utopischen Raum Gottes, in der Immanenz sehnt (vgl. Utopie 162), dass er ein Gefühl der Hoffnung auf die Zukunft auch im wissenschaftlichen Diskurs wahrnimmt und danach strebt, es zu bewahren. Indem die fähige Theologie (vgl. WdA 125)[6] die radikale Alterität empfängt, christologisch im sozialen Gefüge deutet, entdeckt sie sich immer wieder neu. Fähig wird sie, weil sie die Gegenwart Gottes eschatologisch empfängt, ohne den Anspruch zu verfolgen, sie vollkommen im utopischen Raum zu verstehen. Die Alterität orientiert die Theologie zugleich darin, den utopischen Raum und damit die Grenze des eigenen Handelns, schöpfungstheologisch anzuerkennen (vgl. Bekenntnis 61). Die qualitative Trennung zwischen Gott und menschlicher Rede von Gott als „nie zu Ende kommende Differenz" zu verstehen, ermöglicht es im Sinne Askanis, nicht nur über das Verhältnis zwischen Gott und Mensch (nach)zudenken, sondern „ihre Begegnung selbst" christologisch *räumlich* immer wieder zu erschließen (64).

2 Die theologische Bedeutung kultureller Räume

Was bedeutet es, die räumliche Dimension (in Christus) zu erschließen? Was bedeutet theologische Rede im Raum einer globalisierten Welt, in der die glokale Entwicklung Vertrautes und Bekanntes verändert, in der das Christentum hauptsächlich in Gestalt pentekostaler und charismatischer Kirchen im Globalen Süden wächst? Wie verändert sich theologische Wissenschaft, ihre *loci theologici*, im Kontext von Globalisierung und Digitalisierung auf dem Weg zum Web 4.0.? Wie äußert sich eine Theologie des Verlassens unter den räumlich veränderten Vorzeichen einer postsäkulären Welt inmitten von komplexen, heterogenen, sich wechselseitig beeinflussenden kulturellen Transformationsprozessen?

---

[5] Der Mensch trete aus sich heraus und kehre kontinuierlich zu sich zurück, so Levinas, der schlussfolgert, dass Gott demnach weder in Gestalt des Anderen noch als Stimme seines ethischen Appells zu hinterfragen, sondern bedingungslos zu (ver-)antworten sei.

[6] In der Dialektik von Identität und Alterität entwickelt Ricœur sein Verständnis des fähigen Selbst, das sich reflektiert, dabei sich als ethisches Subjekt entdeckt und für seine Handlungen verantwortlich weiß.

Vor dem Hintergrund dieser Fragestellungen werde ich im Folgenden erstens die geschichtlich-räumliche Entwicklung der Mission bzw. der Missionswissenschaft zur Interkulturellen Theologie skizzieren. Diese Skizze ist insofern notwendig, da sie das kolonialistische Erbe in Erinnerung ruft, das die Kolonialitäten, welche die gegenwärtigen Folgen des Kolonialismus ausdrücken, in Theologie und Kirche des Westens zu verantworten hat. Im Anschluss verdeutliche ich die theologische Bedeutung, um schließlich die Herausforderung theologischer Rede im Spannungsfeld von Sprache und Differenz aufzuzeigen und die grundsätzliche kultursensible Haltung einer Theologie des Verlassens aufzuzeigen.

2.1 Von der Missionswissenschaft zur Interkulturellen Theologie: eine Skizze

Zu Beginn des 20. Jahrhunderts war das Verständnis von Mission bzw. ihrer Reflexion als eine Theorie für die praktische Missionsarbeit vom ambivalenten Verhältnis zum Kolonialismus geprägt (vgl. Schmidlin 1920; Silber 2022). Im katholischen Kontext führte ein territoriales Missionsverständnis zu einer reduzierten Ekklesiologie, die im Sinne Joseph Schmidlins exklusiv die missionarische Ausbreitung der (europäischen) Kirche in Gestalt des konkreten Kirchenbaus verfolgte (vgl. Gruber 2017, 15)[7]. Im Kontext des Protestantismus war es Gustav Warnecke (1834–1910), „‚Gründungsvater' der deutschen Missionswissenschaft" (Hock 2011, 15)[8], der das Ziel christlicher Mission in Gestalt des Kirchenbaus insbesondere als „Sammlung des Gottesvolks" inmitten von Nicht-Christen verstand (16). Mit Fokus auf die Bekehrung des Einzelnen und beeinflusst von pietistischer Tradition verortet Warnecke sein Missionsverständnis im Bereich der Erziehung. Konkrete Missionsarbeit verstand er in gewisser Hinsicht als eine Erziehungsaufgabe. Es war der katholische Missionswissenschaftler Thomas Ohm (1892–1962), Nachfolger Joseph Schmidlins (1876–1944), der sich vom Eurozentrismus und dem damit verbundenen Kirchen- und Missionsverständnis distanzierte. Ohm brach mit dem „one-side process" (21), der Missionspraxis der Akkommodation, indem er sie unter Berücksichtigung von kulturellen Kontexten und deren Transformation differenziert analysierte. Dennoch ist zu kritisieren, dass auch er einem binären essentialistischen Verständnis von Mission verhaftet blieb (ebd.). Von Anfang an, so urteilt Judith Gruber, war der europäische Universalanspruch problematisch und machte sich im

---

[7] Joseph Schmidlin (1876–1944) war der erste katholische Lehrstuhlinhaber, der eine systematische Grundlegung der Missionswissenschaften verfolgte. 1914 folgte er dem Ruf auf den Lehrstuhl für Missionswissenschaften in Münster.

[8] 1896 wurde Warnecke auf eine Honorarprofessur nach Halle berufen wurde, wo 1908 der erste Lehrstuhl für Missionswissenschaft angesiedelt wurde.

Spannungsfeld kultureller Alteritäten und interkultureller Kommunikation deutlich bemerkbar (vgl. 2017, 19). Dabei widersprach jenes Verständnis dem Wesen des christlichen Glaubens, der nicht als abgeschlossener Gegenstand akkommodiert werden kann. Problematisch und zu kritisieren ist zudem aus heutiger kulturwissenschaftlicher Perspektive in jener Zeit die Trennung von Kultur und Religion (vgl. Bergunder 2011). Die dualistische Differenzierung von Essenz und Accidens steht der kritischen Kulturtheorie im Zuge des *cultural turn* gegenüber; letztere versteht (religiöse) Identität vielmehr als „exchange relationships, hybridities and negotiations – categories that became all the clearer in the course of the discussion in the study of culture – extending to the (antitextual) approaches of new realism, material studies, new ontologies" (Medick-Bachmann 2016, 60). Das heißt, die (inter-)kulturelle Begegnung ist eben nicht aus *einer* Perspektive in den Blick zu nehmen, sondern als ein produktiver Prozess, der sich jeglicher einseitigen Kontrolle entzieht. Das Konzept der Akkommodation nimmt die hermeneutischen, epistemologischen und kriteriologischen Aspekte der kulturellen Begegnung nicht in den Blick (vgl. Kollbrunner 1990, 141). Dies begründet sich Gruber zufolge in der Neoscholastik des 19. Jahrhunderts, die das Christentum als ein unverwechselbares, unwandelbares ahistorisches System verstand (vgl. 2017, 22). Die Grundproblematik der früheren Missionswissenschaften liegt demnach darin, für ein kulturell-situatives partikulares Verständnis von Kirche und Theologie exklusive Universalgeltung zu beanspruchen, es zu naturalisieren. Dieser Universalitätsanspruch macht das ambivalente Verhältnis zum Kolonialismus sichtbar, das Missionswissenschaften, Theologie und Kirche in der ersten Hälfte des 20. Jahrhunderts bestimmte. In der Nachkriegszeit nach 1945, im Kontext der De-Kolonialisierungsdebatten und De-Europäisierungsprozessen, tauchen in den 1950er/60er Jahren neue hermeneutische Lesarten kultureller Alteritäten auf. Die Interkulturalität konstituiert sich als eine unausweichliche Perspektive, die sichtbar macht, dass die Missionswissenschaften in christlichen Transformationsprozessen grenzüberschreitend zu verorten, entsprechend zu erforschen ist (25). In den 1960er/70er Jahren artikulierte sich konsequenterweise eine radikale Kritik am monolithischen Ideal der Mission und es kam somit zur Entstehung und Entwicklung der Interkulturellen Theologie.[9] Hinzu kam, dass das vermehrte Aufkommen totalitärer Militärregimes, die Konflikte zwischen West und Ost, zwischen Kapitalismus und Sozialismus, die politische Weltkarte neu ordnete. Der dadurch aufkommende demografische Wandel hat es ermöglicht, dass sich neue christliche (und kirchliche) Identitäten etablierten. Volker Küster spricht von „Emanzipations- und Demokratisierungsprozessen", die den Kirchen in der ‚dritten Welt' eine neue Freiheit eröffneten, ihren eigenen Weg zu gehen und damit Theologie

---

[9] Werner Usdorf, Walter J. Hollenweger, Richard Friedli und Hans Joachim Margull haben das Umdenken im Kontext globaler Veränderungen zu Beginn nachhaltig initiiert (vgl. Hock 2011, 21–23; Gruber 2017, 25).

und Kirche im Westen herausforderten (2011, 54). Es kam zur Krise in den noch recht jungen Missionswissenschaften des Westens, die aus meiner Sicht in der Zeit nach dem Zweiten Weltkrieg noch vom euphorischen Überlegenheitsgefühl der Weltmissionskonferenz in Edinburgh (1910) geprägt waren. Aufgrund der aufkommenden Pluralisierungsprozesse, so Gruber, wurde „der kulturell-religiöse Universalanspruch, den das römische Kirchenmodell und die westliche Theologie für sich beanspruch[t]en" massiv erschüttert (Gruber 2013, 36f.)[10]. Die Entstehung Kontextueller Theologien im Globalen Süden, die sich eigenständig – in kritischer Distanz zum Westen – anfingen zu entwickeln, führte zu einem methodologischen Paradigmenwechsel. „The methodological shift in contextual theologies (from accommodation to contextualization and inculturation) goes hand in hand with a reconfiguration of the epistemological paradigm of theology" (Gruber 2017, 27). Das Konzept der Akkommodation differenzierte sich mittels der Kontextualisierung und Inkulturation. Theologie wurde in gewisser Hinsicht Bestandteil einer Kultur- und Kontextanalyse, Hermeneutik entsprechend zum Dreh- und Angelpunkt der Art, theologischer Rede (vgl. Küster 2011, 85). Dabei wird der hermeneutische Zirkel interkulturell offener gedacht. Die sogenannte Hermeneutik des Verdachts[11] etabliert sich als kritisches Instrument des Theologisierens, dessen Anliegen es ist, unter Berücksichtigung von neuen Lesarten, Deutungen und Identifizierungsmöglichkeiten, die eigene und die anderer immer wieder kritisch zu prüfen, um der Vielfalt und dem Reichtum des Evangeliums gerecht zu werden (vgl. 84). Der hermeneutische Verdacht und die emanzipatorisch-kritische Haltung der Theolog:innen aus dem Globalen Süden gegenüber dem eurozentrischen Überlegenheitsanspruch ermöglicht es zudem, unter Berücksichtigung der Fragen nach Normativität und Kontingenz von Wissen und Erkenntnis, Kontextualität in diesem Prozess unausweichlich als hermeneutische Kategorie anzuerkennen. Inkulturation rückt dabei in die Nähe des theologischen Konzepts der Inkarnation.[12] Entscheidend ist, dass sich das Konzept der Inkulturation in gewisser Weise parallel zu den *culture studies* dyna-

---

[10] Gruber differenziert zwischen Pluralisierung nach innen und nach außen. Erstere „konfrontiert die westliche Konzeption des Christentums mit pluralen, differenten Bezeugungen und Formulierungen christlicher Identität, die in fremden, partikularen Kontexten deutlich artikuliert werden". Nach außen zeigt sich die Pluralisierung darin, dass „der christliche Universalitätsanspruch durch Säkularisierungsprozesse und Migrationsströme, die die Konstruktion eines religiös homogenen Westens unterlaufen, mit anderen Universalitätsansprüchen" konfrontiert werde (2013, 37).

[11] Unter Hermeneutik des Verdachts versteht man den „ersten Akt einer sich kontextuell verstehenden Theologie". Kontextuelle Theologien entwickelten „eine Hermeneutik des Verdachts, sowohl gegenüber dem Text und seinen Interpretationen als auch gegenüber dem Kontext" (vgl. Küster 2011, 55).

[12] Schon Walter J. Hollenwegers erster Leitsatz zur Interkulturellen Theologie drückt diesen Zusammenhang aus: „Interkulturelle Theologie ist diejenige wissenschaftliche, theologische Disziplin, die im Rahmen einer gegebenen Kultur operiert, ohne diese zu verabsolutieren. In diesem Sinne tut sie nur, was jede anständige Theologie auch tut. Mit anderen

misch entwickelte und unter dem Einfluss der dortigen Ansätze von Akkulturation und Enkulturation stand. Während Akkulturation den kulturellen Kontakt und Wandel ausdrückt, steht Enkulturation für die individuelle Aneignung in kulturellen Prozessen (kulturelle Kompetenz des Individuums). Der Prozess der Inkulturation begreift sich demnach als ein komplexer Beziehungsraum des kulturellen Kontaktes, in dem Individuen fähig sind, in Austausch zu treten und voneinander zu lernen. Theologie verortet sich in diesem als interkulturell verstrickt, als „result of a complex process of translation and transformation" (Gruber 2017, 29). Es handelt sich im Inkulturationsgeschehen um reziproke Transformationsprozesse, in denen *alle* Akteur:innen als Subjekte anerkannt entsprechend fähig sind, sich differenziert auszutauschen. Dabei kommt die Komplexität der Prozesse zum Ausdruck, die sich sprachlicher Eindeutigkeit, binärer Codierung entziehen (34). „How can theology, which is inherently contextual, convey the universal claim of the Christian message that is always expressed and realizable only in particular forms?" (35). Um sich dieser Frage zu nähern, bedurfte/bedarf es in der Tat eines dynamischen Kulturverständnisses, dass das Verhältnis, die vielfältigen Zwischenräume von Kultur und Religion, als produktiven Ort von Erkenntnis und Wissensproduktion anerkennt. Kulturwissenschaften übernehmen hier eine orientierende Funktion, die im Sinne der Kulturwissenschaftlerin Aleida Assmann als Antwort auf den „tiefgreifenden Wandel der Gesellschaft und Welt(un)ordnung" zu lesen ist (Assmann 2006, 14). Im Gegensatz von dem der Inkulturation, das – wie bereits erwähnt – theologisch in die Nähe der Inkaration rückte, umfasst das kulturwissenschaftliche Model der *Inter*kulturation die „intercultural transformation processes" und begründet umso mehr, Kulturen theologisch als *loci theologici* anzuerkennen (Gruber 2017, 48). „Inkulturation ist nur dann sinnvoll, wenn sie als reziproke Neo-Kulturation verstanden wird" (Pauly 2009, 125). Die Gefahr des statischen Verständnisses der Kultur wird dabei im Sinne der *cultural turns* deutlich(er) überwunden. Kultur als Containerbegriff bricht hier im Sinne der Interkulturellen Theologie auf und entwickelt sich im Kontext von de- und postkolonialen Ansätzen zu einem dynamischen Konzept, das komplexe (theologische) Diskurs- und Handlungsräume in den Blick nehmen kann (vgl. Erfurt 2021, 49f.). Trotz Kritik am Präfix ‚inter', das womöglich das Verhältnis zweier feststehender kultureller Größen suggeriert, lässt Interkulturation im Sinne der Interkulturalität den Bedeutungsmehrwert des „Inbetween" als dynamische epistemologische Ressource erschließen (Gmainer-Pranzl 2016, 16f.). Ontologischer Raumvorstellung wird eine Absage

---

Worten, sie widerspiegelt, reflektiert theologisch den sakramentalen Leib Christi. Wenn Theologie nicht lediglich eine Selbstrechtfertigung der eigenen kulturellen Vorteile ist (das wäre eine sektiererische Theologie oder schlimmer noch ein theologisch gerechtfertigter Kulturimperialismus), dann muss sie versuchen, dieser universalen und sakramentalen Dimension des christlichen Glaubens gegenüber offen zu sein" (Hollenweger 1979, 50).

erteilt, (kulturelle) Alterität im Sinne (m)eines Entwurfs der Theologie des Verlassens als zentrale Kategorie theologischen Denkens anerkannt (vgl. Gruber 2017, 35).[13] Theologisch wird hier nicht nur der Kulturbegriff, sondern auch der Raumbegriff im Sinne des *spatial turn* verstanden. Im glokalen Spannungsfeld von Raumkonstruktion einerseits und Enträumlichung im Zuge der Globalisierung und Digitalisierung (*global village*) andererseits (vgl. Bachmann-Medick 2010, 288), geht es darum, die unterschiedlichen Raumperspektiven anhand neuer kritischer Raumbegriffe zu berücksichtigen und zu erschließen. Dichotomien des Denkens von Zeit und Raum und der über eine lange Zeit dominante Fokus auf die zeitbezogene evolutionäre Vorstellung von Entwicklung und Fortschritt werden kritisch geprüft. Letztere war und ist vor allem durch das Erbe der Aufklärung und des darin enthaltenen Verständnisses von kolonialen Entwicklungsstrukturen und Fortschrittsdenken entstanden. Es geht hier also im Sinne von Michael Nausner um eine Neupositionierung der Theologie an sich, da es sich, wie Nausner zu Recht urteilt, um eine grundsätzliche „komplexe [...] Verwobenheit" handelt, der sich keine theologische Rede entziehen kann, vielmehr verpflichtet wissen muss (2013, 29). Letzteres fordere ich mit (m)einem Ansatz einer Theologie des Verlassens.

2.2 Bedeutung für die theologische Rede: Erkennen und Handeln

Anzuerkennen gilt, dass der Universalitätsanspruch des Westens als einzig geltende Wahrheit gebrochen war/ist, und zwar durch die aufkommende und sich etablierende Konkurrenz im *Global Christianity* in jener Zeit. Der kulturwissenschaftliche Wandel im Verständnis von Kultur und Raum, Interkulturalität als *Third space* (Homi Bhabha) diskursiver Aushandlungsprozesse, forderten und fördern theologisch eine Perspektivenvielfalt. Epistemologisch setzt dies voraus anzuerkennen, dass (religiöses) Wissen unausweichlich „situiertes Wissen" ist (Haraway 2007), d. h. ein ‚web of meaning' umfasst. Es gibt kein absolutes Wissen. (Kulturelle) Alterität wird, wie oben schon angedeutet, Ausgangspunkt theologischen Denkens und Erkennens, und zwar in zweifacher Hinsicht: Sie markiert einerseits die Leerstelle/Grenze, das dem menschlichen Denken und Handeln Unverfügbare, andererseits ermöglicht sie genau damit den Raum, in dem die dynamische Produktivität der Vielfalt kulturell-räumlicher Beziehungen sich immer wieder auf der Suche nach „gelebter Wahrheit" vollzieht.[14] Es

---

[13] Die Forschungsdiskurse im Kontext der Interkulturellen Philosophie zu berücksichtigen, ermöglicht beispielsweise mit Ram Adhar Mall, einem interkulturellen Philosophen aus Indien, das ‚inter' stark zu machen, da es, laut Adhar Mall, der Gefahr der Verabsolutierung einer Position im Zuge der Verwässerung der kulturellen Differenz beim Präfix ‚trans' vorbeuge (vgl. 2006, 151).

[14] Der Systematiker Michael Roth betont in seinen Überlegungen zur kontextuellen Herausforderung inmitten globaler Krisen, dass theologische Rede unabdingbar kontextuell-ver-

wird demnach unausweichlich in Anbindung zum konkreten Lebenskontext um Wissen und Wahrheit gerungen. Bedingung dafür ist, sich ethisch verantwortlich der (kulturellen) Alterität für den eigenen Erkenntnisprozess bewusst zu sein. Theologisch begründet sich die Bedeutung von Alteritätsphänomenen in der von Gott eingeräumten Raumgabe, die nicht in Gestalt von Eindeutigkeit, stattdessen in lebendiger Perspektivenvielfalt, sichtbar wird.

Der Grundriss des utopischen Raumes Gottes erhält seine sichtbare Füllung darin, *wie* sich die theologische Rede in ihm sprachlich und ethisch konstituiert. Die Raumgabe befreit Theologie aus ihrer scheinbaren Sicherheit, ermöglicht ihr, sich entsprechend ihres eschatologischen Bekenntnisses ethisch auszudrücken. Die theologische Rede, die diesen Raum ethisch gestaltet, drückt darin ihr Bekenntnis zur qualitativen schöpferischen Differenz und Vielfalt zwischen Gottes Rede und menschlicher Rede von Gott aus. „Die Trennung zwischen Gott und Mensch [der Theologie] verläuft nicht außerhalb des Menschen, sondern ist der Mensch selbst" (Bekenntnis 72). Diese nie endende Trennung deutet Askani als das schöpferische Sündenverhältnis, das – so füge ich hinzu – als Raum der Vielfalt und Mehrdeutigkeit sichtbar wird und in dem Askani versucht, Schöpfung und Trennung zusammenzudenken: Schöpfung versteht er „als zur Vollendung kommende Trennung" (81), Sünde entsprechend primär als ‚Zustandsbeschreibung' des Schöpfungsverhältnisses zwischen Gott und Mensch (vgl. 89). Das theologische (ethische) Bekenntnis wirkt hier in der Anerkennung anderer theologischer Positionen räumlich sichtbar. Die Anerkennung der radikalen Transzendenz in der theologischen Rede impliziert die unausweichliche Verantwortung, Gott in seinen vielfältigen Ausdrucks- und Handlungsweisen in Mitwelt und mit Mitmenschen wahrzunehmen und erfahrbar zu machen. Im Raum Gottes agiert Theologie nicht (mehr) als das theologisch-dogmatische Ich, sondern als theologisch fähiges Selbst ausgehend von und in Beziehung zu Anderen.[15] Die Theologie weiß sich demzufolge schöpferisch in den geschichtlichen Zwischenräumen vom Eigenen und Fremden zu bewegen.

In Konsequenz plädiere ich für eine der Theologie genuine Haltung der Interkulturalität, die der Gefahr vorbeugt, neue prädefinierte Systeme zu inkorporieren, stattdessen den Wahrheitsgehalt im komplexen Beziehungsraum immer wieder neu aushandelt. Theologische Rede, die sich dieser Haltung des Verlassens verspricht, Zwischenräume betritt, strebt kontinuierlich danach, sich ihrer Irrtumsanfälligkeit – sprich ihrer partikularen Perspektive der eigenen Lebenswirklichkeit – bewusst und transparent zu stellen. Dabei ist sie sich der produktiven epistemischen und epistemologischen Bedeutung von Alterität theolo-

---

strickt, insofern eine „im Leben vollzogene Bewegung auf die Wahrheit" sei (Erbele-Küster/Küster/Roth 2021, 24).

[15] Im Hintergrund steht Ricœurs offenes Geschichtsverständnisses, das Alterität bejaht und sich gegen den (linguistischen) Strukturalismus im Sinne Saussures richtet. Vor allem sprachlich lebt der Mensch seine Beziehung. So verhält es sich auch bei der theologischen Rede. Vgl. GGV, 568–588.

gisch und ethisch im Klaren.[16] Das bedeutet nicht zugleich eine Absage an normative Orientierung in religiösen Verhandlungsprozessen, sondern erfordert primär, Wissen und Erkenntnis nicht (mehr) als ontologisch feststehende Größen zu verstehen, stattdessen als kontinuierlich aufzusuchende – im *Third Space* – in unbedingter Beziehung mit Anderen.

Die Herausforderung für die theologische Rede, *wie* mit der qualitativen Differenz im Verhältnis zu Gott, Mitmensch und Mitwelt umgegangen werden kann, liegt darin, Differenz nicht als einen Nachtrag zu begreifen. Die qualitative Differenz, christologisch sichtbar in der Menschwerdung Gottes, macht das Wesen der Theologie aus, die sich zu diesem Verhältnis (ent-)sprechend (und) handelnd bekennt. Theologische Rede ereignet sich demnach in der Übernahme dieser christologisch verankerten Verantwortung als das wahre Bekenntnis. Indem sie die Verantwortung übernimmt, tritt sie in geschöpfliche Beziehung vor allem Bewusstsein. Ausgehend vom unverfügbaren Anderen im konkreten geschichtlichen Kontext prüft, deutet und interpretiert sie ihre eigene Sache. Ihre komplexe Selbstauslegung, Entscheidungen ernsthaft und gewissenhaft zu treffen, verdeutlicht ihr eindeutiges Bekenntnis zur Mehrdeutigkeit (Ambiguität). Es geht der theologischen Rede nicht um die einfachen, eindeutigen Antworten (vgl. Bekenntnis 62f.), sondern darum, sich im utopischen Raum Gottes verantwortungsvoll inmitten von Differenz zu verständigen und Diskurse der Versöhnung zu initiieren. Die sich ihrer leiblichen Wurzeln bewusste ethische Sprache der Alterität konstituiert sich im Sinne Levinas notwendigerweise inmitten leiblicher Existenzialität (vgl. Purcell 2006, 45). Sie sucht danach, sich geschichtlich im Geschehen von Gabe und Auf-Gabe, von Sich-Verlassen und auf den Anderen Verlassen, von Wirklichem, Möglichem und Unmöglichem zu stellen. Alterität und Pluralität werden theologisch wahr- *und* ernst genommen, sprachlich bezeugt und so handlungsweisend er- und gelebt.[17]

Ram Adhar Mall betont in dieser Hinsicht, dass (inter-)religiöse und theologische Gespräche und Diskurse nur dann gelingen, wenn die Teilnehmenden einen milden Absolutheitsanspruch vertreten (2017, 387): Allein in der Anerkennung der Gleichwertigkeit des Anderen bestehe überhaupt erst die Möglichkeit, die Alterität des Anderen konstruktiv wahrzunehmen. Im Sinne (m)einer Theologie des Verlassens wird genau das theologisch in der utopischen Raumgabe Gottes sichtbar. In diesem – von Gott gegebenen und von Menschen erfahrbaren – *Third Space*, kommt es zur Erkenntnis, Alterität (in Distanz zur eigenen Posi-

---

[16] Epistemisch beschreibt, was sich auf Wissen und Erkenntnis, epistemologisch, was sich auf die Bedingungen und Möglichkeiten von Wissen und Erkenntnis bezieht.
[17] Im Gewissen verortet Ricœur die Selbst-Bezeugung. Indem der Mensch Zeugnis vom Anderen abgebe, berufe/beziehe er sich nicht auf Sichtbares, sondern erinnere sich an den zeitlich und räumlich Anderen. Das Gewissen binde das menschliche Selbst davor, sich dem Andern zu verschließen und hat dadurch handlungsweisende ethische Funktion. Vgl. Casey 1998, 303.

tion) als notwendigen Bestandteil der eigenen (theologischen) Entwicklung anzuerkennen. Gesellschaftlich konkret wird dieser (transkulturelle) epistemische (Auf-)Bruch im Laufe des Prozesses der Vermischung von Globalem und Lokalem – sprich im Prozess der sogenannten *Glokalisierung* – sichtbar (vgl. Küster 2011, 131). Das neue Bewusstsein für Transformationsprozesse innerhalb der christlichen Theologie, das sich in den 1970er Jahren insbesondere in Gestalt der Befreiungstheologien entwickelte, wurde durch das Aufkommen postkolonial-theologischer kritischer Stimmen ab den 1990er Jahren gestärkt. Die bereits im befreiungstheologischen Ansatz angelegte postkoloniale Perspektive entwickelte sich als ein kritisches Analyseinstrument weiter und radikalisierte den Widerstand am westlich-epistemisch gesetzten Eurozentrismus und dem darin legitimierten Überlegenheitsanspruch (vgl. 107; Gmainer-Pranzl 2016, 23). Dabei geht es für mich theologisch vor allem darum, den darin zum Ausdruck kommenden Widerstand nicht als einseitige Kritik gegen ein herrschendes System zu verstehen und damit erneut hegemoniale Strukturen zu legitimieren, sondern vielmehr im Sinne (m)eines theologischen Ansatzes des Verlassens als eine grundsätzliche systemkritische kultursensible Haltung, die – Selbstkritik eingeschlossen – ontologisch-statischen Denksystemen und Handlungsräumen entgegenwirkt.

Das räumlich differenzierte Verständnis des Gottesbegriffes, um das es mir geht, ermöglicht den Geschöpfen, im Glauben – über Verschlossenheit und Ablehnung der Welt hinweg – die ungeahnte Weite Gottes wahrzunehmen und zu denken. Der so verstandene Gottesbegriff fordert die Theologie auf, inmitten von Alterität, Pluralität, Zwiespalt und Widerstand verstrickt, utopisch zu sprechen. Als Raum schaffende Anrede legt Gott den immerwährenden Anfang theologischer Rede, öffnet ihr christologisch die Augen für differenzierende Wissenschaft. Es geht nicht darum, eine jenseitige Welt religiös und theologisch-dogmatisch im Diesseits zu integrieren, sondern um die christologisch begründete Bereitschaft, Gottes Selbstgabe in Jesus Christus immer wieder im Sinne christologischer Neuschöpfung zu empfangen und selbstkritisch zu deuten. Dabei ist es theologisch-christologisch für mich entscheidend, dass die räumliche Erkundung der Spuren Gottes medientheoretische und ästhetische Dimensionen einschließt, denn allein mit einer solchen Offenheit antwortet Theologie auf den primär ethischen Appell, die Raumgabe Gottes immer wieder in eschatologischer Offenheit und Hoffnung neu wahrzunehmen und zu deuten. Wahrnehmung erfährt hier die vertiefende Bedeutung der *aisthesis*[18], theologisch die des Glaubens, Raum der Erfahrung, des Deutens und Handelns. Entscheidend ist, dass die theologische Rede Gottes Wort als das empfängt und wahrnimmt, was es ist: als in sich differenziertes geschichtliches Paradox, das den kritisch-kon-

---

[18] Jürgen Mohn spricht in diesem Zusammenhang sogar von „Religionsästhetik als Paradigmenwechsel" (2012, 252).

struktiven Blick für die Raumgaben ‚guter' Schöpfung in der Gegenwart handlungsorientierend weitet.[19]

Ausblick

Was bedeutet es, die *räumliche* Dimension des Verhältnisses von Gott und Mensch (in Christus) theologisch zu erschließen? Eine *räumliche* Erschließung dieses Verhältnisses fordert eine theologische Rede, welche die (Perspektiven-)Vielfalt theologischer Sprachen, Medien, Rituale als epistemische Orte er- und anerkennt, d. h. sie als Quelle von Wissensproduktion wahrnimmt, indem sie sich auf sie – in ihrer situativen kontextuellen Verstrickung – einlässt, sie deutet und dabei sich ihrer eigenen Verstrickung in epistemische Wissensordnungen und Regime selbstkritisch immer wieder bewusst wird (vgl. Hock 2020, 21). Indem sie das Verlassen *räumlich konkret* vollzieht, vertieft sie ihre Fähigkeit, Alteritäten im konkreten Diskursraum wahrzunehmen, indem sie andere körperliche und kulturelle Ausdrucksformen jenseits der eigenen Vorstellungsmöglichkeit schöpferisch empfängt. „Wo diskurstheoretische Kritik dazu beiträgt, Erfahrungen von körperlich-leiblicher Gewalt aufzudecken und zu kritisieren, wird sie als wichtig und bereichernd erfahren" (Jahnel 2021, 77). Diese Haltung, Theologie zu betreiben, fördert demzufolge die „Möglichkeit eines wissenden Körpers, der weiß, wahrnimmt, fühlt und darin Subjekt der (religiösen) Sinnbildung ist" (Jahnel 2020, 192) anzuerkennen. Sie bindet im Vollzug Diskurstheorie und Leibphänomenologie[20], ohne deren jeweilige Eigenständigkeit aufzuheben; hingegen ihr produktives Verhältnis als Raum dynamischer Wissensproduktion zu empfangen. Theologisch-christologisch erschließt sich an diesem Ort die unverfügbare lebendige Wahrheit, da die Theologie des Verlassens mit der sie (erst) konstituierenden schöpferischen Raumgabe ernstmacht.

---

[19] Von ‚guter' Schöpfung spricht Askani mit Blick auf den Schöpfer, dessen schöpferische Werke inmitten der Lebenswirklichkeit wahrzunehmen und zu erkennen sind. Indem der Mensch primär wahrnehme – im Sinne Askanis ‚glaube' – löse sich das Gute der Schöpfung immer wieder aus den endlichen Verstrickungen des Lebens und zeige sich dem Menschen dazwischen. Vgl. Bekenntnis 101–103.

[20] Dieses produktive Verhältnis verlangt an anderer Stelle theologisch aus religionsästhetischer Perspektive untersucht zu werden.

Theologische und christologische Überlegungen im Zeitalter der Digitalisierung[21]

Einleitung

Im Folgenden will ich den Entwurf (m)einer Theologie des Verlassens skizzieren. Dabei steht eine philosophisch-theologische Verständigung zwischen Emmanuel Levinas und Paul Ricœur einerseits, Friedrich-Wilhelm Marquardt und Hans-Christoph Askani andererseits im Hintergrund. Ausgehend vom Verständnis der radikalen Alterität Levinas' sensibilisiere ich für Gott als schöpferisch-utopische *Raumgabe*,[22] der ausschließlich ethisch zu begegnen ist. In Gestalt seiner Unverfügbarkeit wird dieser von Gott ermöglichte Beziehungsraum zum Ort einer verantwortlichen Theologie. *Räumlich* übernimmt die theologische Rede ihre Verantwortung mitten in der einen Lebenswirklichkeit. Im räumlichen Bewusstsein der qualitativen Grenze ist die theologische Rede christologisch herausgefordert, im Differenzraum sprachlich anders zu handeln. Auf diesem Grundriss erörtere ich zweitens den Prozess der Digitalisierung. Dabei gehe ich einerseits auf das Phänomen selbst und seine Entwicklung ein, andererseits auf den *spatial turn,* die kulturelle Wende, um den Wandel des Raumbegriffs im digitalen Zeitalter zu verdeutlichen. Im dritten Teil arbeite ich zunächst allgemein die gegenwärtige Aufgabe der Theologie heraus, die ich im Anschluss christologisch vertiefe.

1 Theologie des Verlassens: Alterität und Sprache

1.1 Alterität als Utopie: schöpferische Raumgabe

In der genannten philosophisch-theologischen Verständigung verdeutlicht sich die Notwendigkeit, die absolute Alterität, Gott in seiner radikalen Transzendenz, als utopischen Raum anzuerkennen. Theologische Rede vom utopischen Raum

---

[21] Erstveröffentlichung in: Roman Winter-Tietel / Lukas Ohly, Theologie angesichts des Digitalen. Beiträge zu den theologischen Herausforderungen durch Digitalität und Digitalisierung. Frankfurt 2023, 186–205.

[22] Raum verstehe ich hier zunächst im Anschluss an Marquardts schöpfungstheologische Überlegung im Spannungsfeld von Gabe und Verlust. Anhand der Geneseerzählungen verdeutlicht er die Bedeutung des von Gott geschaffenen Raumes als Lebensraum des Menschen. Als „geschichtlicher Raum" konstituiere sich dieser „Beziehungsraum von Gott und Mensch", wird demnach „Raum ihrer gemeinsamen Geschichte" (Utopie 65). In gewisser Nähe zum *spatial turn* wird der Raum als ein sich immer wieder vollziehender Beziehungs- und Diskursraum sichtbar, der sich eindeutigen Grenzen entzieht, vielmehr die Möglichkeit bietet, Grenzen immer wieder neu zu ziehen (vgl. Abschn. 2.2).

konkretisiert sich, indem sie dem Anspruch von Emmanuel Levinas und Paul Ricœur, Alterität und Sozialität Gottes gemeinsam zu denken, folgt: Der utopisch-dynamische Raum, der Ausdruck für die von Gott gewählte nahe Ferne oder ethische Nähe, ermöglicht es, die radikale Transzendenz, die Ansprache Gottes, in endlicher Anknüpfung handlungsorientierend zu denken, ohne der Gefahr, einer ideologisch-dogmatischen Totalität zu verfallen. Der Ausdruck ‚ethische Nähe' drückt die unausweichliche Verantwortung gegenüber dem qualitativ Anderen aus (vgl. JdS, 318), die den Menschen davor schützt, totalitären Ideologien zum Opfer zu fallen (vgl. Krewani 2006, 48). Letztere vereinnahmen und räumen das Wort Gottes aus – machen Gott raumlos. An dem von Gott eingeräumten Ort konstituiert sich hingegen der Anspruch, sich theologisch vom radikalen Anderen unterbrechen zu lassen und eine ethisch-theologische Perspektive einzunehmen. Es handelt sich um das *paradise lost*, von dem Friedrich-Wilhelm Marquardt sagt, dass die Menschen es *gründlich* verloren haben, das meint auch: restlos, ohne Erinnerungsrückstand [...]. So lebendig die Bibel uns das Paradies malt – sie kann dabei an keine Erinnerung anknüpfen [...]. [Sie] gibt uns nur Zeugnisse von der unerhörten Geschichte, daß Gott uns einen Garten gepflanzt, uns dahinein versetzt habe als unsere Umwelt, – daß wir diesen Lebensraum aber verspielt und verloren haben und daß es *dennoch* Gott wichtig ist, uns von dieser unserer Geschichte etwas wissen zu lassen (Utopie 118).

Am paradiesischen Ort, der sich trotz – oder gerade wegen – seiner Unsichtbarkeit in ewiger Beziehung verborgen ereignet, konstituiert sich die wahre Grundstruktur theologischen Denkens und Wissens in Gestalt eines Grund*risses*. Folgt man diesem Gedanken, dass Gott im Wort inmitten von Differenz, Widerspruch und Verstrickung in Geschichten schöpferischen Lebensraum ermöglicht, muss theologische Rede diese Raumgabe empfangen und verantworten. Mit Levinas priorisiere ich die darin liegende ethische Verantwortung der theologischen Rede, die vor allem Bewusstsein in radikaler Passivität der Geschöpflichkeit begründet liegt.[23] Diese Wissens- und Erkenntnisgrenze des Menschen, die in der qualitativen Trennung und Differenz zwischen dem Unendlichen und dem Endlichen deutlich wird, zeigt die sinnstiftende ethische Bedeutung der Schöpfung insgesamt. Schöpfungstheologisch folgt daraus: Indem Theologie diesen Raum wahrnimmt, antwortet sie und übernimmt die darin liegende Aufgabe, den Raum zu gestalten, sich und den Anderen ethisch zu verantworten. Das eindeutige Verhältnis von aktiv-passiv trägt das Geschehen nicht (mehr). Vielmehr wird im Sinne Paul Ricœurs sichtbar, dass die Grenzen von Ertragen und Erdulden bis hin zum Erleiden fließend sind (vgl. SA, 192). Die „Begriffe er-

---

[23] Vgl. JdS 251. Die Besonderheit bei Levinas liegt darin, die Unausweichlichkeit ethischen Handelns in der Schöpfung zu verankern. Die ethische Verantwortung bestimmt die menschliche Subjektivität ursprünglich und wird zum Prinzip der Realität. Der Mensch wird im Schöpfungsgeschehen, das Levinas als Beziehung der Trennung versteht, ethisch geboren. Kurz: Er versteht die göttliche Transzendenz ethisch.

innern, daß auf der Ebene der Interaktion ebenso wie auf derjenigen des subjektiven Verstehens Nicht-Handeln immer noch ein Handeln ist: Vernachlässigen, unterlassen, etwas zu tun, bedeutet auch, es durch einen Anderen tun zu lassen." (ebd.). Theologie erfüllt die Aufgabe des Erleidenden, indem sie ausgehend vom Anderen, von Mitmenschen und Mitwelt Gott und sich selbst verantwortet. Sie richtet sich nicht unter Berücksichtigung ihrer eignen Interessen teleologisch aus, sondern darin, dass sie ihren geschöpflichen Raum, ihr Sprechen und Handeln christologisch verantwortungsbewusst erträgt. Dabei zeigt sich das *paradise lost*: Theologische Rede konkretisiert Utopie, den nicht vorhandenen Ort, räumlich-ethisch; und dieser wird im Sinne einer handlungsorientierenden Real-Utopie sichtbar. Erfahrungen mit dem Anderen ermöglichen diese Real-Utopie, die sich durch ihren kontinuierlichen Bezug zur konkreten Situation verhält, ohne jemals ihr Ziel zu erreichen. Dabei begründet sich die Fähigkeit des Menschen zum Handeln in der unausgesprochenen Aufforderung des Anderen, auf den er/sie sich einlässt.[24] Die theologische Raumgabe, die ich im Sinne Levinas primär ethisch verstehe und die damit zum Verständigungs- und Handlungsraum wird, konstituiert sich in der dem Menschen unverfügbaren Alterität. Der Ausgang vom Anderen befreit in dieser Hinsicht die Theologie, be- und entgrenzt sie aus den selbst erschaffenen Systemgrenzen, transzendiert, inkarniert und sozialisiert sie. Dabei eröffnet sie einen neuen theologischen Denk-, Sprech- und Handlungsraum. Schöpfungstheologisch legt der sich immer wieder neu stiftende „Raum", die Raumgabe der Transzendenz in der Immanenz, den Grundriss eines Entwurfs einer Theologie des Verlassens.

1.2 Theologisch-christologische Rede im von Gott gegebenen Raum

Blickt man ausgehend von dieser philosophisch-theologischen Betrachtung auf die Anforderung theologischer Rede im globalen digitalen Zeitalter, im alltäglichen Umgang mit Unbekanntem und Fremdem, hat der theologische Gedanke eines ursprünglich utopischen und ethischen (neu-)schöpferischen Raums handlungsorientierendes Potential. Räumlich gedacht verständigt sich Theologie primär ethisch, „entlastet" sich selbst in der Beziehung ausgehend vom absolut Anderen. Sie hat sich nicht selbst zu verantworten, sondern steht in einer christlich-befreienden räumlichen Beziehung. Im Verständigungsraum, in dem der radikal Andere Theologie permanent infrage stellt und herausfordert, ohne sie zu verlassen, ereignet sich der von Gott geschaffene christologische Grundriss für eine theologische Rede in *glokaler* Lebendigkeit. Letzteres betont Ricœur

---

[24] Vgl. SA 425. Ricœur arbeitet ausgehend von und über Levinas hinausgehend heraus, dass die ethische Dimension, in der sich die unausweichliche Verantwortung begründet, ontologisch in der Grundstruktur des Menschen verankert ist. Dabei bleibt der Andere philosophisch in gewisser Weise als Aporie verborgen (vgl. 426).

in seiner Kritik an Levinas, indem er die Dimension der Geschichtlichkeit der Geschichte hervorhebt (vgl. GW 53). Geschichte öffne sich so einer produktiven Dynamik. Sie fordere den Menschen auf, Abstand zu sich und seiner eigenen Lebenswelt einzunehmen und anderen zu begegnen. Ricœur spricht vom Ausgang aus der Verschlossenheit des Selbst, die ihm den Eintritt in die Mitwelt ermögliche. Die Distanz zu sich selbst bedeutet demnach die Möglichkeit, mit anderen in Beziehung zu treten. Entscheidend ist, dass Ricœur darin den Ort erkennt, an dem der Mensch sein wahres Menschsein spürt (vgl. 54f.). Der utopische Raum in seiner differenzierten räumlichen Vielfalt trägt die Geschichtlichkeit (sozial-)ethisch und ist theologisch im Christusgeschehen immer wieder neu zu entdecken. In der Menschwerdung Christi hinterlässt Gott eine (unverfügbare) Spur seiner radikalen Alterität, ermöglicht seinem Geschöpf, Räume seiner Unverfügbarkeit im sichtbaren Zeugnis seines Sohnes zu erkennen und danach zu handeln.[25] Insofern setzt die Rede von Gott im und als utopischen/r Raum voraus, Gott im Leben nicht nur zeitlich, sondern auch räumlich wahrzunehmen. In dieser Hinsicht sprengt die theologische Rede die Grenzen des gewöhnlichen Raumverständnisses. Die „Geste des Gebens" des Schöpfers benötigt, Askani zufolge, Raum. Zugleich setze sie Raum frei, der als Gabe notwendigerweise an jemanden adressiert sei (Bekenntnis 190). Diese schöpferische Geste öffne demzufolge einen Raum, den die Gabe selbst und die/der Empfangende für sich bräuchten: Sie sei sich selbst gebende Raumgabe. Indem sie sich ereigne, inszeniere sie ihren Raum, der sich auf beiden Seiten öffne. Dabei widerspreche der sich immer wieder neu konstituierende Raum binären (Sprach)Systemen. Demzufolge transzendiert die Kommunikation als theologische Glaubens- und Hoffnungssprache in Christus und öffnet Hoffnungs-Raum inmitten sowie ausgehend von der geschichtlichen Lebensrealität. Ihr Sprachgebrauch erfüllt nicht nur einen zuvor gesetzten Lebensplan, so Ricœur, sondern nähert sich differenziert (vgl. ZuE I, 119). Im theologischen Sprachvollzug entsteht also eine Wirklichkeit, die sich nicht in Eindeutigkeit erschöpft. Auf der Grenze zeigt sich Sprache kreativ und erfinderisch, hier liegt für Ricœur ihr Wahrheitsanspruch (vgl. GGV 93f.). Sprache denkt er als produktive Sprache, wenn sie vom Anderen ausgeht.

Mit Marquardt betone ich an dieser Stelle die Bedeutung, Gott geschichtlich verstrickt zu verstehen (vgl. Utopie 452). Als Teil der Geschichte muss sich Theologie in den gegebenen „Räumen" ihrer Lebenswirklichkeit immer wieder neu aus- und einrichten. Indem sie ihre „Komfortzone" verlässt, unterbricht sie sich. Der ewige Ausgang des Vaters in Gestalt seines Sohnes, die Vermenschlichung Gottes, (er-)fordert theologisch, immer wieder neu anzufangen, Gottes Wirken wahrzunehmen und das Wahrgenommene zur Sprache zu bringen. Gott spricht nicht „nur" asynchron, sondern auch asymmetrisch in und aus den vielfältigen, heterogenen und komplexen gesellschaftlichen Kontexten.

---

[25] Vgl. JdS 326: „Die Spur des Unendlichen ist die [...] Ambiguität im Subjekt".

Folgt die Theologie diesem räumlich-geschichtlichen Gottesverständnis, bindet sie sich utopisch und ethisch handlungswirksam, räumt sich ihren Raum situativ anders ein und entgrenzt andere christologisch. Theologie ist dann lebendig und ethisch gerecht, wenn sie sich auf diese Weise utopisch gestaltet: in offener, vielfältiger Bindung an die sich wandelnden reale(n) Gegenwart(en)/Gegebenheiten in Raum und Zeit. Christologisch wird die unaufhebbare Beziehung zwischen Gott und seinem Geschöpf als eine „nie endende Trennung" gedacht (Bekenntnis 81). Christologisch „berühren" sich Gott (radikale Alterität) und Mensch (ethische Sozialität) in ihrer Eigenständigkeit im utopischen Raum. Die ursprüngliche Geschöpflichkeit konkretisiert sich in dieser „Berührung", indem die Theologie sich im utopischen Raum verständigt, ohne sich durch die Hintertür in die eigenen (scheinbar) sicheren vier Wände zurückziehen, sondern sich immer wieder selbst verlassen muss. Die christliche Theologie muss demnach ihre Tradition/Systeme prüfen, sich der konstruierten menschlichen Natur immer wieder entledigen und sich hautnah auf den Anderen einlassen.[26]

Theologisch geht es darum, dass der Mensch sich nach der radikalen Transzendenz, dem utopischen Raum Gottes, in der Immanenz sehnt (vgl. Utopie 162), dass er ein Gefühl der Hoffnung auf die Zukunft auch im wissenschaftlichen Diskurs wahrnimmt und danach strebt, es zu bewahren. Indem die fähige Theologie[27] die radikale Alterität empfängt und christologisch im sozialen Gefüge deutet, entdeckt sie sich immer wieder neu. Fähig wird sie, weil sie die Gegenwart Gottes eschatologisch empfängt, ohne den Anspruch zu verfolgen, sie vollkommen im utopischen Raum zu verstehen. Die Alterität orientiert sie zugleich darin, den utopischen Raum und damit die Grenze des eigenen Handelns, schöpfungstheologisch anzuerkennen (vgl. Bekenntnis 61). Die qualitative Trennung zwischen Gott und menschlicher Rede von Gott als „nie zu Ende kommende Differenz" zu verstehen, ermöglicht es im Sinne Askanis, nicht nur über das Verhältnis zwischen Gott und Mensch (nach)zudenken, sondern „ihre Begegnung selbst" christologisch *räumlich* zu erschließen (64).

1.3 Sprache und Differenz: theologische Rede herausgefordert

Mit Askani lässt sich das utopische Raum- und Sprachgeschehen (Abschn. 1.1. und 1.2.) in Gestalt der „*Schöpfung als Bekenntnis*" vertiefen. Der Grundriss des utopischen Raumes Gottes erhält seine sichtbare Füllung darin, *wie* sich die

---

[26] Vgl. Levinas: Die Substitutio (SpA 327). Der Mensch trete aus sich heraus und kehre kontinuierlich zu sich zurück, so Levinas, der schlussfolgert, dass Gott demnach weder in Gestalt des Anderen noch als Stimme seines ethischen Appells zu hinterfragen, sondern bedingungslos zu (ver-)antworten sei.

[27] Vgl. WdA 125. In der Dialektik von Identität und Alterität entwickelt Ricœur sein Verständnis des fähigen Selbst, das sich reflektiert, dabei sich als ethisches Subjekt entdeckt und für seine Handlungen verantwortlich weiß.

theologische Rede in ihm sprachlich und ethisch konstituiert. Die Raumgabe befreit Theologie aus ihrer scheinbaren Sicherheit, ermöglicht ihr, sich entsprechend ihres eschatologischen Bekenntnisses ethisch auszudrücken. Die theologische Rede, die diesen Raum ethisch gestaltet, drückt darin ihr Bekenntnis zur qualitativen schöpferischen Differenz und Vielfalt zwischen Gottes Rede und menschlicher Rede von Gott aus. „Die Trennung zwischen Gott und Mensch [der Theologie] verläuft nicht außerhalb des Menschen, sondern ist der Mensch selbst." (Bekenntnis 72). Diese nie endende Trennung deutet Askani als das schöpferische Sündenverhältnis, das – so füge ich hinzu – als Raum der Vielfalt und Mehrdeutigkeit sichtbar wird und in dem Askani versucht, Schöpfung und Trennung zusammenzudenken: Schöpfung versteht er „als zur Vollendung kommende Trennung" (81), Sünde entsprechend primär als „Zustandsbeschreibung" des Schöpfungsverhältnisses zwischen Gott und Mensch (89). Das theologische (ethische) Bekenntnis wirkt in der Anerkennung anderer theologischer Positionen räumlich sichtbar. Die Anerkennung der radikalen Transzendenz in der theologischen Rede impliziert die unausweichliche Verantwortung, Gott in seinen vielfältigen Ausdrucks- und Handlungsweisen in Mitwelt und mit Mitmenschen wahrzunehmen und „sichtbar" zu machen. Im Raum Gottes agiert Theologie nicht (mehr) als das theologisch-dogmatische Ich, sondern als theologisch fähiges Selbst, ausgehend von und in Beziehung zu Anderen.[28] Die Theologie weiß sich demzufolge schöpferisch in den geschichtlichen Zwischenräumen vom Eigenen und Fremden zu bewegen.

Die Herausforderung für die theologische Rede, *wie* mit der qualitativen Differenz im Verhältnis zu Gott, Mitmensch und Mitwelt umgegangen werden kann, liegt darin, Differenz nicht als einen Nachtrag zu begreifen. Die qualitative Differenz, christologisch sichtbar in der Menschwerdung Gottes, macht das Wesen der Theologie aus, die sich zu diesem Verhältnis (ent-)sprechend (und) handelnd bekennt. Theologische Rede ereignet sich demnach in der Übernahme dieser christologisch verankerten Verantwortung als das wahre Bekenntnis. Indem sie die Verantwortung übernimmt, tritt sie in geschöpfliche Beziehung vor allem Bewusstsein. Ausgehend vom unverfügbaren Anderen im konkreten geschichtlichen Kontext prüft, deutet und interpretiert sie ihre eigene Sache. Ihre komplexe Selbstauslegung, Entscheidungen ernsthaft und gewissenhaft zu treffen, verdeutlicht ihr eindeutiges Bekenntnis zur Mehrdeutigkeit (Ambiguität). Es geht der theologischen Rede nicht um die einfachen, eindeutigen Antworten (vgl. Bekenntnis 62f.), sondern darum, sich im utopischen Raum Gottes verantwortungsvoll inmitten von Differenz zu verständigen und Diskurse der Versöhnung zu initiieren. Diesem schöpferischen und paradoxen Beziehungsraum kann

---

[28] Im Hintergrund steht Ricœurs offenes Geschichtsverständnisses, das Alterität bejaht und sich gegen den (linguistischen) Strukturalismus im Sinne Saussures richtet. Vor allem sprachlich lebt der Mensch seine Beziehung. So verhält es sich auch bei der theologischen Rede. Vgl. GGV, 568–588.

Theologie m. E. nur mittels der ethischen Sprache Levinas' bzw. der Bekenntnissprache Askanis und Marquardts begegnen (vgl. Utopie 552), die sich der komplexen Wirklichkeit nähert, indem sie sich immer wieder selbst aufs Neue verlässt. Beide Sprachverständnisse entziehen sich einem statischen Referenzrahmen, verstehen Sprache jenseits vom Regelsystem schöpferisch-produktiv. Die sich ihrer leiblichen Wurzeln bewusste ethische Sprache der Alterität konstituiert sich im Sinne Levinas' notwendigerweise inmitten leiblicher Existenzialität (vgl. Purcell 2006, 45): Sie sucht danach, sich der ganzen Lebenswirklichkeit geschichtlich im Geschehen von Gabe und Auf-Gabe, von Sich-Verlassen und auf den Anderen Verlassen, von Wirklichem, Möglichem und Unmöglichem zu stellen. Alterität und Pluralität werden theologisch geschichtlich wahr- *und* ernst genommen, sprachlich bezeugt und so handlungsweisend er- und gelebt.[29] Der räumlich differenzierte Gottesbegriff, um den es hier geht, ermöglicht den Geschöpfen, im Glauben – über Verschlossenheit und Ablehnung der Welt hinweg – die ungeahnte Weite Gottes wahrzunehmen und zu denken. Gott ruft die Theologie in die eine wirkliche Welt, die sie real, inmitten von Alterität, Pluralität, Zwiespalt und Widerstand verstrickt, herausfordert, um utopisch von Ihm (von Ihr) zu sprechen. Als Raum schaffende Anrede legt Gott den immerwährenden Anfang theologischer Rede, öffnet ihr christologisch die Augen für differenzierende Wissenschaft. Es geht nicht darum, eine jenseitige Welt religiös und theologisch-dogmatisch im Diesseits zu integrieren, sondern um die christologisch begründete Bereitschaft, Gottes Selbstgabe in Jesus Christus immer wieder im Sinne christologischer Neuschöpfung zu empfangen und selbstkritisch zu deuten. Entscheidend ist, dass die theologische Rede Gottes Wort als das empfängt und wahrnimmt, was es ist: als in sich differenziertes geschichtliches Paradox, das den kritisch-konstruktiven Blick für die Raumgaben „guter" Schöpfung weitet.[30] Das Bedeutsame meiner Überlegungen liegt hier darin, dass diese Wort-Gabe in Jesus Christus die Realität radikal, d. h. „bis auf die Wurzeln" (Pfeifer 1993), beim Namen nennt und dass darin Gottes schöpferisches Wort in der konkreten (leiblichen) Lebenswirklichkeit sichtbar wird. Die Selbstaufgabe Gottes in seinem Sohn wirkt absolut, sichtbar im räumlichen Aufbruch, die einer Entwurzelung von gegebenen Systemen gleicht. Folgt man diesem Verständnis, muss theologischer Eindeutigkeit und sich aufhebender gegensätzlicher Zwei-

---

[29] Im Gewissen verortet Ricœur die Selbst-Bezeugung. Indem der Mensch Zeugnis vom Anderen abgebe, berufe/beziehe er sich nicht auf Sichtbares, sondern erinnere sich an den zeitlich und räumlich Anderen. Das Gewissen bewahre das menschliche Selbst davor, sich dem Andern zu verschließen und hat dadurch handlungsweisende ethische Funktion. Vgl. Casey 1998, 303.
[30] Von „guter" Schöpfung spricht Askani mit Blick auf den Schöpfer, dessen schöpferische Werke inmitten der Lebenswirklichkeit wahrzunehmen und zu erkennen sind. Indem der Mensch primär wahrnehme – im Sinne Askanis „glaube" – löse sich das Gute der Schöpfung immer wieder aus den endlichen Verstrickungen des Lebens und zeige sich dem Menschen dazwischen. Vgl. Bekenntnis 101–103.

deutigkeit eine Absage erteilt werden. Letzteres begründet sich in der Rede von Jesus Christus als dem lebendigen Wort der *Differenz*. Die Selbstgabe des Vaters schafft unausweichlich ein geschichtliches Leben in seiner sprachlichen *Mehrdeutigkeit*, das Systeme dualer Begrifflichkeit und Kategorisierung unterläuft. Gottes Anrede liest sich christologisch als einen immerwährenden Aufbruch aus isolierten Strukturen theologischen Denkens. Darin zeigt sich Gottes absolute Treue, die der theologischen Rede unverfügbar bleibt. Gottes ausgesprochenes Wort, seine lebendige Differenz, bestimmt die Uneindeutigkeit und Unverfügbarkeit als das Wesentliche und Notwendige des Verhältnisses zu seinem Geschöpf, und insofern als unausweichlichen „Gegenstand" theologischer Rede. Christologisch bestimmt sich sein Wort als paradoxe Mitte, als Raum, in dem die schöpferische Trennung (Sündenzustand) als Vollendung gedacht wird. Genau in dieser räumlichen Ambivalenz lässt sich Gottes Gegenwart zur Sprache bringen. Gott (und somit die theologische Rede) kommt nie in einem theologischen System an und löst die in sich angelegten Aporien und Unstimmigkeiten nie (ganz) auf. Diese wesenhafte christologische Differenz ist von ewiger Bedeutung.

2 Digitalisierung: zwischen (globaler) Einräumung und (lokaler) Entgrenzung

2.1 *Erste Überlegungen: Was ist Digitalisierung?*

Kai Sander definiert den Prozess der Digitalisierung als einen komplexen, technischen Ablauf, der mehr bedeute, als „alte Skripte als PDF-Dokumente zum Download" bereitzustellen (Sander 2020, 99). Es geht Sander zufolge um solche „Umwälzungsprozesse", die „eine Transformation von Wissen und Leben" verursachten (ebd.). Er unterscheidet dabei verschiedene Entwicklungsphasen. Beim statischen Web 1.0 ging es um die Bereitstellung und Abrufbarkeit von Dokumenten, elektronischen Informationen, usw. Beim Web 2.0 erweiterte sich die Dynamik des digitalen Raums durch die sozialen Netzwerke, die eine unmittelbare und unmoderierte Kommunikation ermöglichten. Letztere kann in gewisser Weise als Ausdruck herrschaftsfreier Kommunikation gelten. Unter dem Web 3.0 kam es zu einer exponentiellen Vervielfachung der Datenbestände, die semantisch erschlossen werden mussten. Daten werden auf dezentrale Weise durch Maschinen miteinander verbunden. Darüber hinaus sollen Nutzer:innen und Maschinen in der Lage sein, miteinander zu interagieren. Das ist sinnvoll, weil die Datenmengen im Internet immer größer werden und eine Verarbeitung der Daten durch den Menschen sonst bald nicht mehr möglich wäre.[31]

---

[31] Https://relevanzmacher.de/glossar/web-3-0-definition (zuletzt 17.04.2023).

Das semantische Web 3.0, so Sanders, habe das Internet als „Internet der Bedeutungen" konstituiert (Sander 2020, 99f.). Die Metadaten ermöglichen, die Webinhalte neu zu organisieren und miteinander zu vernetzen. Sander urteilt, dass es auf diese Weise zu einer pseudo-intellektuellen epistemologischen Eigendynamik im digitalen Raum kommt. „Das Web 4.0 ist das symbiotische, smarte web"[32], auch WebOS (Web Operating System) genannt. Letzteres verweist auf die Zusammenarbeit zwischen Menschen und Maschine. Bei diesem symbiotischen Web geht es unter Berücksichtigung der Künstlichen Intelligenz[33] und des *semantic web* darum, die Differenz zwischen analogem und digitalem Raum zu überwinden. Dabei kommt es auch zur „Erweiterung der Wirklichkeit um digitale visuelle Elemente" (ebd.) (*augmented reality*). Gesellschaftlich und institutionell können die erweiterten räumlichen Chancen genutzt werden, um beispielsweise Menschen mit Behinderung eine gleichberechtigte Teilhabe in der Gesellschaft zu ermöglichen sowie marginalisierten Gebieten Zugang zu Studien- und Ausbildungsmöglichkeiten zu gewähren. Zugleich sollten die Gefahren einer digital kontrollierten Gesellschaft, wie es Edward Snowden in seinem Buch *Permanent Record: Meine Geschichte* deutlich beschrieben hat, kritisch wahrgenommen werden. Felix Stalder spricht von der „Kultur der Digitalität" (Stalder/Beck 2021, 21). Anhand von drei Grundmustern, dem der Referentialität, der Gemeinschaftlichkeit und der Algorithmizität versucht Stalder die Wirklichkeit der digitalen Kultur kritisch zum Ausdruck zu bringen. Zu berücksichtigen ist dabei sein Kulturverständnis. Erstens versteht er Kultur als „eine spezifisch technohistorische Struktur" und zweitens als „dynamisches Gewebe konfliktreicher Prozesse" (ebd.). Infolge der Definition werden Kulturen von den Medien als „integrale Umwelten" strukturiert. Im Hintergrund steht Marshal McLuhans Werk *Understanding Media: The Extensions of Man*, in dem McLuhan medientheoretisch den Einfluss globaler auf lokale Kulturen herausarbeitet.[34] Demzufolge können Medienumbrüche als Kulturumbrüche verstanden werden. Beispielsweise habe der Buchdruck als global umfassendes Phänomen einen Umbruch im Gebrauch der Sinne, nämlich vom Hör- zum Sehsinn, ermöglicht. Aus der Perspektive der Referentialität zeigt sich hier ein deutlicher Unterschied zur Digitalität/Digitalisierung, Datenmengen zu ordnen. Während analoge schriftliche Medien wie Buch und Zeitung die Welt in thematische Blöcke einteilen, zeigt sich im Internet ein kulturell-medialer Umbruch: „Organisation der Artikulation" (Stalder/Beck 2021, 24) – sprich die Ordnung der Daten, liegt in der Verantwortung aller, die Zugang zum Netz haben. Alle beteiligen sich daran, die Welt in thematische Blöcke zu strukturieren und kritisch zu bewerten (*Likes*). Ausgehend von der

---

[32] Https://relevanzmacher.de/ki/web-4-0 (zuletzt 17.04.2023).
[33] Vgl. https://relevanzmacher.de/glossar/kuenstliche-intelligenz (zuletzt 17.04.2023).
[34] Marshal McLuhan hat den Grundstein der Medientheorie gelegt. Mit dem Ausdruck „global village" verdeutlicht er die Wechselwirkung zwischen Globalem und Lokalem. Vgl. Siegemund 2020, 89.

Referentialität zeigt Stalder, dass die Ordnung in der eigens erstellten Timeline eines jeden *Users* generiert werde. Sie folgt der persönlichen Logik von Auswahl und Anbindung, die einen individuellen Bedeutungshorizont konstituiere. Mithin legt jeder *User* seine eigene Spur im Internet und damit eben auch (s)einen Referenzrahmen, in dem er sich im Vollzug selbst verortet. Konsequenterweise unterliegt der digitale Raum der permanenten Erneuerung und Durchlässigkeit. Es handelt sich weder um einen eindeutigen noch stabilen Raum (vgl. Reichert 2021, 125). Es fehlt sozusagen die äußerliche Grenze, Prävention und Schutz des Raumes, der ihn zu einem sicheren Ort werden lässt.[35] „Das Leben wird vieldeutiger, und gleichzeitig verlernen wir, Mehrdeutigkeit zu akzeptieren. Der digitale Raum wirkt hier als Verstärker und nicht als Durchbrecher dieses Zusammenhangs", urteilt Axel Siegemund (2020, 91).

Trotz des Verlustes des Marktplatzes im Sinne der griechischen *Agora*, des politischen Aus- und Verhandlungsortes,[36] misst Stalder dem Grundmuster der Gemeinschaftlichkeit weiterhin eine Bedeutung bei. Dabei zeigt sich eine andere Kommunikationsdynamik, die im Verlust der *Agora* begründet liegt und die zu einem „nach außen gekehrtem Individuum, das die Öffentlichkeit in Beschlag nimmt", geworden ist (Neuhold/Gremsl 2020, 74f.). In der Kultur der Digitalität, so Stalder, geht es darum, dass der individuelle *User* trotz aller Abgrenzung in „digitalen Echokammern und Filterblasen" im Zusammenhang mit anderen steht (76).

Filterblasen sind bekanntlich Informationsblasen, die uns daran hindern, Stimmen wahrzunehmen, die den Horizont unserer Google Suchgewohnheiten oder unserer Social Network Communities überschreiten. Dadurch verleiten sie uns dazu, abweichende Meinungen als marginal zu empfinden und unsere persönlichen Kommunikationsblasen mit dem zu verwechseln, was man im 19. und 20. Jahrhundert als öffentlichen Raum bezeichnet hätte (Hoff 2021, 308).

Dieser Zusammenhang beruht nicht auf einem basisdemokratischen Verständnis, sondern wird vielmehr durch den Einzelnen bestimmt. Das heißt im individuellen Referenzrahmen konstituiert sich der Ort der Anerkennung des Anderen, der allerdings vom Prozess einer sogenannten Tribalisierung geprägt ist (ebd.). Die räumlich-digitale Abgrenzung führt zum Verlust des demokratischen Meinungsaustausches, dem nur präventiv durch den Gebrauch analoger Medien entgegengewirkt werden kann (vgl. Neuhold/Gremsl 2020, 76). Die Gefahr, die sich in der Reduktion des Räumlichen auftut, liegt darin, dass isolierte

---

[35] Soziologisch handelt es sich zwischen Raum und Ort um ein wechselseitiges Verhältnis. Während der Raum im Sinne Martina Löws eine „relationale (An)Ordnung von Lebewesen und sozialen Gütern an Orten" sei, drücke der Ort „einen Platz, eine Stelle, konkret benennbar, meist geografisch markiert" aus (Löw 2001, 271).

[36] Hannah Arendt arbeitet in ihrem Hauptwerk *Vita activa* die Bedeutung des Marktplatzes als Versammlungsort heraus, der in der Gegenwart im „Faktum menschlicher Pluralität" als Grundvoraussetzung demokratischer Diskussionskultur „ersetzt" werden müsse (Arendt 2014, 213).

Raumvorstellungen, wie die im Digitalen, dem „gelebten Raum" widersprechen und eigenen idealen und mentalen Ideen strategischer Konstituierung von Wissens- und Machträumen folgen.[37]

Diese Gefahr wird aus der Perspektive des dritten Grundmusters der Algorithmizität (noch) deutlicher. Die Fülle an Datenmengen kann von der begrenzten Kognitionsfähigkeit des Menschen nicht mehr erfasst werden. Die individuelle Fähigkeit, Dinge kognitiv zu begreifen, wird in der Kultur der Digitalität proportional immer kleiner. Jeder *User* kann nur eine begrenzte Anzahl von Bildern und Meldungen aufnehmen. Dabei sind die Reaktionen des Einzelnen unter Berücksichtigung von Referentialität und Gemeinschaftlichkeit nicht mehr ausreichend, um das komplexe digitale Geschehen abzubilden. Die Algorithmen leisten Unterstützung, indem sie die Fülle an Informationen ordnen, damit sie menschlich zu erfassen sind. So reduziert Google beispielsweise die Datenmenge und bietet dem *User* eine entsprechende Auswahl an Informationen an, mit denen er sinnhaft umgehen kann. Mithin sind automatisierte Prozesse an der Auswahl der Daten intensiv und entscheidend beteiligt (vgl. Stalder/Beck 2021, 26). „Es kommt immer etwas Neues, um uns [Menschen] bei der Stange zu halten, aber gerade so viel, dass niemand sich aus Überforderung wieder abmeldet." (27). In dieser Dimension der Algorithmizität zeigt sich ein blindes Vertrauen in die digitale Welt, ihre Logik und Dynamik.

Bevor ich auf der Grundlage meiner Skizze einer Theologie des Verlassens und den Ausführungen zur Digitalisierung auf die gegenwärtige Aufgabe der Theologie eingehe und diese anhand von kritisch-konstruktiven Überlegungen für eine Christologie im Zeitalter der Digitalisierung vertiefe, erscheint es mir wichtig, kurz auf den Raumbegriff und seinen Wandel in den Kulturwissenschaften einzugehen, da dieser in einem unmittelbaren Zusammenhang mit der Raumveränderung im Digitalen steht. Dabei zeigt sich auch die Bedeutung des differenzierten Verständnisses von Ästhetik (im Sinne Andreas Reckwitz'), der, die Gesamtheit der Wahrnehmungsprozesse umfasse und zugleich spezieller Ausdruck der sinnlichen sei (vgl. Reckwitz 2019, 23).

2.2 Raum und Wahrnehmung: Vorüberlegungen zum spatial turn

Als *spatial turn* wird eine unter anderem durch Michel Foucault geprägte und seit den 1980er Jahren diskutierte kulturelle Wende bezeichnet. Der *spatial turn* ist damit ein Produkt der Postmoderne. (vgl. Bachmann-Medick 2010, 284). Die „Renaissance des Raumbegriffs" (286) ist vor allem durch die politisch-gesellschaftlichen Umbrüche in der zweiten Hälfte des 20. Jahrhunderts bedingt: die Aufhebung der politischen Blockbildung und Polaritäten, die Öffnung der Gren-

---

[37] Reichert 2021, 130. Der Gedanke wird in Kap. 3 kritisch aufgegriffen.

zen bis hin zu einer Verschiebung Zentraleuropas nach Osten (vgl. 287), der Kapitalismus, die Globalisierung und der damit einhergehende Schwerpunkt auf (und die Bedeutung von) Netzwerk- und Beziehungsstrukturen sowie globalen wechselseitigen Abhängigkeiten. Grenzen werden neu gezogen, Raumansprüche ändern sich, und das heißt, „neue Raumkonstruktionen" (ebd.) nehmen Gestalt an. Es geht um ein raumgeprägtes Verständnis von Wirklichkeit: Der Raum, die Synchronie, steht der Zeit, der Diachronie, gegenüber. Das Anliegen des *spatial turn* liegt darin, die Dichotomien des Denkens von Zeit und Raum zu überwinden. Dabei geht es darum, den über eine lange Zeit dominanten Fokus auf die zeitbezogene evolutionäre Vorstellung von Entwicklung und Fortschritt einer kritischen Prüfung zu unterziehen. Letztere war und ist vor allem durch das Erbe der Aufklärung entstanden und beinhaltete das Verständnis von kolonialen Entwicklungsstrukturen und Fortschrittsdenken. Im Spannungsfeld von Raumkonstruktion einerseits und Enträumlichung im Zuge der Digitalisierung (*global village*) andererseits (288) wird versucht, die unterschiedlichen Raumperspektiven anhand neuer, kritischer Raumbegriffe zu berücksichtigen und zu erschließen. Geprägt ist der Umbruch vom Gegensatz zwischen Transiträumen bzw. Transitidentitäten und dem Streben nach Stabilität in einer erneuten Zuwendung zum lokal Vertrauten. Diese skizzierte Entwicklung hin zu einer raumorientierten, kulturwissenschaftlichen Ausrichtung hat auch das Raumverständnis in Kirche, (christlicher) Religion und mit Blick auf die (gesellschaftliche) Sinnsuche verändert.

Im Horizont der paradigmatischen Wende des Raumbegriffs erhält die Ästhetik eine entscheidende Rolle. Andreas Reckwitz differenziert den Begriff der Ästhetik wie folgt: Einerseits drücke Ästhetik die Gesamtheit, anderseits – und das ist von weitreichender Bedeutung – „eigendynamische Prozesse" (Reckwitz 2019, 23) sinnlicher Wahrnehmung aus. Letztgenannte sind „Prozesse sinnlicher Wahrnehmung, die sich aus der Einbettung in zweckrationales Handeln gelöst haben" (ebd.). Sie folgen demnach nicht gegebenen räumlichen Strukturen, sondern widersetzen sich diesen. Als sinnliche Aktivität, so Reckwitz, sind sie zudem Affekten ausgesetzt und insofern emotional involviert. Mit Blick auf unser Thema geht es bei diesem Verständnis der *aisthesis* darum, die Vielfalt digitaler Räume wahrzunehmen. Entscheidend ist dabei, ihre eigenständige Produktivität und ihr schöpferisches Potential anzuerkennen, ihren differenzierten, zum Teil fremd wirkenden „Raum" zu empfangen und sich (theologisch) herausfordern zu lassen. In dieser Hinsicht schlage ich vor, die Wahrnehmung zu schärfen und auszuloten, inwiefern in der Kultur der Digitalität Räume als Raumgabe Gottes gelten (können). Dabei wird *aisthesis* zum Raum des Aufbruchs theologischer Reflexion, die, indem sie Komplexität, Alterität und kulturelle Differenz wahr- und ernst nimmt, theologische Strukturen, Interessen und Überzeugungen kritisch infrage stellt. Theologische Prozesse reduzieren sich nicht, sondern nehmen vielmehr die Aufgabe wahr, ihren Gegenstand im geschichtlich-glokalen Kontext unter Berücksichtigung von komplexen (digital-analogen) Verflechtungsstrukturen von Zeit und Raum zeitgemäß kritisch abzubilden.[38]

2.3 Aufgabe gegenwärtiger Theologie im Kontext der Digitalisierung

In meinen Ausführungen zur Digitalisierung sollte deutlich geworden sein, dass es im Prozess der Digitalisierung einerseits zur Veränderung des Verständnisses des Menschenbildes kommt. Andererseits führt der Aufbruch im digitalen Raum zu einer nie zuvor dagewesenen Komplexität auf der Kommunikations- und Diskursebene, begleitet von einer Transformation von Wissen und Erkenntnis (vgl. Stalder/Beck 2021, 28f.). Die neue kreative und schöpferische Räumlichkeit, der Aufbruch im Sinne des *spatial turn*, verlangt nach einer *neuen Sprache*, die jenseits von Binarität und Dichotomie das Dynamisch-produktive der komplexen digitalen Kultur erfassen und ausdrücken kann. Der Mensch erlebt und lebt in der Kultur der Digitalität Gott ähnliche Erfahrungen (vgl. Valentin 2004). Das digitale Netz gleicht einer „Superintelligenz" (Beck/Nord/Valentin 2021, 9), Religion und Humanismus werden vom Dataismus ersetzt (vgl. Harari 2017, 357), und der Transhumanismus prognostiziert für das Jahr 2045 die absolute Machtübernahme der Künstlichen Intelligenz (vgl. Valentin 2021, 347). In diesem Szenario zwischen konstruktivem, schöpferischem, digital-räumlichem Aufbruch von Wissen und Erkenntnis (im Sinne einer Teilhabe aller) und dem Rückzug in inselähnliche isolierte Räume geprägt von Leibfeindlichkeit, d. h. der Entkopplung und Entzweiung von der (analogen) Lebenswirklichkeit (vgl. Valentin 2004), Alteritätsvergessenheit, der grenzenlosen, schutzlosen Eigendynamik der Webentwicklung zum Web 4.0 ausgeliefert, braucht der Mensch Orientierung. Zwischen überfordernder Belastung und nötiger Entlastung geht es darum, sich den digitalen Raum im Spannungsfeld von wahrgenommenem und begrifflich-erfasstem Raum im eigenen Leben zu eigen zu machen: mit ihm zu leben.[39] An dieser Stelle kommt die Theologie ins Spiel: Sie übernimmt die Orientierungsaufgabe, im Spannungsfeld von „Faszination und Wahrnehmung der Gefahren" (Beck/Nord/Valentin 2021, 9) des und im digitalen Raum verantwortlich die ethische Gestaltung zu übernehmen. Dabei konstituiert sie einen gelebten Raumbegriff, der in Analogie zur soziologischen These des gelebten Raums (Edward Soja) über mathematische, physikalische, geografische Verortungen im Raum hinausgeht. Vielmehr wird das Leben der Menschen im Raum ins Zentrum

---

[38] Joachim Valentin macht auf die untrennbare Beziehung zwischen Theologie und Kultur aufmerksam: „[D]ie Kultur selbst [hat] eine theologische Valenz, die sie als ‚locus alienus theologiae' zum lebendigen Gesprächspartner der Theologie werden lässt" (2004).
[39] Dem Soziologen Edward Soja zufolge ist „der gelebte Raum ein strategischer Ort, von dem aus sich alle Räume gleichzeitig umfassen, verstehen und potentiell transformieren lassen." Zitiert nach Reichert 2021, 130.

der Betrachtung gerückt (vgl. Beuttler 2020, 88). Trotz aller Gefahr, Gott zu verräumlichen und ihn damit zu reduzieren, bzw. die Raumkategorie zu vergöttlichen, folge ich Ulrich Beuttlers Anliegen, die Möglichkeit von Gottes Nähe und Ferne, seiner An- und Abwesenheit räumlich differenziert auszudrücken (vgl. Beuttler 2010). Ausgehend von dem gelebten Gleichgewicht zwischen räumlicher Wahrnehmung und einem sprachlichen Ausdruck des Raumes muss die Theologie präventiv einer Eindeutigkeit und Einseitigkeit in digital geführten Diskursen vorbeugen. Ihren Standpunkt außerhalb, jenseits vom Verfügbaren, muss Theologie dabei starkmachen. Es geht darum, den utopischen Raum Gottes – der sich einem markierten Ort widersetzt – immer wieder als den Raum des radikal Anderen wahrzunehmen, der menschliches Handeln auch in der einen digital-erweiterten Lebenswirklichkeit begrenzt. Die mediale Erweiterung des Lebensraumes bedeutet nicht zwangsweise die Schöpfung einer Parallelwelt. Der räumlich differenzierte Gottesbegriff (m)einer Theologie des Verlassens ermöglicht es, in seiner programmatischen Doppeldeutigkeit der Entkopplung und Entzweiung (Verselbständigung des Digitalen) von der konkreten Lebenswirklichkeit vorzubeugen. Obwohl Gott sich verlässt, einer von uns Menschen wird, verlässt er sich zugleich darin genau auf sich. Seine Treue garantiert es, die entscheidende Differenz von Immanenz und Transzendenz zu bewahren (vgl. Valentin 2021, 352f.). Die Theologie nimmt in dieser Hinsicht eine ethische Haltung ein, die sich nicht gegen den Prozess der Digitalisierung wendet, sondern vielmehr darin äußert, den durch die Digitalisierung sich immer wieder verändernden digitalen Raum in Anbindung an die konkrete Lebenswirklichkeit zu gestalten. Es geht nicht um ein Verbot, sondern vielmehr darum, den eigenen Standpunkt immer wieder zu verlassen, um das in sich differenzierte Raumangebot Gottes – den utopisch unverfügbaren Raum Gottes im Digitalen, der sich dem Menschen in seiner Komplexität entzieht – anzuerkennen. Dieser Gedanke des in sich differenzierten Raumes Gottes, der die (digitale) Komplexitätssteigerung als einen theologischen Reichtum versteht und zugleich der Komplexitätsreduktion in Gestalt von Polarisierung, Populismus und Fundamentalismus präventiv vorbeugt sowie begrenzt, wird im Folgenden christologisch begründet und vertieft.

2.4 Christologische Vertiefung: Überlegungen im Zeitalter der Digitalisierung

Der Schöpfungsgedanke verspricht der Theologie weder ewige Ruhe noch Harmonie oder Klarheit, sondern öffnet kontinuierlich Zwischenräume, in denen vor allem die Fähigkeit, sich in ihnen zu verständigen, von entscheidender Bedeutung ist. Diesen Gedanken habe ich eingangs verdeutlicht. Die Räume werden in ihrem ewigen Werden nicht vermittelt, sondern indem Theologie(n) sich verständigt/verständigen, blitzen sie auf und schärfen in ihrer augenblicklichen Erscheinung den theologischen Blick ausgehend vom Anderen: Gottes tragendes Wort im Fleisch (er)trägt alles und bleibt dabei sich in der Welt, im Selbstverhältnis und im Verhältnis zu seinen Geschöpfen treu.

Christologisch ausgedrückt: Jesus Christus ist der sprachliche Ausdruck der lebendigen, schöpferischen, immerwährenden räumlichen Differenz des Vaters. Ich deute den Leib im Spannungsfeld von Tod, Kreuz und Auferstehung in räumlicher Anbindung als ursprüngliche Einheit des schöpferischen Sprachgeschehens, zugleich als das theologische Narrativ, das die räumliche Mehrdeutigkeit und Uneinheitlichkeit trägt und es ermöglicht, ein dynamisches, in-sich zu unterscheidendes Ganzes der Schöpfung anzuerkennen. Um den Kern der Hoffnung christlicher Überzeugung auch in Zeiten der Digitalisierung und einer Komplexitätssteigerung menschlicher Lebenswirklichkeit zu bewahren, gilt es, die (alte) Frage nach dem Verhältnis von Geist und Materie neu zu bedenken. Dabei liegt die Herausforderung darin, das Menschenbild und den Gottesbegriff, insbesondere das Verhältnis von Schöpfer und Geschöpf, christologisch unter den neuen Vorzeichen zu reflektieren. Es geht um

> weit mehr als nur [um] eine neue Präsentationsform für die von uns verfassten, uns vertrauten Texte und Medien, [...] aus der Digitalisierung ergibt sich eine so weitgehend synchrone und diachrone Vernetzung von Daten, dass sich hier eine neue Wirklichkeitskonstruktion auftut, die allein mit den bewährten Deutungsmustern der analogen Vergangenheit nicht mehr verstehbar oder beherrschbar sein wird (Sander 2020, 105).

Es gilt theologisch als einziges „Gegengift gegen [zum Teil] monetär getriebene Enteignungs- und Transformationsenergien" (Valentin 2021, 348) der großen Internetkonzerne, die sich digital ihren Raum nehmen, die unverfügbare Leerstelle der Vielfalt von Auferstehungsnarrativen im utopischen Raum Gottes zu bewahren. Ausgehend von einem christologisch erweiterten Verständnis des Leibs – der Sohn ist Leib und hat einen Körper[40] – vollzieht sich theologische Rede als ein lebendiger Widerspruch *par excellence:* Als „inkarniertes Bewusstsein" (WGDE 201), als „Organ der Transzendenz" (SpA 180), deute ich den Leib *materialiter* als konkreten Raum der Gnade und Grenze, der in seiner Doppeldeutigkeit fähig ist, situativ differenziert eine Orientierung zu bieten. Die in sich differenzierte schöpferische Leibdimension ermöglicht es, die christologische Verständigung nicht nur wahrzunehmen, sondern bindet sie konkret an die ganze Lebenswirklichkeit. Deren (digitalem) Wandel gemäß fordert die christliche Theologie, der räumlichen Verselbstständigung und Vergöttlichung entgegenzuwirken. Ihre Art der Verständigung sucht unentwegt danach, die sie einende

---

[40] Levinas denkt den Leib als Zusammenschau von Transzendenz und Immanenz. Leiblichkeit bedeutet, in der Welt und zugleich ihr gegenüber zu sein. Die Leibdimension ermöglicht es, zu denken, dass der Mensch fähig sei, sich in Beziehung zur Transzendenz wahrzunehmen. Letztere deutet Levinas ethisch und begründet damit die Ethik als erste Philosophie und Theologie. Vgl. TU 235–238.

korrigierende Mitte wahrzunehmen und anzuerkennen, ohne die Differenz der Räume aufzuheben. Indem sie kommuniziert, leistet sie einen konstitutiven Beitrag *innerhalb* der digitalen sowie zugleich *zwischen* digitaler und analoger Lebenswirklichkeit: Die leibliche Auferstehung liegt nicht in der Vergangenheit, sondern wirkt gerade in den Zwischenräumen (in) der Komplexität unserer unverfügbaren Wirklichkeit fort. Sie ermöglicht inmitten der kulturellen Transformationsprozesse, Anbindung und Beziehung fluide-dynamisch zu denken und bewahrt die Geschichtlichkeit im ganzen Raum Gottes. In dieser Gestalt radikaler Alterität von Tod und Auferstehung findet sich in der Dimension vom leiblich-geschenkten Raum das notwendige „Gegengift" (Joachim Valentin). In einem differenzierten Wahrnehmen des komplexen Christusgeschehens im Spannungsfeld von Leib und Auferstehung (zeitlich-räumliche Dimension der Transzendenz), Körper und Tod (räumlich-zeitliche Dimension der Immanenz), bindet das christliche Narrativ der leiblichen Raumgabe im komplexen Auferstehungsnarrativ Differenz und Mehrdeutigkeit aneinander. Als Widerspruch zu binär-dichotomisch fixierten Beziehungen und Diskursen, isolierten digitalen Räumen (Echokammern und Filterblasen) verspricht die christlich-theologische Rede ihre (unverfügbare) Hoffnung und ermöglicht es, die Verheißung in Beziehung zum Ganzen zu leben. Darin begründet sich ihre Orientierungsaufgabe als Öffentliche Theologie.[41] In der Spannung von Tod und Auferstehung, in der radikalen Hingabe Gottes in Jesu Christus, konstituiert sich eine Sprache, die fähig ist, in der gegenwärtig unverfügbaren Kultur der Digitalität die Menschen räumlich zu orientieren. „Und am dritten Tage ist er auferstanden von den Toten ..." darf nicht primär zeitlich, sondern muss zugleich räumlich als immerwährende Möglichkeit – d. h. auch im Zeitalter der Digitalisierung und in der einen digital-medial erweiterten Lebenswirklichkeit – gehört werden, um neue/andere Auferstehungsnarrative wahrzunehmen. Das bedeutet Gottes anwesende Abwesenheit bzw. nahe Ferne[42] ethisch und utopisch zu bekennen, der Transzendenz in der Immanenz ein Gesicht zu geben. Die Resonanz der leiblichen Auferstehung endet nicht digital; vielmehr vollendet sie sich immer wieder im Bekenntnis zur Differenz im Sinne einer Theologie des Verlassens *körperlich sichtbar*.[43] Demzufolge verstehe ich (Neu-)Schöpfung im Digitalen als Wahrnehmung von/Glaube an Gottes schöpferische/r Raumgabe inmitten der Verstrickung von komplexen

---

[41] Axel Siegemund betont in dieser Hinsicht im Zeitalter der Digitalisierung die Aufgabe der Öffentlichen Theologie, das Verhältnis von Pluralität und Orthodoxie im Blick zu haben. Digitale Möglichkeiten müssen analog gebunden sinnstiftend als Beitrag zur Identitätsbildung der Öffentlichkeit zur Verfügung gestellt werden. Vgl. Siegemund 2020, 92f.

[42] Den Begriff der „nahen Ferne" nutze ich in Anlehnung an Marquarts Deutung, der damit die Unverfügbarkeit Gottes in der Schrift zum Ausdruck bringt. Vgl. Utopie 396.

[43] Marquardt deutet in Anlehnung an Levinas das Doppel-Bekenntnis zum wahren Menschen und wahren Gott im Sinne des Sagens, der ethischen Sprachen des Anderen, die Levinas als Aufforderung der Alterität versteht und die den impliziten Verweiszusammenhang von Symbol/Zeichen und Bedeutung aufbreche. Vgl. Utopie 551.

(digital-analogen) kulturellen Transformationsprozessen. „Schöpfung heißt ja gerade Wahrnehmung der Welt als auf Gottes freies Handeln bezogen" (Bekenntnis 52)[44]. Insbesondere auf dem Weg zum Web 4.0 wird (möglicherweise) der fragile Grundriss der Theologie deutlich, und umso deutlicher die Bedeutung eines verschärften *wahrnehmenden* Glaubens. In dieser Hinsicht ermöglicht die christologische Ausrichtung, insbesondere der Appell, Theologie räumlich zu denken, digitale Räume konstruktiv, beispielsweise im Sinne der gerechten gesellschaftlichen Teilhabe aller, theologisch zu integrieren und (sozial-)ethisch zu nutzen. Dabei wird deutlich, dass es theologisch-christologisch um die ursprüngliche „Abhängigkeit vom Anderen" geht, die das Korrektiv des Transzendenten bewahrt, indem sie die leibliche (unverfügbare) Anbindung im Digitalen theologisch begründet, sie körperlich konkret *zwischen* Digitalem und Analogem christologisch sichtbar ausdrückt. Jede Wissenschaft muss in Beziehung von digitalen und analogen Elementen in der Welt Orientierung anbieten; die Theologie tut dies insbesondere unter Berücksichtigung dieser Bedeutung von Transzendenz im/am digitalen „Ort des überindividuellen Geistes" (Sander 2020, 100), der unsere komplexe Welt steuert. Allein im Bewusstsein einer Abhängigkeit außerhalb/jenseits des „Dataismus" kann die Kultur der Digitalität im Allgemeinen, die *User* im „Internet der Dinge"[45] im Besonderen, menschenwürdig geleitet, anstatt via Algorithmen gesteuert werden.

3 Schlussbemerkungen

Die theologische Rede von der Verheißung *in der Zeit* vollzieht sich nur in dieser komplex-differenzierten räumlichen Anbindung an die situativ konkrete erlebte und zu erlebende (digitale) komplexe Lebenswirklichkeit. Während im Humanismus galt: „Hör auf Deine Gefühle!", wird im Dataismus auf die Algorithmen gehört. Wissenschaft erklimmt den Thron des absoluten Dogmas, Intelligenz koppelt sich vom bewussten Erleben, von Körpern und Sinnlichkeit ab; und Algorithmen kennen uns, so die Dystopie von Harari, möglicherweise besser als wir uns selbst (Harari 2017, 505). Christologisch die Wahrnehmung/den Glauben zu schärfen,[46] ermöglicht es der Theologie, sich in der christologischen Mitte –

---

[44] Im Sinne Askanis lese ich den Begriff der Wahrnehmung nicht nur phänomenologisch, sondern, dem Anspruch des radikalen Aufbruchs Levinas' folgend, jenseits von Erscheinung in der unverfügbaren Dimension als Schöpfungsglaube.
[45] Vgl. https://www.infineon.com/cms/de/discoveries/internet-der-dinge-basics (zuletzt 17.04.2023).
[46] Angelehnt an Andreas Reckwitz verstehe ich unter *aisthesis* Wahrnehmungsprozesse, die als „eigendynamische Prozesse [...] sinnlicher Wahrnehmung [...] sich aus der Einbettung in zweckrationales Handeln gelöst haben" und neue produktive Räume erschließen (Reckwitz 2019, 23).

verstanden als leiblich-körperlicher Beziehungs- und Diskursraum – im komplexen Leben zu verankern.[47] Ohne festen Grund, d. h. ohne fixierbaren, markierten Ort, übernimmt sie in Anerkennung der christologisch anbindenden räumlichen Differenz ihre Verantwortung, Orientierung zu geben. Im Spannungsraum von Grenze und Gnade, vom Baum des Lebens und der Erkenntnis, verständigt sich die theologische Rede immer wieder neu: konstituiert die räumlich-leibliche Mitte (vgl. Bonhoeffer 2015, 61). Als Sprache der qualitativen Differenz eröffnet die theologische Rede in Jesus Christus die schöpferische, mehrdeutige Mitte. Inmitten der Entstehung von neuen kulturell-komplexen, hoch ausdifferenzierten (digitalen) emergenten Räumen kann und muss christologisch die notwendige Differenz betont werden, die kulturell-glokale[48] Transformationsprozesse gesellschaftlich anbindet, indem sie immer wieder zum komplexen Leibgeschehen von Tod und Auferstehung zurückkehrt. Es reicht nicht, den utopischen Raum Gottes äußerlich wahrzunehmen. Die christologische Lesart nimmt ihren Anfang darin, dass die Theologie sich immer wieder verlässt, dem Anruf des Anderen ausgeliefert, zum Bewusstsein der geschöpflichen leiblichen Abhängigkeit zurückkehrt:

> Der Leib ist weder Hindernis, das der Seele entgegensteht, noch Grab, das sie gefangen hält, vielmehr das, wodurch das Sich die Empfänglichkeit selbst ist. Äußerste Passivität der „Inkarnation" – ausgesetzt sein [...]. Diesseits des Nullpunkts der Reglosigkeit und des Nichts, defizitär gegenüber dem Sein, im Sich und nicht im Sein, eben ohne Ort, um sich hinzulegen, im Nicht-Ort, eben ohne Stellung, ohne Stand, ohne Rang – erweist sich das Sich als Träger der Welt, trägt es die Welt, erleidet es die Welt. (JdS 242)

---

[47] In kritischer Abgrenzung zu Karl Barth wird hier ausgehend vom Grundriss einer Theologie des Verlassens eine eigenständige christologische Vertiefung des Raums Gottes vorgeschlagen, die „die Differenz zwischen Gottesraum und geschaffenem Raum" abbildet und nicht, wie Barth in KD II/1 Gefahr läuft, Christologie ekklesiologisch aufzuheben (Wüthrich 2015, 438).

[48] Der Begriff der Glokalisierung geht im englischen Sprachraum auf den Soziologen Roland Robertson (1995, 25–44) zurück. Ich nutze den Begriff unter Berücksichtigung der Kritik Volker Küsters vorrangig als Ausdruck für die Wechselwirkung des Globalen und Lokalem in komplexen kulturellen (digitalen) Transformationsprozessen im Zeitalter der Globalisierung und Digitalisierung. Vgl. Küster 2011, 88f.

Theologie des Verlassens: Theologische und religionspädagogische Bedeutung kultureller Räume[49]

Einleitung

Loci theologici, Orte theologischer Erkenntnis, müssen gegenwärtig im Bildungskontext in Anbindung an das glokal-dynamische kulturelle Geschehen weltweit thematisiert werden. Dabei geht es darum, andere Perspektiven außerhalb Europas zur Sprache kommen zu lassen und diese mit den vertrauten kritisch ins Gespräch zu bringen. Vor diesem Hintergrund lote ich im vorliegenden Kapitel aus, inwiefern sich die theologische und religionspädagogische Bedeutung kultureller Räume in ihrer Vielfalt und Differenz theologisch begründen lässt. Es handelt sich um erste Überlegungen, mit denen ich mich theologisch begründet für eine globale Religionspädagogik ausspreche, deren Haltung davon geprägt ist, die glokale Wechselwirkung globaler und lokaler kultureller Transformationsprozesse differenziert und handlungsorientiert in den Blick. Zuerst werde ich auf der Grundlage einer philosophisch-theologischen Verständigung zwischen Emmanuel Levinas und Paul Ricœur einerseits, Friedrich-Wilhelm Marquardt und Hans-Christoph Askani den Entwurf (m)einer Theologie des Verlassens skizzieren. Dabei sensibilisiere ich für Gott als schöpferisch-utopische Raumgabe,[50] der ausschließlich ethisch zu begegnen ist. Zweitens verdeutliche ich, wie dieser von Gott ermöglichte Beziehungsraum in Gestalt seiner Unverfügbarkeit zum Ort theologisch-christologischer Rede wird. Im Anschluss verdichte ich drittens meine grundlegenden Überlegungen zur Theologie des Verlassens religionspädagogisch, indem ich sie auf die gegenwärtigen Herausforderungen religiöser und theologischer Bildung, anwende. Im zweiten Teil des Kapitels liegt mein Anliegen darin, theologische und religionspädagogische Bedeutung kultureller Räume aus der Perspektive/im Kontext des *Global Christianity* inter-/transkulturell sichtbar zu machen. Dabei soll die Aufgabe religiöser Bildung heute geschärft werden. Im abschließenden Kapitel nehme ich den Begriff der Wahrnehmung (*aisthesis*) differenziert in den Blick, um den Mehrwert

---

[49] Erstveröffentlichung in: Theo-Web. Zeitschrift für Religionspädagogik 22 (2023) H. 2, 351–368 doi: https://doi.org/10.23770/tw0318.
[50] Raum verstehe ich hier zunächst im Anschluss an Marquardts schöpfungstheologische Überlegung im Spannungsfeld von Gabe und Verlust. Anhand der Genesiserzählungen verdeutlicht er die Bedeutung des von Gott geschaffenen Raumes als Lebensraum des Menschen. Als „geschichtlicher Raum" konstituiere sich dieser „Beziehungsraum von Gott und Mensch", werde demnach „Raum ihrer gemeinsamen Geschichte" (Utopie 65). In gewisser Nähe zum *spatial turn* wird der Raum als ein sich immer wieder vollziehender Beziehungs- und Diskursraum sichtbar, der sich eindeutigen Grenzen entzieht, vielmehr die Möglichkeit bietet, Grenzen immer wieder neu zu ziehen.

meiner theologischen Überlegungen zugunsten einer Religionspädagogik im globalen Horizont herauszuarbeiten.

1 Theologie des Verlassens: Alterität und Sprache

1.1 Alterität als Utopie: schöpferische Raumgabe

In der genannten philosophisch-theologischen Verständigung verdeutlicht sich die Notwendigkeit, die absolute Alterität, Gott in seiner radikalen Transzendenz, als utopischen Raum anzuerkennen. Theologische Rede vom utopischen Raum konkretisiert sich, indem sie dem Anspruch von Emmanuel Levinas und Paul Ricœur, Alterität und Sozialität Gottes gemeinsam zu denken, folgt: Der utopisch-dynamische Raum, der Ausdruck für die von Gott gewählte nahe Ferne oder ethische Nähe, ermöglicht es, die radikale Transzendenz, die Ansprache Gottes, in endlicher Anknüpfung handlungsorientierend zu denken, ohne der Gefahr, einer ideologisch-dogmatischen Totalität zu verfallen. Der Ausdruck *ethische Nähe* drückt die unausweichliche Verantwortung gegenüber dem qualitativ Anderen aus (JdS 318), die den Menschen davor schützt, totalitären Ideologien zum Opfer zu fallen (Krewani 2006, 48). Letztere vereinnahmen und räumen das Wort Gottes aus – sie machen Gott raumlos. An dem von Gott eingeräumten Ort konstituiert sich hingegen der Anspruch, sich theologisch vom radikalen Anderen unterbrechen zu lassen und eine ethisch-theologische Perspektive einzunehmen. Es handelt sich um das *paradise lost*, von dem Friedrich-Wilhelm Marquardt sagt,

> dass die Menschen es *gründlich* verloren haben, das meint auch: restlos, ohne Erinnerungsrückstand [...]. So lebendig die Bibel uns das Paradies malt – sie kann dabei an keine Erinnerung anknüpfen [...]. [Sie] gibt uns nur Zeugnisse von der unerhörten Geschichte, daß Gott uns einen Garten gepflanzt, uns dahinein versetzt habe als unsere Umwelt, – daß wir diesen Lebensraum aber verspielt und verloren haben und daß es *dennoch* Gott wichtig ist, uns von dieser unserer Geschichte etwas wissen zu lassen (Utopie 118).

Am paradiesischen Ort – der sich trotz, oder gerade wegen seiner Unsichtbarkeit – in ewiger Beziehung verborgen ereignet, konstituiert sich die wahre Grundstruktur theologischen Denkens und Wissens in Gestalt eines Grund*risses*. Folgt man diesem Gedanken, dass Gott im Wort inmitten von Differenz, Widerspruch und Verstrickung in Geschichten, schöpferischen Lebensraum ermöglicht, muss theologische Rede diese Gabe des Raumes empfangen und verantworten. Mit Levinas priorisiere ich die darin liegende ethische Verantwortung der theologischen Rede, die vor allem Bewusstsein in radikaler Passivität der Geschöpflichkeit begründet liegt (JdS 251).⁵¹ Diese Wissens- und Erkenntnisgrenze des Menschen, die in der qualitativen Differenz zwischen dem Unendlichen und dem Endlichen deutlich wird, zeigt die sinnstiftende ethische Bedeutung der Schöpfung insgesamt. Schöpfungstheologisch folgt daraus: Indem Theologie diesen Raum wahrnimmt, antwortet sie und übernimmt die darin liegende Aufgabe, ihn zu gestalten, sich und den Anderen ethisch zu verantworten. Das eindeutige Verhältnis von aktiv – passiv trägt das Geschehen nicht (mehr). Vielmehr wird im Sinne Paul Ricœurs sichtbar, dass die Grenzen von Ertragen und Erdulden bis zum Erleiden fließend sind (vgl. SA 192). Die „Begriffe erinnern, daß auf der Ebene der Interaktion ebenso wie auf derjenigen des subjektiven Verstehens Nicht-Handeln immer noch ein Handeln ist: Vernachlässigen, unterlassen, etwas zu tun, bedeutet auch, es durch einen Anderen tun zu lassen" (ebd.). Theologie erfüllt die Aufgabe des Erleidenden, indem sie ausgehend vom Anderen, von Mitmenschen und Mitwelt Gott und sich selbst verantwortet. Sie richtet sich nicht unter Berücksichtigung ihrer eigenen Interessen teleologisch aus, sondern darin, dass sie ihren geschöpflichen Raum, ihr Sprechen und Handeln christologisch verantwortungsbewusst erträgt. Dabei zeigt sich das *paradise lost*: Theologische Rede konkretisiert Utopie, den nicht vorhandenen Ort, räumlich-ethisch; und dieser wird im Sinne einer handlungsorientierenden Real-Utopie sichtbar. Erfahrungen mit dem *Anderen* ermöglichen diese Real-Utopie, die sich durch ihren kontinuierlichen Bezug zur konkreten Situation verhält, ohne jemals ihr Ziel zu erreichen. Dabei begründet sich die Fähigkeit des Menschen zum Handeln in der unausgesprochenen Aufforderung des Anderen, auf den er/sie sich einlässt (vgl. 425).⁵² Die theologische Raumgabe, die ich, (m)eines theologischen Ansatzes einer Theologie des Verlassens zufolge, primär ethisch verstehe und die damit zum Verständigungs- und Handlungsraum wird, konstituiert sich in der dem Menschen unverfügbaren Alterität. Der Ausgang vom Anderen befreit in dieser Hinsicht die Theologie, be- und entgrenzt sie aus den selbst erschaffenen Systemgrenzen, transzendiert, inkarniert und sozialisiert sie. Dabei eröffnet sie einen neuen theologischen Denk-, Sprech- und Handlungsraum. Schöpfungstheologisch legt der sich immer wieder neu stiftende Raum, die Raumgabe der Transzendenz in der Immanenz, den Grundriss eines Entwurfs einer Theologie des Verlassens.

---

51 Die Besonderheit bei Levinas liegt darin, die Unausweichlichkeit ethischen Handelns in der Schöpfung zu verankern. Die ethische Verantwortung bestimmt die menschliche Subjektivität ursprünglich und wird zum Prinzip der Realität. Der Mensch wird im Schöpfungsgeschehen, das Levinas als Beziehung der Trennung versteht, ethisch geboren. Kurz: Er versteht die göttliche Transzendenz ethisch.
52 Ricœur arbeitet ausgehend von und über Levinas hinausgehend heraus, dass die ethische Dimension, in der sich die unausweichliche Verantwortung begründet, ontologisch in der Grundstruktur des Menschen verankert ist. Dabei bleibt der Andere philosophisch in gewisser Weise als Aporie verborgen (vgl. SA 426).

1.2 Theologisch-christologische Rede im von Gott gegebenen Raum

Blickt man ausgehend von dieser philosophisch-theologischen Betrachtung auf die Anforderung theologischer Rede im globalen digitalen Zeitalter, im alltäglichen Umgang mit Unbekanntem und Fremdem, hat der theologische Gedanke eines ursprünglich utopischen und ethischen (neu-)schöpferischen Raums handlungsorientierendes Potenzial. Räumlich gedacht verständigt sich Theologie primär ethisch, *entlastet* sich selbst in der Beziehung ausgehend vom absolut Anderen. Sie hat sich nicht selbst zu verantworten, sondern steht in einer christlich-befreienden räumlichen Beziehung. Im Verständigungsraum, in dem der radikal Andere Theologie permanent infrage stellt und herausfordert, ohne sie zu verlassen, ereignet sich der von Gott geschaffene, christologische Grundriss für eine theologische Rede in *glokaler*, d. h. wechselseitiger Lebendigkeit von Globalem und Lokalem. Letzteres betont Ricœur in seiner Kritik an Levinas, indem er die Dimension der Geschichtlichkeit der Geschichte hervorhebt (vgl. GW 53). Geschichte öffne sich so einer produktiven Dynamik. Sie fordere den Menschen auf, Abstand zu sich und seiner eigenen Lebenswelt einzunehmen und anderen zu begegnen. Ricœur spricht vom Ausgang aus der Verschlossenheit des Selbst, die ihm den Eintritt in die Mitwelt ermögliche. Die Distanz zu sich selbst (zum Lokalen) bedeutet demnach die Möglichkeit, mit anderen (im globalen Kontext) in Beziehung zu treten. Entscheidend ist, dass Ricœur in diesem dynamischen Interaktionsgeschehen den Ort erkennt, an dem der Mensch sein wahres Menschsein spürt (vgl. 54f.). Der utopische interaktive Raum in seiner differenzierten räumlichen Vielfalt trägt demnach die Geschichtlichkeit (sozial-)ethisch. Dieser Prozess geschichtlichen Wandels ist aus meiner Sicht theologisch im Christusgeschehen immer wieder neu zu entdecken, denn in der Menschwerdung Christi hinterlässt Gott eine *unverfügbare* Spur seiner radikalen Alterität. Die Spur ermöglicht zwar seinen Geschöpfen einerseits, Räume seiner Unverfügbarkeit im sichtbaren Zeugnis seines Sohnes zu erkennen und danach zu handeln, ihr unverfügbarer Charakter lässt es aber andererseits zugleich seine Grenze der Endlichkeit erfahren. „Die Spur des Unendlichen ist die [...] Ambiguität im Subjekt" (JdS 326). Insofern setzt die Rede von Gott im und als utopischen/r Raum voraus, Gott im Leben nicht nur zeitlich, sondern auch räumlich differenziert wahrzunehmen. In dieser Hinsicht sprengt die theologische Rede die Grenzen des gewöhnlichen Raumverständnisses und konstituiert sich im schöpferischen Sprachgeschehen kontinuierlich. Die „Geste des Gebens" des Schöpfers benötigt, Askani zufolge, Raum. Zugleich setze sie Raum frei, der als Gabe notwendigerweise an jemanden adressiert sei (Bekenntnis 190). Diese schöpferische Geste öffne demzufolge einen Raum, den die Gabe selbst und die/der Empfangende für sich bräuchten: Sie sei sich selbst gebende Raumgabe. Indem sie sich ereigne, inszeniere sie ihren Raum, der sich auf beiden Seiten öffne. Dabei widerspreche der sich immer wieder neu konstituierende Raum binären (Sprach-)Systemen. Demzufolge transzendiert die Kommunikation als theologische Glaubens- und Hoffnungssprache in Christus und öffnet Hoffnungs-Raum inmitten sowie ausgehend von der geschichtlichen Lebensrealität. Ihr Sprachgebrauch erfüllt nicht nur einen zuvor gesetzten Lebensplan, so Ricœur, sondern nähere sich differenziert (vgl. ZuE I, 119). Im theologischen Sprachvollzug entsteht also eine Wirklichkeit, die sich nicht in Eindeutigkeit erschöpft. Auf der Grenze zeigt sich Sprache kreativ und erfinderisch, hier liegt für Ricœur ihr Wahrheitsanspruch (vgl. GGV 93f.)

Mit Marquardt betone ich an dieser Stelle die Bedeutung, Gott geschichtlich verstrickt zu verstehen (vgl. Utopie 452). Als Teil der Geschichte muss sich Theologie in den gegebenen Räumen ihrer Lebenswirklichkeit immer wieder neu aus- und einrichten. Indem sie ihre Komfortzone verlässt, unterbricht sie sich. Der ewige Ausgang des Vaters in Gestalt seines Sohnes, die Vermenschlichung Gottes, (er-)fordert theologisch, immer wieder neu anzufangen, Gottes Wirken *wahrzunehmen* und das *Wahrgenommene* zur Sprache zu bringen. Gott spricht nicht nur asynchron, sondern auch asymmetrisch in und aus den vielfältigen, heterogenen und komplexen gesellschaftlichen Kontexten.

Folgt die Theologie diesem räumlich-geschichtlichen Gottesverständnis, bindet sie sich utopisch an die konkrete Lebenswirklichkeit und wird ethisch handlungswirksam: Theologisch räumt sie sich ihren Raum situativ eingebettet ein, entgrenzt möglicherweise verschlossene (traditionelle) Denk- und Handlungsräume christologisch, indem sie diese in offener, vielfältiger Bindung an die sich wandelnden reale(n) Gegenwart(en) /Gegebenheiten in Raum und Zeit bindet.

Christologisch denke ich hier die unaufhebbare Beziehung zwischen Gott und seinem Geschöpf als eine „nie endende Trennung" (Bekenntnis 81). Allein christologisch gedacht, *berühren* sich Gott (radikale Alterität) und Mensch (ethische Sozialität) in ihrer Eigenständigkeit (d. h. getrennt) im utopischen Raum (Anbindung). Die ursprüngliche Geschöpflichkeit konkretisiert sich in dieser Art der *Berührung*, indem die Theologie sich im *utopischen* Raum verständigt, ohne sich durch die Hintertür in die eigenen (scheinbar) sicheren vier Wände zurückziehen. Im Bewusstsein der trennenden, zugleich anbindenden Differenz begründet sich, dass Theologie sich immer wieder selbst verlassen muss. Sie muss demnach ihre traditionellen Systeme prüfen, sich der konstruierten menschlichen Natur immer wieder entledigen und sich hautnah auf den Anderen einlassen (SpA 327).

Theologisch geht es darum, dass der Mensch sich nach der radikalen Transzendenz, dem utopischen Raum Gottes, in der Immanenz sehnt (vgl. Marquardt, 1997, 162). Dabei ist entscheidend, die theologischen Termini von Transzendenz und Immanenz nicht als unüberbrückbare Antagonisten zu verstehen, sondern als ambige (un-)trennbare ethische Beziehung. Aus diesem Grund stiftet das Gefühl der Hoffnung auf die Zukunft auch im wissenschaftlichen Diskurs notwendige normative Orientierung für theologische Rede. Die eschatologische Dimension der Alterität versetzt Theologie in die Lage, christologisch zu deuten und sich dabei immer wieder neu zu entdecken (vgl. WdA 125). Dazu ist sie fähig, weil sie die Gegenwart Gottes empfängt, ohne den Anspruch zu verfolgen, sie vollkommen im utopischen Raum zu verstehen. Die Alterität in Gestalt der Trennung ermöglicht ihr zugleich, den utopischen Raum und damit die Grenze des eigenen Handelns, schöpfungstheologisch anzuerkennen (vgl. Bekenntnis 61). Deswegen ist die qualitative Trennung zwischen Gott und menschlicher Rede von Gott als „nie zu Ende kommende Differenz" zu verstehen, die den Weg ebnet, nicht nur über das Verhältnis zwischen Gott und Mensch (nach)zudenken, sondern „ihre Begegnung selbst" und deren Implikationen christologisch *räumlich* zu erschließen (64).

1.3 Religiöse und theologische Bildung im von Gott gegebenen Raum: Herausforderungen

Bedeutung und Beitrag des Entwurfs (m)einer Theologie des Verlassens für gegenwärtige religiöse Bildungsprozesse konstituieren sich theologisch am Ort des Antlitzes. Das Antlitz ist Ausdruck der unverfügbaren Begegnung und Beziehung zwischen dem Jenseits und dem Diesseits, kurz: zwischen Gott und Mensch (vgl. SpA 244). Die „Nacktheit des Antlitzes" (ebd.), so Levinas, gleiche der Religion und unterbreche die Struktur symmetrischer Ordnung und synchroner Zeit. Ausgehend vom absolut Anderen, das heißt im Verlassen des eigenen vertrauten Lebensraums, konstituiert sich theologisch die Möglichkeit, kritische Distanz zum vertrauten System einzunehmen. Im Aufbruch selbstverständlicher Räumlichkeit fordern die sich stetig verändernden (Lebens-)Bedingungen Theologie und religiöse Bildung heraus. Bernd Schröder betont unter Berücksichtigung dieser Entwicklung aus evangelischer Perspektive, dass die „Weitergabe des christlichen Glaubens […] unter den modernen Bedingungen der Pluralität, der Individualisierung in hohem Maße gestaltungs- und reform-, damit zugleich reflexions- und theoriebedürftig geworden" sei (2012, 2). Schröder stellt mit Blick auf die Aufgabe der Religionspädagogik im 21. Jahrhundert die großen Herausforderungen religiöser Bildung heraus und damit die Schwierigkeit, die aufgeworfenen Fragen zu beantworten. Hierbei geht es um nichts weniger als um die Plausibilität und Tragfähigkeit des christlichen Glaubens. „Im Blick auf das Christentum protestantischer Prägung spricht man angesichts dieser Phänomene seit Ernst Troeltsch (1865–1923) und Emanuel Hirsch (1888–1972) zusammenfassend und zuspitzend von einer, „Umformungskrise" (3). Diese sogenannte Umformungskrise fordert (religiöse) Bildung heraus. Verstehen wir die religionspädagogische Aufgabe darin, religiöse Kompetenz auszubilden, geht es darum, (jungen) Menschen *erstens* religionskundliche Kenntnisse zu vermitteln (Sachkenntnis), *zweitens* ihnen Raum zu öffnen, die Kompetenz zu erwerben, Phänomene religiös zu deuten und *drittens* sozial fähig zu sein, an gemeinschaftlichen Ereignissen (z. B. religiösen Ritualen) zu partizipieren. Es geht um die

Gestaltung, Begleitung und Förderung des Sachwissens, der Reflexionsfähigkeit und der sozial-religiösen Praxis (vgl. Gojny/Lenhard/Zimmermann 2022, 173f.). Theologie muss sich primär ihrer wesenhaften, sich verändernden kontextuell-kulturellen Anbindung bewusst werden, anstatt traditionell gesetzten Interessen nachzufolgen. In der Rückwärtsbewegung, dem Bewusstwerden der eigenen Abhängigkeit, übernimmt sie theologisch-ethische Verantwortung. In meinem theologischen Ansatz spreche ich im Sinne von Levinas von *recurrance*. Der Mensch distanziere sich aus der „Matrix des Seienden", um ihr „die Hilfsmittel der Affektivität, die im Leib und [in seinem] Herzen [...] verborgen sind, entgegenzusetzen." (HdM 67) Die Resonanz dieser Begegnung im Antlitz wird dann in dynamischen offenen Systemen sichtbar. Im Bewusstsein dieser wesenhaften Beziehung zum Anderen befreit sich religiöse und theologische Bildung, begenauer gesagt entgrenzt sie sich aus den Strukturen selbst erschaffener Konstrukte, transzendiert und öffnet neue religiöse und theologische Bildungsräume. Dieses Bewusstsein des sich immer wieder neu stiftenden Raums der Begegnung mit Gott legt den Grund*riss* einer Theologie des Verlassens und impliziert folglich eine kontinuierliche Neu-Ausbildung religiöser Bildung. Dabei muss bildungspolitisch die pädagogische Ausrichtung religiöser Bildung kritisch geprüft werden, ob sie sich in wechselseitiger Anbindung globaler und lokaler kultureller Transformationsprozesse, d. h. im lebendigen Glokalem, verortet.

Vor diesem Hintergrund des kulturell-gesellschaftlichen Wandels in der postsäkularen Gesellschaft sind folgende Implikationen für Wesen und Funktion religiöser Bildung zu berücksichtigen: Erstens verändert sich das „Wahrnehmungs- und Aufgabenspektrum" der Religionspädagogik. Der Besitz einer scheinbaren Eindeutigkeit religiöser Inhalte, Tradition, Symbolik weicht einer Mehrdeutigkeit, einer Vielgestalt des christlichen Glaubens, seiner Symbole und Ausdrucksformen, seiner Frömmigkeitsstile, seines Erlebens und Erfahrens (bzw. der Wahrnehmung derselben). Deshalb muss zweitens konstatiert werden, dass sich die Denkrichtung im religionspädagogischen Diskurs- und Handlungsfeld verändert. Die Überlegungen gehen über den engeren Bereich der (traditionellen) Religionspädagogik hinaus (vgl. Domsgen 2019, 20) und wirken in gesellschaftliche relevante Systeme und Teilbereiche hinein. Primär ausgehend vom Individuum im Kontext seiner Lebenswirklichkeit (Sozialisation, gesellschaftliches Milieu) setzt der religionspädagogische Diskurs subjekttheoretisch an (vgl. Kunstmann 2017, 372). Drittens fordern die kulturellen Transformationsprozesse religiöse Bildung, insbesondere die Religionspädagogik, nicht (mehr) als Anwendungswissenschaft heraus, sondern vielmehr in ihrem hermeneutischen Potenzial, also in Gestalt eines komplexen kontinuierlichen Deutungsgeschehens. Dabei werden Kontext und Text in Beziehung zu Menschen und Gesellschaft immer wieder neu ausgelegt und interpretiert. Die zentralen Fragen lauten entsprechend: Wie kann religiöse Bildung dem Anspruch von Komplexität und Vielfalt in einer *glokalen* Lebenswirklichkeit gerecht werden? Wie stehen Tradition und Innovation in dieser Hinsicht in Beziehung? Wie verhält sich die

Bereitschaft zur Offenheit dem Fremden gegenüber, mit dem Bedürfnis und Anspruch nach normativer Orientierung? Ist es noch möglich, im Zeitalter der postmodernen Gesellschaft von religiöser Erziehung zu sprechen? Muss Religion im postsäkularen Kontext Religion als ordentliches Schulfach *anders* im Bildungsplan verankert werden? Im Bewusstsein der Veränderungen der religiösen Landkarte in der zweiten Hälfte des 20. Jahrhunderts sensibilisiere ich im Folgenden im Sinne meines theologischen Ansatzes dafür, Religion als Bildungsgegenstand nicht ausschließlich im Kontext europäisch-westlicher Tradition, sondern im Kontext *glokaler* Transformationsprozesse – die eben auch die Religion betreffen – zu verorten (Simojoki 2023). Dabei lasse ich mich von meiner (obigen) Überzeugung, die Beziehung Gott und Mensch (christologisch) *räumlich* zu erschließen, leiten und weiß mich der Kulturhermeneutik verpflichtet.

2 Theologie Interkulturell: theologische und religionspädagogische Bedeutung kultureller Räume

Anzuerkennen gilt, dass der Universalitätsanspruch des Westens als einzig geltende Wahrheit gebrochen ist, und zwar bedingt durch die aufkommende und sich etablierende Konkurrenz im *Global Christianity* seit den 60er/70er Jahren des 20. Jahrhunderts (vgl. Küster 2011, 56). Der kulturwissenschaftliche Wandel im Verständnis von Kultur und Raum, Interkulturalität als *Third space* diskursiver Aushandlungsprozesse (Homi Bhabha), forderten und fördern theologisch eine Perspektivenvielfalt. Epistemologisch setzt dies voraus anzuerkennen, dass (religiöses) Wissen unausweichlich „situiertes Wissen" (Haraway 2007) ist, das heißt ein *web of meaning* umfasst. Es gibt kein absolutes Wissen. (Kulturelle) Alterität wird, wie oben schon angedeutet, Ausgangspunkt theologischen Denkens und Erkennens, und zwar in zweifacher Hinsicht: Sie markiert die Leerstelle/Grenze, das dem menschlichen Denken und Handeln Unverfügbare einerseits, andererseits ermöglicht sie genau damit den Raum, in dem die dynamische Produktivität der Vielfalt kulturell-räumlicher Beziehungen sich immer wieder auf der Suche nach „gelebter Wahrheit" vollzieht (Erbele-Küster/Küster/Roth 2021, 24). Das Ringen um Wissen und Wahrheit in religiös-kulturellen Beziehungsräumen, theologisches Denken, Sprechen und Handeln, braucht notwendigerweise theologische Verantwortung. Sie (be)gründet sich theologisch in der Einsicht des Verlassens, indem sie sich der Bedeutung der (kulturellen) Alterität für den eigenen Erkenntnisprozess bewusst ist/wird. In Konsequenz plädiere ich für eine der Theologie genuine Haltung der Inter-/Transkulturalität, die nicht als *special area* im Sinne einer gesonderten Fachdisziplin thematisiert wird, sondern transversal allen theologischen Disziplinen – insofern auch der Religionspädagogik – zu eigen ist. Theologie Inter-/Transkulturell macht die globale Haltung einer Theologie des Verlassens sichtbar, die sich der *glokalen* komplexen Abhängigkeiten und Verflechtungen, insofern ihrer Verantwortung, bewusst ist. Insbesondere der adverbiale Gebrauch bestimmt die Haltung *wie* ich Theologie und Religionspädagogik betreibe (*Doing Theology*). Sie ist untrennbar mit dem Anliegen verbunden, der Gefahr vorzubeugen, neue prädefinierte Strukturen zu inkorporieren. Stattdessen geht es primär darum, den Wahrheitsgehalt im komplexen Beziehungsraum immer wieder neu auszuhandeln. Der potentiellen Kritik, Theologie verfalle damit der Willkür und Kontingenz anheim und entledige sich folglich jeglicher normativen Orientierung, widerspreche ich insofern, als dass jede theologische Rede, auch die, die einem traditionell-bestimmten dogmatischem Duktus folgt, irrtumsanfällig ist. Theologische Rede aber, so erlaube ich hinzuzufügen, die sich einer Haltung des Verlassens verspricht, strebt kontinuierlich danach, sich ihrer Irrtumsanfälligkeit – sprich ihrer partikularen Perspektive der eigenen Lebenswirklichkeit – bewusst, transparent und produktiv zu stellen. Dabei ist sie sich der produktiven epistemischen und epistemologischen Bedeutung von Alterität theologisch und ethisch im Klaren. Epistemisch beschreibt hier, was sich auf Wissen und Erkenntnis, epistemologisch, was sich auf deren Bedingungen und Möglichkeiten bezieht. Den epistemischen Aufbruch der Theolog:innen des sogenannten Globalen Südens lese ich also als eine klare Absage an jegliche Art eines universalen Absolutheitsanspruchs (des Westens), der sich alteritätsvergessen (d. h. absolut) gegenüber dem Rest der Welt konstituiert. Das bedeutet aber nicht zugleich eine Absage an normative Orientierung in religiösen Verhandlungsprozessen, sondern erfordert primär, Wissen und Erkenntnis nicht (mehr) als ontologisch feststehende Größen zu verstehen, sondern vielmehr als kontinuierlich aufzusuchende in unbedingter Beziehung mit Anderen. Allein in der Anerkennung der Gleich*wertigkeit* des Anderen besteht überhaupt erst die Möglichkeit, die Alterität des Anderen produktiv als im von Gott gegebenen und von Menschen erfahrbaren *Third Space*, insofern als notwendigen Bestandteil der eigenen (theologischen) Entwicklung wahrzunehmen.

Gesellschaftlich wurde dieser (transkulturelle) epistemische (Auf-)Bruch aus meiner Sicht im Laufe des Prozesses der Vermischung von Globalem und Lokalem (Glokalisierung) sichtbar (vgl. Küster 2011, 131). Das – in den 1970er Jahren insbesondere in Gestalt der Befreiungstheologien sich entwickelte – neue Bewusstsein für Transformationsprozesse innerhalb der christlichen Theologie wurde besonders durch das Aufkommen postkolonial-theologischer kritischer Stimmen ab den 1990 Jahren gestärkt. Die bereits im befreiungstheologischen Ansatz angelegte postkoloniale Kritik entwickelte sich als ein kritisches Analyseinstrument weiter und radikalisierte den Widerstand am westlich-epistemisch gesetzten Eurozentrismus und dem darin legitimierten Überlegenheitsanspruch (vgl. ebd. 107; Gmainer-Pranzl 2016, 23). Theologisch entscheidend ist, den darin zum Ausdruck kommenden Widerstand nicht als einseitige Kritik gegen ein herrschendes System zu verstehen, und damit erneut hegemoniale Strukturen zu legitimieren, sondern vielmehr im Sinne meines theologischen Ansatzes des

Verlassens als eine grundsätzliche systemkritische Haltung, die – Selbstkritik eingeschlossen – ontologisch-statischen Denksystemen und Handlungsräumen entgegenwirkt. In dieser Hinsicht leisten die de-/postkolonialen Prozesse, die das Anliegen verfolg(t)en, kolonialistisch gewachsene Macht- und Unterdrückungsstrukturen, die besonders im Kontext von Kirche und Mission eine Rolle spielten, aufzudecken, einen entscheidenden Beitrag für ein radikales epistemisches Umdenken. Theologisch entwickelte sich aus meiner Sicht der befreiungstheologische Diskurs unter ihrem Einfluss von innen über die Grenzen des Systems hinaus und schärft das gegenwärtige „Grenzdenken" (Mignolo 2012, 190) und damit den Blick für subalterne Räume. Postkoloniale Theologien zeigen in Gestalt ihrer charakteristischen Komplexität und Heterogenität methodisch und inhaltlich diesen transkulturellen Aufbruch, der das Anliegen/den Appell des epistemischen Bruchs kontextueller Theologien konstruktiv weiterführt und insbesondere – in kritischer Abgrenzung zum eurozentrischen Denken – den Perspektivwechsel für *Episteme* herausstellt. „Für die Erkenntnis ist es daher notwendig, sich zu bewegen und unterschiedliche Perspektiven einzunehmen" (Silber 2021, 124).

Perspektivismus verstehe ich in der gegenwärtigen Diskussion über Formen der Wissensproduktion als erkenntnisleitend. Er akzeptiert, dass „eine Aussage, eine Haltung, ein Motiv oder eine Erkenntnis [...] in ihrem Geltungsbereich eingeschränkt [wird] im Sinne von beschränkt im Vergleich zu einem umfassenderen Anspruch" (Beiner 2009, 27). Letzteres fordert theologisch, kulturelle Alteritäten in ihrer Vielfalt als die von Gott gewollte Raumgabe wahrzunehmen und anzuerkennen, und darin die genuin eigene theologische und ethische Abhängigkeit vom Anderen, von Gott, vom Fremden und Unverfügbaren. Dabei ist es theologisch-christologisch für mich unerlässlich, dass die räumliche Erkundigung Gottes medientheoretische und ästhetische Dimensionen einschließt. Allein mit einer solchen (methodischen) Offenheit antwortet Theologie auf den primär ethischen Appell, die Raumgabe Gottes immer wieder in eschatologischer Offenheit/Hoffnung neu wahrzunehmen, andernfalls verharrt sie in konstruierter Isolation. Wahrnehmung erfährt hier die vertiefende Bedeutung der *aisthesis* (vgl. Kap. 3).

Insgesamt lassen sich drei wichtige theologische Bedeutungsebenen kultureller Räume ausmachen:

Eine räumliche Erschließung Gottes, des Verhältnisses zwischen Gott und Mensch, inmitten unserer ganzen Lebenswirklichkeit fordert *erstens* eine theologische Rede, die die Vielfalt theologischer Sprachen, Medien, Rituale als epistemische Orte er- und anerkennt. Indem sie sich auf sie in ihrer situativen kontextuellen Verstrickung einlässt, nimmt sie sie produktiv wahr, deutet sie und wird sich dabei ihrer eigenen immer wieder bewusst (Hock 2020, 21).

Theologische Rede nimmt folglich *zweitens* das Verlassen *räumlich* ernst und wird fähig, Alteritäten im Diskursraum wahrzunehmen, in dem sie andere körperliche und kulturelle Ausdrucksformen jenseits der eigenen Vorstellungsmöglichkeit schöpferisch empfängt: „Wo diskurstheoretische Kritik dazu beiträgt, Erfahrungen von körperlich-leiblicher Gewalt aufzudecken und zu kritisieren, wird sie als wichtig und bereichernd erfahren" (Jahnel 2021, 77). Diese Haltung Theologie zu betreiben fördert demzufolge *drittens* die „Möglichkeit eines wissenden Körpers [anzuerkennen], der weiß, wahrnimmt, fühlt und darin Subjekt der (religiösen) Sinnbildung" wird. (Jahnel 2020, 192) Theologie bindet Diskurstheorie und Leibphänomenologie,[53] ohne deren jeweilige Eigenständigkeit aufzuheben, hingegen ihr produktives Verhältnis als Raum dynamischer Wissensproduktion zu empfangen. Theologisch-christologisch erschließt sich an diesem Ort die unverfügbare lebendige Wahrheit, da die Theologie des Verlassens mit dem „situierten Wissen" (Haraway 2007) ernstmacht.

Diese Bedeutungsebenen lassen die Aufgabe religiöser Bildung konkreter werden. Sie liegt demnach darin, Menschen zu begleiten und zu orientieren, fähig zu werden, im Kontext von religiöser und kultureller Pluralität mit Alteritäts- und Fremdheitsphänomenen ethisch angemessen umzugehen. Es geht primär darum, sich im Angesicht konkurrierender Plausibilitätsstrukturen eigenständig im vielfältigen, zum Teil überfordernden (religiösen) Angebot von Glauben, Weltdeutung und Weltzugangsformen zu positionieren und zurechtzufinden. Jenseits traditioneller Lernorte von Religion – Familie, Gemeinde, Schule, Medien (vgl. Schröder 2012, 14) – unter Berücksichtigung des öffentlichen politischen Raums ist es Aufgabe religiöser Bildung, die Lebensführung der einzelnen Personen in der Gesellschaft, deren Suche nach tragfähigen Konzepten, Ausdrucksformen und Gestaltungsmustern des eigenen Glaubens zu unterstützen. Außerdem muss das Denken an das globale/lokale Gefüge – die glokale Verquickung kultureller Kontaktzonen – herangeführt werden, zugleich lokales Handeln gefördert werden. „Es geht darum, global zu denken, lokal handeln zu können" (7). Komplementäres Denken und Ambiguitätstoleranz, die Fähigkeit, Mehrdeutigkeit auszuhalten und in Beziehung zu setzen (vgl. Meyer-Blanck 2022), förden einen bewussten Umgang der Kommunikation, insbesondere im Zeitalter der „Kultur der Digitalität" (Stalder 2021, 21), sprich der Ent-Ortung der Kommunikation.

Um diese gegenwärtigen Anforderungen an religiöse Bildung gerecht zu werden, sind konkrete religionspädagogische Maßnahmen notwendig. Zu Recht definiert Domsgen die Aufgabe der Religionspädagogik differenziert: „Religionspädagogik ist ein theoriegeleitetes Praxisfach, insofern sie als wissenschaftliche Reflexion auf eine herausfordernde Praxis Bezug nimmt (Wahrnehmung), sie interpretiert (Deutung) und mit dieser Theorie diese Praxis anleiten und verbessern will (Handlungsorientierung)" (2019, 21). Deshalb lote ich abschließend aus, worin der Mehrwert meines theologischen Ansatzes für die Religionspädagogik

---

[53] Dieses produktive Verhältnis muss an anderer Stelle theologisch aus religionsästhetischer Perspektive untersucht werden.

liegt, die den Begriff der Wahrnehmung der Deutung nicht gegenüberstellt, sondern umfasst.

3 Wahrnehmen neuer religionspädagogischer Körper-Räume

Andreas Reckwitz differenziert den Begriff der Ästhetik wie folgt: Einerseits drücke Ästhetik die Gesamtheit sinnlicher Wahrnehmung aus, anderseits – und das ist von weitreichender Bedeutung – ihre „eigendynamische[...] Prozesse". Letztgenannte „eigendynamische Prozesse [sind] Prozesse sinnlicher Wahrnehmung, die sich aus der Einbettung in zweckrationales Handeln gelöst haben" (2019, 23). Sie folgen demnach nicht gegebenen Strukturen, sondern widersetzen sich diesen. Als sinnliche Aktivität, so Reckwitz, sind sie zudem Affekten ausgesetzt und insofern emotional involviert. Mit Reckwitz entkräfte ich die Skepsis an der Ästhetischen Wende in der Religionspädagogik der 1990er Jahre (Altmeyer 2008). Der Kritik, die Wissenschaft der Theologie und Religionspädagogik sei mehr als Wahrnehmung, sie müsse normative Orientierung sein, ist durchaus zuzustimmen, nicht aber der Konsequenz, dass sich die Bedeutung der *Aisthesis* im theologischem und religiösem Verständigungsraum folglich reduziert. Stattdessen schlage ich vor, die Bedeutung der Wahrnehmung zu schärfen und sie im komplexen Auslegungs- und Deutungsgeschehen für die religiöse Bildung als Produzent von Wissen, Urteilsfähigkeit und Sinnbildung anzuerkennen. Es geht um ein grundsätzliches „Gewebe von Verflechtungen", dem nur „ein *Ethos der Verbundenheit* angemessen Rechnung tragen kann (Nausner 2020, 70). Dabei wird *Aisthesis* zum Ort des Aufbruchs theologischer und religionspädagogischer Bildungsarbeit, die, indem sie Komplexität, Alterität und kulturelle Differenz wahr- und ernst nimmt, ihre Strukturen, Interessen und Überzeugungen infrage stellt. Sinnlich wird der Wahrnehmungs- zum Resonanzraum, in dem erkenntnistheoretisch innovatives Denken und Handeln möglich wird. Theologische und religiöse Bildungsprozesse reduzieren sich nicht, sondern nehmen vielmehr die globale Aufgabe wahr, ihren Gegenstand im geschichtlichen *glokalen* Kontext unter Berücksichtigung von komplexen Verflechtungsstrukturen von Zeit und Raum angemessen abzubilden. Unsere lokalen Lebenswirklichkeiten, die unserer Student:innen, unserer Schüler:innen, die des Lehrerkollegiums, entsprechen häufig nicht (mehr) eindeutiger kultureller Zuordnungen, vielmehr machen sie den *glokalen* kulturellen Wandel, hybride Identitäten und Biografien, sprich den Reichtum, sicht- und spürbar, der aber, so Henrik Simojoki, in der Religionspädagogik noch nicht beachtet werde: „In der Religionspädagogik ist die Wahrnehmung von Religion und religiösem Wandel in der Regel eurozentristisch verengt. [...] Während Religion in manchen Kontexten an Bedeutung einbüßt, erfreut sie sich in anderen unübersehbarer Lebendigkeit. Das gilt in besonderer

Weise für das Christentum, dessen Wachstumsschwerpunkte schon jetzt klar im globalen Süden liegen" (2023, 189).

Die Geschichte des Christentums muss demnach theologisch und religionspädagogisch aus den Klammern des (Neo-)Kolonialismus und Eurozentrismus gelöst werden. Allein im interkulturellen und post-/dekolonialen Aufbruch der geschichtlich-reduzierten Perspektive, die sich nicht selten noch in Lehrbüchern und Bildungsplänen findet, kann die Kolonialität des Wissens, die mit dem Begriff epistemischer Gewalt zum Ausdruck gebracht wird, destruiert werden (vgl. Brunner 2020, 126). Dies gilt auch für die Religionspädagogik, deren Aufgabe konstitutiv theologisch verortet ist. Aisthesis als komplexes Wahrnehmungs- und Deutungsgeschehen leistet hier einen entscheidenden Beitrag im Sinne (m)eines Entwurfs einer Theologie des Verlassens. Sie ermöglicht eine zweifach differenzierte Kritik, die aus meiner Sicht wegweisendes Potenzial für (religiöse) Bildung hat. Einerseits öffnet sie methodisch neue kulturelle Räume, die trotz ihrer Verborgen- und Unsichtbarkeit theologisch nicht weniger wirklich sind, andererseits wirkt sie genau darin jeglichem Anspruch von Eindeutigkeit und Absolutsetzung, derer sich die christliche Welt zu verantworten hat, entgegen. „Die eigentliche Pointe, die globale Perspektive religionspädagogisch zu stärken, liegt [...] in der Einsicht, dass die beschleunigten Globalisierungsprozesse nicht nur die Rahmenbedingungen religiöser Bildung tangieren, sondern in den Kern ihrer Domäne hineinreichen, die Religion" (Simojoki 2023, 188). Jenseits binärer Einordnung, die sich im Dunstkreis kolonialer Auswirkungen noch immer als dominant erweist, erkennt religiöse Bildung den „Gestaltwandel des Christentums" (189) und die religiöse Ausdifferenzierung im postsäkularen Zeitalter an. Dabei muss Religionspädagogik als Wahrnehmungswissenschaft theologisch fähig sein, das Wahrgenommene in Beziehung zum christlichen Glauben, zu Kirche und Tradition, raumzeitlich (global) zu analysieren (korrelativer Tradition) (vgl. Heger 2017, 355). Letzteres sichert die normative Dimension der Religionspädagogik, die kulturelles Handeln und Gestalten (erst) orientiert.

Ich halte fest: Theologie, insbesondere religiöse Bildung, muss heute sozialpolitische Verantwortung übernehmen, die eigenen Wissenskonzepte, theologischen Narrative und Normative im selbstkritischen Aufbruch jenseits von System-Strukturgrenzen global zu prüfen. Theologischer Widerstand darf nicht nur als Bruch-von bzw. gegen wahrgenommen werden, sondern als grundsätzlicher Ausdruck und Aufbruch religiöser Bildung in Gestalt wechselseitigen globalen Lernens. Um der Gefahr einer funktionalistischen Engführung vorzubeugen (vgl. Heger 2017, 314), ist es entscheidend, das Wahrnehmungsgeschehen als eine „synthetische Leistung" vom Seh- und Interpretationsakt zu verstehen (316). Es geht darum, die leiblich-situierte Bedingtheit vom Akt der Wahrnehmung mit der hermeneutischen Dimension von Sinn und Sinngebung als „dynamisches Kontinuum" (Heimbrock 2004, 73–76) zu denken. Folglich drückt die Wahrnehmung einen komplexen ästhetischen Prozess aus, der, im Sinne meiner Theologie des Verlassens, auch als Glaube an die Vielfalt kulturellen Ausdrucks im Raum Gottes gelesen und interpretiert werden kann.

Konkret heißt das mit Blick auf die kritischen Perspektiven aktueller religionspädagogischer Diskurse, dass es unerlässlich ist, den glokalen Aufbruch theologisch fundiert zu begründen. Ansätze in der Religionspädagogik sollten konsequenterweise theologisch begründet und post-/dekolonial, d. h. alteritätssensibel (kulturelle und religiöse Dimensionen), verdichtet werden. Exemplarisch verweise ich auf Britta Konz (2022), die zwar den Anspruch einer postkolonialen Kirchengeschichtsdidaktik artikuliert, aber einer theologischen Vertiefung schuldig bleibt. Im Fall von Rita Burrichter und Claudia Gärtner wäre eine Vertiefung des „postkolonial geschärfte[n]r Blick[es]" wünschenswert, der, wie die Autorinnen festhalten, sich „gleichermaßen als Störung wie als Ermöglichung reflektierter (inter-)religiöser Lernprozesse" erweist (Burrichter/Gärtner 2023, 73). Allein pluralitätssensibel sind eigene Erfahrungen von Welt, Umwelt und Mitmensch möglich. Sich selbst in den glokalen Verstrickungen wahrzunehmen, ist demnach die Voraussetzung dafür. Das impliziert auch, die Dimension von Körper- und Sinnlichkeit als Orte der Kommunikation und der Interaktion wissenschaftlich auszuloten. Die Sinne ermöglichen es, „die Leibbezogenheit allen Wahrnehmens" (Zilleßen 1999, 88) zu erkennen und darin die Bedeutung von Raum und Körper (vgl. Heger 2017, 318). Sie lassen nicht nur mehr zu sehen, sondern befähigen Kritik an Gegebenem zu üben, innezuhalten und Perspektiven zu wechseln (vgl. 335f.).[54] Einmal mehr wird deutlich, dass es sich bei der Wahrnehmung um einen dauerhaften Prozess handelt (vgl. 319), der ontologisch-gesetzten (Denk-)Systemen emanzipatorischen Widerstand leistet.

Mit der Ausrichtung auf die (körperliche) Eingebundenheit des Einzelnen in seiner kulturellen Lebenswelt wird diese als Ort theologischer Erkenntnis (*loci theologicus*) bedeutsam (vgl. 351). Insbesondere in der „Ausrichtung auf die Zukunft, auf Gott hin" ermöglicht die wahrnehmungswissenschaftliche Perspektive *„mit der Unverfügbarkeit des Subjekts eine entscheidende Grenze religionspädagogischer Forschung"* (ebd.). Diese eschatologische Grenze legitimiert sich theologisch in meinem Ansatz einer Theologie des Verlassens, die der Gefahr, Religionspädagogik auf analytisches kulturwissenschaftliches Denken zu reduzieren, vorbeugt (vgl. 354). Unter diesen Bedingungen wird die „Welt und das menschliche Leben theologisch konsequent als theologierelevanter Erfahrungsraum (Gottes)" gedacht, die qualitative Differenz von Gott und Mensch theologisch anerkannt und gestaltet und damit dem Anspruch „korrelativen Denkens" theologisch entsprochen (329).

---

[54] Antje Roggenkamp spricht von der „Verlangsamung des interpretativen Zugriffs" (2003, 45); theologische Überlegungen wie die von Hartmut von Sass über den Perspektivismus (2019) könnten hier zur theologischen Fundierung der Multiperspektivität – die mit dem Fokus auf die Lebenswirklichkeit per se gegeben ist – führen.

Entscheidend ist, dass globale Religionspädagogik als Wahrnehmungswissenschaft nicht bei den ästhetischen und performativen Herausforderungen der kulturwissenschaftliche Wende für die Erziehungswissenschaft stehen bleibt, sondern ihr Ertrag theologisch darüber hinausgeht bzw. die Wende unterläuft, will sie denn ihrer globalen Aufgabe, normative Orientierung zu bieten, nachkommen. Bildungspolitisch fordert eine Theologie des Verlassens konsequenterweise ein, neue globale Lernräume zu erschließen, die es ermöglichen, europäische Theologie, Religionspädagogik und religiöse Bildung zu dekolonialisieren. (vgl. Silber 2022)

Theologie des Verlassens: performativ

Kein System, keine Theorie leiten hier die Sprache, vielmehr bricht die Sprache einer Theologie des Verlassens mit dem System und öffnet den Blick ausgehend vom und für den Anderen.

> Die Beziehung zum Anderen stellt mich in Frage, sie leert mich von mir selbst aus; sie leert mich unaufhörlich, indem sie mir unaufhörlich neue Quellen entdeckt. […] Das Begehrenswerte sättigt nicht mein Begehren, sondern vertieft es, es nährt mich in gewisser Weise mit neuem Hunger. (Emmanuel Levinas, SpA 220)

Kritische Überlegungen zum Wesen und zur Produktion von Wissen und Erkenntnis am Beispiel der Religionspädagogik

Einleitung

In einer sich stetig verändernden Welt müssen sich Religionspädagogik und Religionsdidaktik im Kontext des Religionsunterrichts (selbst-)kritisch auf die glokalen Herausforderungen einstellen, um Wissen gemeinsam immer wieder neu zu entdecken, gemeinsam zu konstruieren, sprachlich auszudrücken und danach zu handeln.

Ausgehend von dieser These führte ich im Januar 2024 einen interaktiven Workshop an der Pädagogischen Hochschule Heidelberg im Rahmen der ISP-Begleitveranstaltung, Fachbereich Evangelische Theologie/Religionspädagogik, durch. Dabei war es zunächst mein Anliegen, für Wesen, Ursprung und Absicht kritischen Wissens anhand Donna Haraways Konzept des *Situierten Wissens* zu sensibilisieren. Im Anschluss konkretisierte ich die Herausforderungen mittels des hermeneutischen Zirkels – Wahrnehmen – Denken – Deuten – Erkennen. In diesem Kapitel liegt mein zentrales Anliegen darin, das epistemische Geschehen/die epistemische Dimension anhand von Wesen und Funktion kritischen Wissens zu vertiefen und schließlich anhand selektierter Thesen der Ästhetischen und Globalen Religionspädagogik (vgl. Grümmer/Pirner 2023) seine Bedeutung für Lern- und Lehrprozesse exemplarisch zu skizzieren.

1 Situiertes Wissen (Donna Haraway)

1.1 *Wesen und Ursprung*

Donna Haraway entwickelt das Konzept des Situierten Wissens im Kontext der primatologischen Forschung. Diese befasse sich „mit der Aushandlung der Grenzen zwischen Natur und Kultur" und berücksichtige dabei die „Wandelbarkeit und Porosität". Zweitens beschäftige sich diese Disziplin mit der „Suche nach Ursprungsgeschichten über das Menschsein" und schließlich sei sie „ein paradigmatisches Beispiel für rege innerwissenschaftliche Konflikte" (Hoppe 2022, 19). Im Folgenden skizziere ich Haraways Verständnis von Wissen anhand ihrer grundlegenden Reflexion *Situierte Wissens. Die Wissenschaftsfrage im Feminismus und das Privileg einer partialen Perspektive* (1988). In diesem Text entwickelt sie wissenschaftstheoretisch einen feministischen Objektivitätsbegriff, der ihre Kritik an Objektivitätslehren in klassischer Wissenschaft und Philosophie zum Ausdruck bringt.

> SozialkonstruktivistInnen machen deutlich, daß die offiziellen Ideologien über Objektivität und wissenschaftliche Methode ausgesprochen schlechte Wegweiser dafür sind, wie wissenschaftliches Wissen tatsächlich hergestellt wird. (74)

Wissen versteht Haraway als einen „verdichtete[n] Knoten in einem agonistischen Machtfeld". Da Geschichte sich aus der Perspektive der Fans westlicher Kultur schreibe/erzähle, sei Wissenschaft „ein anfechtbarer Text und ein Machtfeld. Der Inhalt [...] die Form" (75). Haraway ersetzt folglich die wissenschaftlichen Entitäten des 20. Jahrhunderts – Mikroben – Gene – Quarks[1] – durch das Konzept der „Kraftfelder gebündelter momentaner Spuren" (76). Die Herausforderung verortet sie in der Beziehung von Körper und Sprache. Ihr Anliegen ist es, die Wahrheitsansprüche zu dekonstruieren und in gewisser Weise eine „epistemologische Elektroschocktherapie" durchzuführen (77). Indem sie radikal-konstruktivistisch argumentiert, ermöglicht sie, das spannungsreiche Verhältnis von „Voreingenommenheit versus Objektivität" kritisch infrage zu stellen und die klassischen „Objektivitätslehren zu demaskieren" (ebd.). Dabei verfolgt sie eine feministische Version der Objektivität, die sich sowohl an marxistischen Überzeugungen als auch die der Standpunkttheorie anlehnt, die den Weg freilegen, „auf Verkörperung für eine vielfältige herrschaftskritische Tradition ohne Rückgriff auf schwächende Positivismen und Relativismen und für differenzierte Vermittlungstheorien" zu insistieren (78). Im Sinne der Nachfolgewissenschaft (Sandra Harding) (vgl. 1991) geht es um eine „bessere Darstellung der Welt" und zwar anhand eines kritisch reflektierten Verhältnisses zu eigenen und „fremden Herrschaftspraktiken" (Haraway 1995, 78), welches die Privilegiertheit und Mechanismen von Macht und Unterdrückung sichtbar werden lässt. Die hauptsächlich ethisch und politische Prägung Haraways kritischer Perspektive zeigt in der Praxis der Wahrnehmung das verpflichtende sinnstiftende Engagement für eine kritische Darstellung der *wirklichen* Welt. In Ablehnung von Objektivitätslehre, Repräsentation der Welt von scheinbar unschuldigen Mächten, die die Welt als globales System theoretisierten, spricht sie sich für Netzwerke, Verbindungen und Übersetzungen von Differenz/en aus. Es gehe darum, Bedeutungsgehalt und Körper(-lichkeit) in Beziehung erklären und leben zu können (vgl. 79). Der entscheidende Aspekt liegt darin, gegen jeglichen Absolutheits- und Universalisierungsanspruch von Allmacht und Unsterblichkeit einen brauchbaren Objektivitätsbegriff zu entwickeln, der die Pole der Dichotomie überwinde. Während Harding der Nachfolgewissenschaft die postmodernen Differenzansätze gegenüberstellt, spricht Haraway vom Dual des radikalen Konstruktivismus' und feministischen Empirismus'. Dabei stellt sie kritisch fest, dass diese Metaphern die notwendige Vision der feministischen Objektivität nicht tragen. „Die binären Oppositionen" müssten vermieden werden

---

[1] Elementarteilchen und fundamentale Bestandteile der Materie. Quarks verbinden sich zu zusammengesetzten Teilchen. Hierzu gehören die Protonen und Neutronen, die Bestandteile der Atomkerne sind.

(80). Es gehe darum, die „Körperlichkeit aller Visionen" sowie das *sensorische System* zu reformulieren (ebd.). Welchen methodischen Mehrwert impliziert ihr Konzept von kritischem Wissen?

1.2 Funktion und Absicht

Die feministische Objektivität widerstehe der Illusion einer unendlichen körperlosen Vision, entlarve diese als „göttlichen Trick", betone hingegen die „Partikularität und Verkörperung aller Vision", so Haraway (81), d. h. die partiale Perspektive des objektiven Bildes. In Angrenzung zu (religiösen) Absolutheits- und Universalisierungsansprüchen handle die „feministische Objektivität von begrenzter Verortung, situiertem Wissen und nicht von Transzendenz und der Spaltung in Subjekt und Objekt" (82). Im Prozess der Verortung und Verkörperung unterstreicht Haraway die ethische Verantwortung. Diese liege darin, marginalisierte Perspektiven *kritisch* zu übernehmen, sie zu überprüfen, zu dekonstruieren, zu dekodieren und zu interpretieren, um nicht der Gefahr einer Romantisierung zum Opfer zu fallen. Es gebe „keine unschuldigen Positionen" (85). „Die Volte in Haraways Konzept ist, nicht nur Wissen von ‚markierten' Körpern, also z. B. einer indigenen Person, als partiales Erfahrungswissen zu verstehen, sondern vielmehr jede Form von Wissen als situiert zu begreifen" (Gramlich 2021). Die Herausforderung liegt folglich in der Frage nach dem Umgang mit der Vielfalt von Wissen/Wissensobjekten, die vorwiegend darin liegt, diese zuzulassen, dabei aber nicht jede partiale Perspektive unkritisch zu übernehmen. Wissenschaft sei von Anfang an utopisch und visionär, unterstreicht Haraway, und müsse dies auch bleiben. Es handele sich also epistemologisch immer um eine Frage des Sehens, des Wahrnehmens und insofern um eine Frage impliziter Gewalt(-ausübung) (vgl. Haraway 1995, 85).

Um der epistemischen Gewalt vorzubeugen, vertieft Haraway die funktionale Absicht der feministischen Objektivität dahingehend, dass es nicht um ein Sein, sondern um eine „Aufspaltung" gehe. Dieser Begriff gebe ein passendes Bild feministischer Epistemologien, denen es um die „heterogene Vielheit" gehe (86). In dieser selbstkritischen Haltung sei das erkennende Selbst eingeschlossen, welches selbst „konstruiert und unvollständig sei" und allein deshalb Beziehungen mit anderen eingehe. Es gebe keine *unvermittelte* Sicht, so Haraway. Jedes Wissen von einem Standort der Unmarkierten, kritisiert sie, sei „wahrhaft phantastisch, verzerrt, und deshalb irrational" (87). Vielmehr geht es Haraway um die Positionierung, Verantwortlichkeit für die (epistemischen) Praktiken, die Macht konstituieren. Sie stellt sich die Frage, welches Sehen/welche Sicht und Wahrnehmung als die *rationale* Darstellung der Welt gelten könne? Anhand von Lokalisierung und Verkörperung betont sie, dass auch lokales Wissen in sich spannungsreich und ambig sei. Die feministische Verkörperung spreche nicht von einer „fixierten Lokalisierung", sondern widerstehe vielmehr den Vereinfachungen und Fixierungen des Körpers. Unter Berücksichtigung der differenzierten Wahrnehmung – Lokalisierung und Verkörperung – sind die Positionierungen geeignet, richtig zu sehen, die Visionen multipler Subjekte jenseits bestehender Metaphern einnehmen und „Objektivität als positionierte Rationalität" verstehen (91). „Rationales Wissen ist ein Prozeß fortlaufender kritischer Interpretation zwischen ›Feldern‹ von Interpretierenden und Dekodierenden. Rationales Wissen ist machtempfindliche Konversation" (90). Insgesamt öffnet und aktiviert Haraways Denkansatz Raum für neue Wissensformen, die sich gegen Annahmen der Universalität und Neutralität von Wissen richten. Dabei ist es ihr Anliegen, binäre Kategorien von Wissen zu überwinden, indem sie u. a. Körper als Wissensobjekt nicht passiv als präexistenten Objekt verstehe, sondern eingebettet in seinem sozialen Gefüge als „Grenzobjekt", dessen Grenzen sich von selbst verschieben könnten (96). Die Objektivität des Situierten Wissens, von dem hier die Rede ist, konstituiert sich an der Schnittstelle, dem „Ort vielgestaltiger Verkörperung einer Welt" (97). Der Mehrwert der Überlegungen Haraways wird auch darin deutlich, dass sie den Naturbegriff einer Revision unterzieht. „Welt sei kein Rohmaterial der Humanisierung" (94). Sie fordert im Sinne des Situierten Wissens, dass Wissensobjekte als „Akteur und Agent" vorgestellt werden (93). Neben der gängigen Kritik an der Vorstellung eines westlichen Universalwissens vertieft sie die Wissenschaftsfrage/ das Wissensverständnis prinzipiell in konstitutiver Beziehung zu historischen Gesellschafts- und Herrschaftsformen, Technologien der Wissensgenerierung sowie sprach- und erkenntnistheoretischen Mustern (vgl. Gramlich 2021). Gender versteht sie entsprechend „als situierte Differenz und Verkörperung von Frauen" (Haraway 1995, 95).

Im Folgenden vertiefe ich das hermeneutische Geschehen (vgl. Grafik 1), indem ich entscheidende Aspekte Haraways kritisch anwende und dabei die besonderen epistemologischen Herausforderungen im Verstehensprozess herausarbeite, die unter Berücksichtigung ihres Ansatzes, insbesondere der Betonung der absoluten Differenz, deutlich werden.

2 Hermeneutik und Wissen

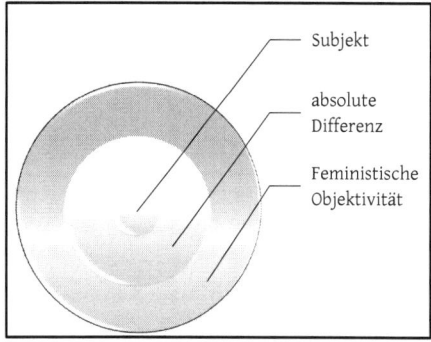

Grafik 1: Situiertes Wissen

Haraway betont, dass jegliche Annäherung an Wissen subjektverhaftet ist und sich allein dort ‚Objektivität' begründen lässt. D. h. objektives Wissen ist nicht ausgehend vom Dualismus Subjekt – Objekt zu verstehen, sondern sprachbildlich vielmehr aus einem Beziehungsgefüge, in dem viele Subjekte gemeinsam nach dem vermeintlich objektiven Wissen streben. Dabei gilt die absolute Differenz, welche die sichtbare Vielfalt der agierenden Subjekte erst ermöglicht und zugleich Raum schafft, in und durch die agierenden Differenzen die Vielfalt von Perspektiven und Kontexten zu berücksichtigen. Es gilt: Je mehr differenziert wird, desto größer die Vielfalt von Visionen *in concreto*, die wiederum eine Vielfalt von lokalen Eigenheiten, kontextuellen Beschaffenheiten, glokalen Zusammenhängen von Wirtschaft und Wissen(-schaft) in den gesellschaftlichen und politischen Diskurs einbringen. Die konstruktive Beachtung und Beziehung von Komplexität beruht in dieser Hinsicht auf der Überzeugung absoluter Differenz (in Gestalt ihrer realen zu differenzierenden Subjekten), die es nicht zu überwinden gilt, sondern die es erst ermöglicht, Raum von objektiver, d. h. kritischer, Wissensproduktion zu öffnen. Die Unterscheidung von Dualität und Binarität im Hintergrund spielt dabei eine wesentliche Rolle. Während Dualität zunächst nur ein strukturellen Ordnungsmoment darstellt, impliziert Binarität – so die Stimmen im nicht europäischen Feminismus – eine hierarchische Gesellschaftsordnung, die die kolonialen Machtstrukturen von Unterdrückenden und Unterdrückten reproduziert.[2] Eine wechselseitige Anerkennung von Differenz – wie eingefordert – ist aber nur dann möglich, wenn ent-hierarchisiert bzw. entkolonialisiert (gedacht) wird. Dies ebnet den Weg zur sogenannten „feministischen Objektivität", die – und das erachte ich als den entscheidenden Aspekt bei Haraway – den Blick auf die Welt als zu differenzierendes Beziehungsgefüge richtet. Feministisch übernimmt hier die Funktion eines Differenzmarkers, der den Blick

---

[2] Vgl. exemplarisch Segato 2023, 37.

auf situative Einflüsse in der komplexen Welt, konkret auf epistemologische Prozesse, ausrichtet, somit Objektivität aus den Zwängen von Illusion und Unmöglichkeit bzw. Unerreichbarkeit befreit und lernt, sie neu zu lesen. Anders ausgedrückt: Haraways verdeutlicht, dass es keinen anderen Weg gibt, Wissen und Erkenntnis in einer komplexen Welt zu denken, außer im Prozess einer Annäherung anhand von einer möglichst umfangreichen Teilhabe von differenzierten und zu differenzierenden Positionalitäten. Der Grundriss einer besseren Darstellung der Welt lasse sich, so ihre Argumentation, ausschließlich durch Teilhabe möglichst vieler *Agents* erreichen. Letzteres erinnert an den Globalisierungstheoretiker Arjun Appadurai, der behauptet, dass die gegenwärtigen Herausforderungen in der Welt im 21. Jahrhundert am besten durch die Mobilisierung gemeinsamer Kräfte, inklusive derer agiler Minderheiten in unterschiedlichen Regionen der Welt, möglich sei (vgl. Appadurai 2009).

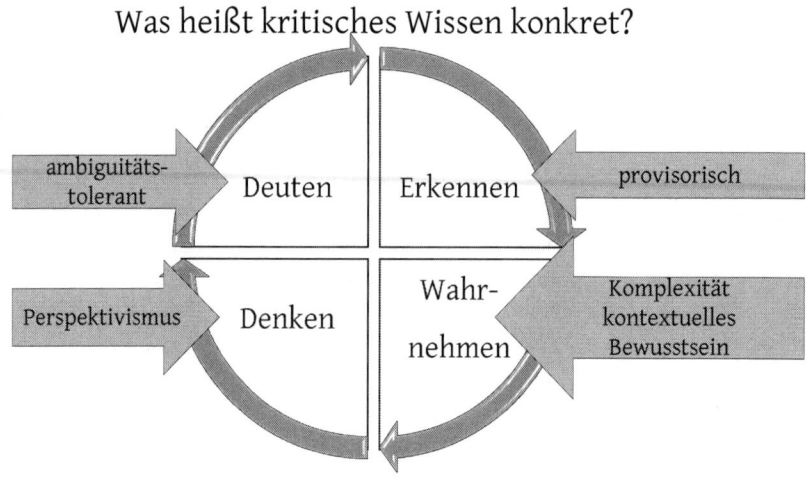

Grafik 2: Hermeneutisches Geschehen

Ausgehend von diesen Überlegungen zum situativen Wissen, insbesondere der wissenschaftstheoretischen Einsichten in Wesen, Funktion und epistemologischem Potenzial der absoluten Differenz, lassen sich die Herausforderungen im hermeneutischen Geschehen (vgl. Grafik 2) analysieren und verdeutlichen. Die absolute Differenz ist in gewisser Weise Ausgangs- und Zielpunkt von Wissensproduktion. Dabei verlieren sich die Grenzen von Anfang und Ende sowohl in zeitlicher als auch in räumlicher Hinsicht, denn keine subjektive Perspektive kann für sich allein den Absolutheitsanspruch einfordern. Im Gegenteil, das kontextuelle Bewusstsein setzt ja gerade die identitäre Einsicht voraus, von Differenz(en) im komplexen Zusammenhang von Welt und Gesellschaft abhängig zu sein. Ohne diese Einsicht reduziert und isoliert sich die Wahrnehmung auf das Eigene und Vertraute. Folge ist in dem Fall ein inselähnliches Leben, das sich von

Umwelt und Mitwelt isoliert entfremdet. Die absolute Differenz ermöglicht hingegen die Vielfalt von Perspektiven nicht nur im Sinne eines Nachtrags bzw. Anhangs im Denken zu verstehen, sondern setzt sie zur Ausbildung der eigenen primär voraus. Ausgang des epistemologischen Prozesses ist hier also unabdingbar und untrennbar in der Auseinandersetzung mit Alteritäten/Alteritätsphänomenen verbunden, die erst durch und in Differenzräumen sichtbar und wahrgenommen werden können. Letztere fordert eine ambiguitätstolerante Haltung des Einzelnen in und der Gesellschaft als Ganzes, der/die fähig sein muss, Mehrdeutigkeit bzw. mehrdeutige Einsichten und Erkenntnis zu einem Phänomen/Gegenstand oder Thema über einen längeren Zeitraum auszuhalten und anzuerkennen (vgl. Bauer 2011). Die Bereitschaft, die Welt in ihrer ambigen Mehrdeutigkeit wahrzunehmen, zu denken und zu deuten, ist nur dann (wirklich) möglich, wenn die Differenz als das absolut produktive Gemeinsame, das gerade in der Gestalt der Differenz bindet und Diskursräume öffnet, gelesen und vorausgesetzt wird. Mit anderen Worten wird Differenz ent-hierarchisiert bzw. ent-kolonialisiert und zum Gemeingut, zum kulturellen Differenz- und Diskursraum aller bzw. möglichst vieler (s. o.). Homi Bhabha spricht in diesem Zusammenhang vom *Third Space* als einem kontinuierlichen Verhandlungsraum, der die Grenze des Erkennens setzt (Bhabha 1994). Die provisorische Natur von Wissen und Erkenntnis schützt insofern davor, das hermeneutische Geschehen zu reduzieren, sei es zeitlich oder räumlich. Einerseits bewahrt es davor, erneut in kolonialistische Muster von Hierarchisierung und Naturalisierung selektierter Perspektiven zu verfallen, andererseits bewahrt es das stetige Engagement, weiter zu forschen und – wie Haraway sagt – kontinuierlich einen Beitrag für eine bessere Darstellung der Welt zu leisten (s. o.).

3 Kritisches Wissen und Denken

Unter Berücksichtigung von Wesen und Funktion des kritischen Wissens im hermeneutischen Geschehen, verdichte ich im Folgenden entsprechend die hermeneutische Aufgabe. Die Analyse begründet den Mehrwert kritischen Wissens darin, (religiöse) Lernorte/Lernprozesse zu schaffen, die Raum öffnen, kritisch zu denken, zugleich unterstützen, wie diese methodisch umgesetzt werden können/müssen.

3.1 Kritisches Wissen und Denken als hermeneutische Aufgabe: eine interdisziplinäre Vertiefung

Kritisches Wissen und seine Grenze(n) bzw. Grenzverschiebungen begründen sich im Subjekt als Ort wahrer – weil ausschließlich möglichen – Objektivität. Systemtheoretisch bzw. philosophisch ist hier die Rede von einem offenen Systembegriff. Wissenssysteme und Erkenntnisprozesse konstituieren sich durch bleibende Gegensätze der handelnden Subjekte und erneuern sich permanent organisatorisch und strukturell. Anhand des dialogischen und hologrammatischen Prinzip sowie des Prinzips der Rekursivität vertieft der Systemphilosoph Edgar Morin dieses dynamische Verständnis der Informationsorganisation im Sinne einer dynamischen Ontologie (Morin 2010, 224; vgl. 1996, 1974). Philosophisch gleicht Wissen demnach nicht mehr einem geschlossenen System, sondern es geht vielmehr, so Hartmut von Sass, in epistemologischen Prozessen um einen „*kontextsensiblen Relationismus* (oder einfacher: *Kontextualismus*)" (2019, 15), der die Vielfalt der Perspektiven der handelnden Subjekte anerkennt und zugunsten einer umfangreichen Produktion und Organisation nutzt. Herausfordernd wird die Vielfalt von Perspektiven erst dann, wenn sie konfliktreich in Beziehung stehen. Schon Nietzsche hat sich für die „Exklusivität perspektivischen Sehens und Erkennens" eingesetzt (ebd.). Er wird neben Michel Foucault häufig als Vertreter einer bewussten Haltung des Perspektivismus gehandelt. Wissen und Erkenntnis versteht Nietzsche nicht als System, sondern sie drücken sich „als Gesichtsfeld von Menschen" aus (Geuss 2013, 27).

> Dieser Perspektivismus ist keine Spielart des Relativismus [...]. Der Perspektivismus ist die Auffassung, dass sich die Geschichte unserer Gegenwart unendlich rückläufig erstreckt, dass sich aber das uns mögliche geistige Erfassen dieser Vergangenheit schließlich auf dieselbe Weise verliert. (27f.)

Folglich erwächst für die Gesellschaft eine Bildungsverantwortung, die Ambiguitätstoleranz wechselseitig lehrt und lernt. Pluralitätskompetenz und Sensibilität erweitern sich aus meiner Sicht dabei, insofern als dass sie *primär* Grund und Ausgang von Lern- und Lehrgeschehen bilden und kolonialer moderne Entwicklung kritischen Widerstand leisten. „Die Ambiguität, die die moderne Mentalität so schwer erträglich findet und die zu vernichten moderne Institutionen sich Mühe gaben [...], erscheint von neuem als die einzige Kraft, die imstande ist, das destruktive, genozidale Potential der Moderne einzuschränken und zu entschärfen" (Baumann 2005, 90). Konkret bedeutet das, den Ausgang von Lern- und Lehrprozessen von prinzipieller methodischer Offenheit und Vielfalt (neu) zu bedenken. Es gibt kein neutrales universales Wissen, das eindeutig ist, sondern vielmehr finden Wissens- und Erkenntnisprozesse in wechselseitiger kontextueller Anerkennung von mehrdeutigen Lesarten, Deutungsansätzen und Narrativen statt. Diese Art der Anerkennung setzt die absolute Differenz voraus, die folglich jede Art von Wissen als situatives Wissen markiert, begrenzt und schützt. Dabei ist es aus meiner Sicht entscheidend, räumliche und zeitliche Prozesshaftigkeit und Veränderung in *glokaler* Differenziertheit kontinuierlich sichtbar zu machen. Primär konkretisiert sich dies aus meiner kritisch-europäischen Sicht darin, die Überlegenheit des *cogito* anhand von ästhetischen, sinnliche und emotionalen/affektiven, Wissenskonzepten zu erweitern. Morin befreit in dieser Hinsicht die komplexe, biologische und anthropologische Entwicklung der Menschheit aus den Klammern des traditionellen *cogito*, dem Prozess der Rationalisierung des Lebens, die er klar und deutlich von der wahren Rationalität, dem anderen *cogito*, unterscheidet (vgl. Meillassoux 2006, 75). Letztere weiß um ihre Grenzen und stellt sich selbst immer wieder infrage (vgl. Morin 1996, 236).

> Human nature is not a static constraint but a field of potentialities. It is shaped by, and has in turn shaped, cooperative and conflictual relationships that remain ambiguous, unstable and pregnant with opportunities for creative disorder. (Dobuzinskis 2004, 435)

Allein auf diese Weise besteht die Möglichkeit, jeden Einzelnen (Körper) als Subjekt und Quelle von Wissensproduktion anzuerkennen und insofern Ambiguität nicht nur wissens*theoretisch* zu erkennen, sondern vielmehr Raum zu öffnen, sie *praktisch* handlungsorientierend zu gestalten. Der Ursprung pluraler Perspektiven (einschließlich der Methoden) liegt im konkreten Standortwechsel: eine neue Perspektive auf den Wissensgegenstand (epistemisch), auf den Text (hermeneutisch) oder auf das Verhalten (ethisch) einzunehmen. Den Grund der Pluralität begründet Hartmut von Sass folglich damit, dass es stets darum gehe, dass „Jemand etwas als etwas durch etwas" verstehe (von Sass 2019, 18). Die Quelle der Pluralität verorte sich in dem „Jemand", indem jeweils die Ambiguität – die Mehrdeutigkeit – durch Prägungen, Präferenzen und Werte entstehe.

> Ein Phänomen kultureller Ambiguität liegt vor, wenn über einen längeren Zeitraum gleichzeitig zwei gegensätzliche oder zumindest zwei konkurrierende, deutlich voneinander abweichende Bedeutungen zugeordnet sind, wenn eine soziale Gruppe Normen und Sinnzuweisungen für einzelnen Lebensbereiche gleichzeitig aus gegensätzlichen oder stark voneinander abweichenden Diskursen bezieht oder wenn gleichzeitig innerhalb einer Gruppe unterschiedliche Deutungen eines Phänomens akzeptiert werden, wobei keine dieser Deutungen ausschließliche Geltung beanspruchen kann. (Bauer 2011, 27)

Entscheidend ist, dass gegensätzliche bzw. konkurrierende und abweichende Bedeutungen und Diskurse, zwischen und innerhalb von Gruppen, gleichzeitig existieren. Es handelt sich erst dann um (kulturelle) Ambiguität, wenn unterschiedliche Handlungsmöglichkeiten von einem „genügend großen Segment der Bevölkerung" über einen längeren Zeitraum akzeptiert werden (ebd.): Je länger der Zeitraum, desto höher die Ambiguitätstoleranz. Das Gegenteil trifft zu, wenn aufkommende Ambiguitäten schnell wieder beseitigt werden. Thomas Bauer differenziert zu Recht Toleranz von Ambiguitätstoleranz. Während sich Toleranz im ethischen Kontext verortet und der Eindeutigkeit „zwischen dem Eigenen und dem Anderen" verpflichtet wisse (29), ereigne sich Ambiguitätstoleranz im Zwischenraum, d. h. ihr Ausgangspunkt ist die Mehrdeutigkeit (!). Gesellschaftliche Entwicklung- und Bildungsfortschritte befreien sich sodann aus kolonial überholten Machtstrukturen und Denk- und Sprachmustern und lassen sich insbesondere am Grad der Ambiguitätstoleranz bzw. daran, wie Ambiguität verantwortungsbewusst in Lern- und Lehrprozessen Eingang findet, messen. Von struktureller wechselseitiger Anerkennung ambiger und andersartiger Wissensträger:innen ist erst dann im Kontext von Bildung die Rede, wenn sichtbar deutlich wird: Es gibt keine passiven Wissensobjektive, sondern ausschließlich Subjekte, die an situativen Wissensprozessen gleichermaßen produktiv partizipieren. Lern- und Lehrprozesse müssen infolge dessen darauf ausgerichtet und entsprechend gestaltet werden, dass komplexe Kontexte nicht nur theoretische Anhängsel bleiben, sondern *glokal* differenziert als curriculare Bereicherung von Bildungsplänen Sichtbarkeit erlangen. Das Phänomen der Globalisierung bzw. Glokalisierung führt infolge des offenen Systembegriffs, „der zugleich Multiplizität, Totalität, Diversität, Organisation und Komplexität ausdrückt" (Morin 2010, 152), unbestritten zu analoger wie digitaler Netzwerkbildung, zu dynamischen transplanetarischen prozesshaften Beziehungen. Notwendiger Umgang mit Pluralität steigt und entsprechend erfahren Pluralitäts- und Ambiguitätskompetenz existenzielle Bedeutung, damit gesellschaftliche Prozesse derart auf Mikro- und Makroebene funktionieren können und Leben trotz, zugleich zugunsten von Ambiguität/ Ambiguitätstoleranz möglich ist und es auch bleibt. Ambiguität, Ambiguität aushalten, ambige Räume gestalten, fordert und fördert Ambiguitätstoleranz. Darin begründet sich gegenwärtig eine, wenn nicht sogar die entscheidende Bildungsaufgabe, die eben auch in religiösen Lernprozessen verantwortet werden muss.

Der Umgang mit Faktizität des Perspektivischen findet, so von Sass, nicht im luftleeren Raum statt, sondern ist – wie er zu Recht betont – kontextualisiert. Folglich spricht er von einer „zeitdiagnostischen Perspektivierung" (2019, 23). Dabei sei es wichtig, Räume und Dimensionen jenseits kognitiver Betrachtung zu berücksichtigen. „[O]ftmals geht es nicht einfach um die kognitive (Un-)Möglichkeit, eine Perspektive, sondern darum, dass man darunter wohlmöglich leidet, einer bestimmten Perspektive verlustig zu gehen, die einem einmal wichtig gewesen war" (29). Die Überwindung fixierter binärer epistemischer Kategorien ist die Voraussetzung dafür, dass Wissen und Erkenntnis jenseits eindeutiger Ordnungsstrukturen und Kategorien ambiguitäts*tolerant*, kontextuell-/kultursensibel und relational sichtbare Gestalt annimmt. Das Streben nach Eindeutigkeit muss konsequenterweise dem Streben und der Anerkennung nach konstitutiver und produktiver Mehrdeutigkeit weichen. Dabei umfasst die *subjektive* Quelle der Objektivität, konstitutiver Bestandteil der feministischen Objektivität – d. h. des Engagements für eine bessere Darstellung der Welt (vgl. Grafik 1) – konstitutiv die ästhetische, sinnliche und emotionale, Handlungsdimension des Menschen. Umgesetzt wird situatives Wissen m. E. demnach nur dann, wenn Ambiguitätstoleranz nicht nur für Inhalt, sondern auch für die Form, oder besser gesagt, für den Aufbruch der eindeutigen Grenzen von Inhalt und Form, angewendet wird. Das Leid, die emotionale Dimension, die sich vor allem im Fall der Unvereinbarkeit von mehrdeutigen Phänomenen, zeigt, spielt dabei eine wichtige Rolle (vgl. 23).

Die epistemische Grenze, die Tatsache, dass es kein universales neutrales Wissen gibt, deren Anerkennung in Gestalt von Prozesshaftigkeit und Veränderungen unter Berücksichtigung von kontextuellem komplexen Beziehungsgefüge und emotionaler Betroffenheit, haben die epistemologischen Herausforderungen des hermeneutischen Geschehens sichtbarer werden lassen. Im Folgenden skizziere ich abschließend an jeweils ausgewählten Thesen der Ästhetischen und Globalen Religionspädagogik den Mehrwert kritischen situativen Wissens (in religiösen Lernprozessen).

3.2 Ästhetische und globale Religionspädagogik: kritische Diskussionsansätze

Im Folgenden führe ich ausgewählte Thesen aus den Bereichen der Ästhetischen und Globalen Religionspädagogik an. Dabei lote ich exemplarisch aus, inwiefern die interdisziplinäre hermeneutische Auseinandersetzung mit kritischem Denken und situativem Wissen einen konstruktiven Beitrag für (religiöse) Lernprozesse leistet.

> Ästhetisches Lernen muss sich der Kritik stellen, religiöses Lernen zu subjektivieren bzw. zu individualisieren. Dialogische Aushandlungsprozesse mit dem (christlichen) Kulturerbe können in einer heterogenen und fragmentierten Gesellschaft dazu beitragen, gemeinsame Vorstellungen für die Gestaltung des eigenen Lebens und des gesellschaftlichen Miteinanders zu entwerfen. (Burrichter/Gärtner 2023, 73)

Subjekte als Quelle wahrer Objektivität anzuerkennen impliziert zugleich die Anerkennung, dass es ausschließlich *Subjekte* sind, die an Lernprozessen teilhaben. Die in diesem Beitrag geleistete Vertiefung der Subjektivität, die die binäre Trennung von Geist und Materie überwindet, legt den Grundstein, der Gefahr der Überindividualisierung in ästhetischen Lernprozessen vorzubeugen. Indem die feministische Objektivität das Absolute bewahrt, dem einseitigen und eindeutigen Prozess der Individualisierung von Ordnungsstrukturen und Perspektiven widersteht, gelingt es Wissen/Wissensprozesse *dynamisch*, zugleich *normativ* zu verstehen.

> Ästhetisches Lernen im religiösen Kontext neigt dazu, Kunst und Kultur theologisch bzw. existenziell engzuführen und für das eigene religiöse Weltverständnis zu vereinnahmen. Das gilt in besonderer Weise im Umgang mit Artefakten anderer Religionen und Kulturen. Ein postkolonial geschärfter Blick erweist sich hier gleichermaßen als Störung wie als Ermöglichung reflektierter (inter-)religiöser Lernprozesse. (ebd.)

Gegenstände/Artefakte, die in ästhetischen Lernprozessen aus pädagogischem Interesse außerhalb ihres Entstehungskontextes genutzt werden, bewahren aus der Perspektive des Situierten Wissens ihre situative körperliche /materielle

Anbindung in und durch die Zeit, ohne sich dem konstruktiven pädagogischen Gebrauch in inter-/transkulturellen Lernräumen zu entziehen. Im Schutz der kulturellen Differenz/en, d. h. ihrer Subjektivität, können sie der Doppelaufgabe (Störung, Ermöglichung) gerecht werden und politisch dem Missbrauch kultureller Aneignung vorbeugen.

> Wenn sich mit der Welt auch die Religion verändert, kann Religionspädagogik nicht bleiben, wie sie ist. Daher muss sie sich analytisch, konzeptionell und didaktisch konsequenter auf die Globalisierung von Religion einstellen. [...] Theorien der Weltgesellschaft und der Globalisierung tragen dazu bei, die „glokalen" Signaturen des Religiösen in der heutigen Welt besser zu verstehen – und sind auch religionsdidaktisch anschlussfähig. (Simojoki 2023, 184)

Wissen ist ausschließlich kritisches Wissen. Wissen und Erkenntnis befinden sich im Wandel, sind folglich von provisorischer Natur. Lokal-kontextuell zu differenzieren, zugleich in relationaler Differenzbeziehung nimmt Wissen in einer globalen Welt transversal-globale zw. glokale prozessartige Gestalt an. Letzteres stellt im Sinne des Konzepts des Situierten Wissens keinen Nachteil dar, sondern ermöglicht im Sinne der feministischen Objektivität, jegliche gesellschaftlichen Bereiche politisch und ethisch angemessener ‚darzustellen'. Der Appell der globalen Religionspädagogik verstärkt sich anhand des Konzepts des Situierten Wissens, das sichtbar(er) werden lässt, dass auch Religion/religiöse Phänomene als Subjekte, d. h. produktive Wissensträger, von globalen Transformationsprozesse betroffen sind. Diese Art von Betroffenheit bedeutet religiöse Veränderung, die aber keinen säkularen Verfall vom ‚Objekt' Religion zur Folge hat, sondern vielmehr das kritische theologische Potenzial von Religion als Subjekt in gesellschaftskritischen Diskursen schärft.

> Globalisierungsdynamiken tangieren und transformieren Religion auf zwei Ebenen: Auf der einen Seite wirken sie sich auf – potenziell religiöse – Weltbilder, Sinnentwürfe und Identitätsformationen aus. Auf der anderen Seite formieren sich die systemischen (Welt-)Religionen immer mehr in einem globalen Referenzrahmen, auch in ihrem Verhältnis zu einander. (ebd.)

Situatives kritisches Wissen, die darin enthaltende Anerkennung von kultursensibler Perspektivenvielfalt – körperlich-relational lokal-glokal eingebettet –, begründet den Ansatz globaler Religionspädagogik. Die sich permanent erneuernde Räumlichkeit (Kontextualismus) – ästhetisch-körperlich verankert – ermöglicht, die glokalen komplexen Prozesse in Welt und Gesellschaft konstruktiv zu berücksichtigen. Dabei kommt die Referenzialität am Globalen-Glokalen nicht als Option in den Blick, sondern vielmehr als unausweichlicher Lernraum / Ort, der – jenseits binärer Ordnungsstrukturen – auch die emotionale Dimension des Ganzen / und seiner Teile nicht aus den Augen verliert.

> Religiöse Bildung hat an der allgemeinen Aufgabe Globalen Lernens teil, (junge) Menschen für ein selbstbestimmtes und solidarisches Leben in der Weltgesellschaft

vorzubereiten. Darüber hinaus nimmt sie spezifische Funktionen wahr, in Form von „telischer" (also auf menschheitliche Ziel-, Grenz- und Sinnfragen bezogener) Bildung im Horizont der globalisierten Welt, ökumenischer Bildung im Horizont des globalisierten Christentums und interreligiöser Bildung im Horizont globalisierter Religionen. (ebd.)

Das Anliegen der globalen Religionspädagogik konkretisiert sich in Gestalt der Ambiguitätstoleranz, der Anerkennung von Mehrdeutigkeit und Perspektivenvielfalt. In der vertiefenden Auseinandersetzung mit dem Ansatz des kritischen Wissens, konkret Haraways Ansatzes des Situierten Wissens, wird die Fähigkeit, Mehrdeutigkeit auszuhalten, insbesondere darin sichtbar, dass Lebensräume der *gemeinsamen* Gestaltung von kulturell-religiös komplexen Gesellschaften möglich werden.

Welche Theologie benötigt die (performative) Religionspädagogik? Überlegungen zum Verhältnis von Theologie und Religionspädagogik[3]

Einleitung

Ausgehend von der Klärung, was religiöse Bildung heute eigentlich leisten soll und welchen Herausforderungen sie sich stellen muss, erörtere ich erstens Paul Tillichs Verständnis der Beziehung Gott und Mensch (Korrelation). Unter Berücksichtigung des Alteritätsbegriffs bei Emmanuel Levinas' richte ich neben Tillichs ontologisch-philosophischem Gottesbegriff meine Aufmerksamkeit auf die Bedeutung von Körper- und Sinnlichkeit, mit der der Mensch seiner Geschöpflichkeit und somit seiner radikal-konstitutiven Abhängigkeit bewusst wird. Im Anschluss gehe ich auf die (performative) Religionspädagogik ein, die in besonderer Weise von der Wahrnehmung ausgeht und vertiefe ihr Anliegen entsprechend als Wahrnehmungswissenschaft. Abschließend bringe ich meine Überlegungen zusammen und skizziere „*die* Theologie", die als Bezugswissenschaft der Religionspädagogik gegenwärtig im Spannungsfeld von struktureller räumlicher Veränderung und der Aufwertung von Körper- und Sinnlichkeit Gestalt annimmt.

1 Religiöse Bildung und Religionspädagogik: Herausforderungen

Was macht religiöse Bildung im Kontext heutiger Gegenwartskultur aus? Was bedeutet religiöse Bildung eigentlich? Wie gestaltet sie sich? Bernd Schröder konstatiert aus evangelischer Perspektive: „Die Weitergabe des christlichen Glaubens ist unter den modernen Bedingungen der Pluralität, der Individualisierung in hohem Maße gestaltungs- und reform-, damit zugleich reflexions- und theoriebedürftig geworden" (Schröder 2012, 2). Schröder bringt konzentriert die vermeintlich großen Herausforderungen religiöser Bildung und damit die Schwierigkeit, die aufgeworfenen Fragen zu beantworten, mit Blick auf die Aufgabe der Religionspädagogik im 21. Jahrhundert zum Ausdruck. Es geht hier um die Plausibilität und Tragfähigkeit des christlichen Glaubens. Diese sogenannte „Umformungskrise"[4] fordert (religiöse) Bildung heraus. Wenn wir die

---

[3] Erstveröffentlichung in: Österreichisches Religionspädagogisches Forum, 31(2), 88–106. doi: 10.25364/10.31:2023.2.6.
[4] Seit Ernst Troeltsch (1865–1923) und Emanuel Hirsch (1888–1972) spricht man von der Umformungskrise; vgl. von Scheliha 2007.

religionspädagogische Aufgabe verstehen, religiöse Kompetenz auszubilden, geht es darum, (jungen) Menschen erstens religionskundliche Kenntnisse zu vermitteln (Sachkenntnis), zweitens ihnen Raum zu öffnen, die Kompetenz zu erwerben, Phänomene religiös zu deuten und drittens sozial fähig zu sein, an gemeinschaftlichen Ereignissen (z. B. religiösen Ritualen) zu partizipieren. Es geht um die Gestaltung, Begleitung und Förderung des Sachwissens, der Reflexionsfähigkeit und der sozial-religiösen Praxis (vgl. Gojny/Lenhard/Zimmermann 2022, 173f.). Vor dem Hintergrund des kulturell-gesellschaftlichen Wandels in der postsäkularen Gesellschaft sind folgende Implikationen für Wesen und Funktion religiöser Bildung zu berücksichtigen: Erstens verändert sich das „Wahrnehmungs- und Aufgabenspektrum" der Religionspädagogik. Der Besitz einer scheinbaren Eindeutigkeit religiöser Inhalte, Tradition und Symbolik weichen einer Mehrdeutigkeit und einer Vielgestalt des christlichen Glaubens, seiner Symbole und Ausdrucksformen, seiner Frömmigkeitsstile, seines Erlebens und Erfahrens (bzw. der Wahrnehmung derselben). Zweitens muss konstatiert werden, dass sich die Denkrichtung im religionspädagogischen Diskurs- und Handlungsfeld verändert. Die Überlegungen transzendieren den engeren Bereich der (traditionellen) Religionspädagogik[5] und zeigen ihre Wirkung im gesellschaftlichen Kontext. Primär ausgehend vom Individuum im Kontext seiner Lebenswirklichkeit (Sozialisation, gesellschaftliches Milieu) setzt der religionspädagogische Diskurs subjekttheoretisch an (vgl. Kunstmann 2017, 372). Drittens fordern die kulturellen Transformationsprozesse religiöse Bildung, insbesondere die Religionspädagogik, nicht (mehr) als Anwendungswissenschaft, sondern vielmehr in ihrem hermeneutischen Potenzial als ein komplexes Deutungsgeschehen heraus. Kontextualität wird zum Schlüsselbegriff der Hermeneutik. Die Herausforderung liegt darin, dass Menschen fähig werden, sich inmitten von Pluralitäts-, Alteritäts- und Fremdheitsphänomenen ethisch zu orientieren. Dabei geht es vor allem darum, sich im Angesicht konkurrierender Plausibilitätsstrukturen eigenständig im vielfältigen, zum Teil überfordernden (religiösen) Angebot von Glauben, Weltdeutung und Weltzugangsformen zu positionieren und zu Recht zu finden. Jenseits traditioneller Lernorte von Religion unter Berücksichtigung des öffentlichen politischen Raums[6] ist es Aufgabe religiöser Bildung, die Lebensführung des Einzelnen in der Gesellschaft, deren Suche nach tragfähigen Konzepten, Ausdrucksformen und Gestaltungsmustern des eigenen Glaubens zu unterstützen. Außerdem muss sich das Denken an der glokalen Ver-

---

[5] Vgl. Domsgen 2019 20. Aus der Darstellung der neuen Anforderungen von Religionspädagogik heute wird klar, dass die vermeintliche traditionelle Theorie auf den Säulen von Kirche, Theologie/reine Wissensvermittlung, Katechetik, Dogmatik/dogmatische Methode, religiöse Symbolik basierte.

[6] Traditionelle Lernorte: Familie, Gemeinde, Schule, Medien (Schröder 2012, 14). Für Viera Pirker ist das Christentum durch und durch politisch und zwar im Sinne von gemeinschaftsgestaltend in „Praxis individueller Umkehr". Dabei nimmt sie Bezug auf Hannah Arendts Verständnis von Politik (2020, 224).

quickung kultureller Kontaktzonen orientieren, zugleich lokales Handeln gefördert werden. „Es geht darum, global zu denken, lokal handeln zu können" (Schröder 2012, 7). Komplementäres Denken und Ambiguitätstoleranz, die Fähigkeit, Mehrdeutigkeit auszuhalten und in Beziehung zu setzen (vgl. Meyer-Blanck 2022, 172–183) fördern einen bewussten kommunikativen Umgang, insbesondere im Zeitalter der „Kultur der Digitalität" (Stalder/Beck 2021, 21), sprich der Ent-Ortung der Kommunikation. Es wird deutlich, dass die gegenwärtigen Anforderungen an religiöse Bildung zu konkreten religionspädagogischen Maßnahmen führen müssen. Zu Recht definiert Domsgen die Aufgabe der Religionspädagogik differenziert: „Religionspädagogik ist ein theoriegeleitetes Praxisfach, insofern sie als wissenschaftliche Reflexion auf eine herausfordernde Praxis Bezug nimmt (Wahrnehmung), sie interpretiert (Deutung) und mit dieser Theorie diese Praxis anleiten und verbessern will (Handlungsorientierung)" (Domsgen 2019, 21). Politisch ist sie insofern, als dass sie im kritisch-konstruktiven Sinne den Einzelnen ausbildet, für sich in der Gemeinschaft Verantwortung zu übernehmen. Dabei treten die Selbstermächtigung des Einzelnen und die Verbesserung der eigenen Lebenssituation im Bewusstsein gesellschaftlichen Zusammenlebens in eine untrennbare Beziehung. Zusammenfassend heißt es in den EKD-Impulsen Demokratie, Bildung und Religion: „Das Wesen religiöser Bildung beinhaltet also die Befähigung zur Selbstkritik und Selbstbegrenzung – aus dem Glauben an Gott, aus Gründen der Vernunft und gerade auch gegenüber der eigenen Wahrheitserkenntnis" (EKD 2020, 25). Die darin enthaltende „Perspektivengebundenheit [ist] nicht als Selbstzurücknahme misszuverstehen. Im Gegenteil: Demokratiebezogene Bildung in evangelischer Verantwortung zielt auf *reflektierte und artikulationsfähige Positionalität*. Solche Positionalität anzubahnen, ist eine Kernaufgabe religiöser Bildung", indem sie Raum für „demokratiebezogene Lernprozesse" eröffnet (29). Vor dem Hintergrund dieser Gebundenheit des Einzelnen erörtere ich im Folgenden zuerst Paul Tillichs Verständnis der Beziehung Gott und Mensch (Korrelation). In einem zweiten Schritt vertiefe ich seinen Gedanken anhand des Alteritätsverständnisses von Emmanuel Levinas.

2 Paul Tillich und Emmanuel Levinas

2.1 „Sein und Gott": Paul Tillichs Verständnis der Beziehung zwischen Gott und Mensch

Paul Tillich zufolge muss ein theologisches System „zwei grundsätzliche Bedürfnisse befriedigen: Es muß die Wahrheit der christlichen Botschaft aussprechen, und es muß diese Wahrheit für jede neue Generation neu denken" (Tillich ⁹2017, 7). Wahrheit versteht Tillich als „Wahrheit für ...", d. h. als die Art und Weise, wie der Mensch Gott als das, was uns unbedingt angeht empfängt. Die Art, wie

Gott sich dem Menschen offenbart, hat Einfluss auf dessen Verständnis von Wahrheit, insofern Einfluss auf den Wahrheitsbegriff. Tillich spricht von einer „wechselseitigen Abhängigkeit zwischen Gott-für-uns [Offenbarung] und wir-für-Gott" (65). Die „Einheit von Abhängigkeit und Unabhängigkeit zwischen existenziellen Fragen und theologischen Antworten" nennt er Korrelation. Es bestehe einerseits eine absolute Abhängigkeit zwischen Frage und Antwort, andererseits spreche die Theologin und der Theologe allein aus der existenziellen Betroffenheit heraus. Sie bzw. er könne nur aus ihrer bzw. seiner menschlichen Situation heraus antworten, was wiederum bedeute, dass die der Antwort vorlaufende Frage endlich (vor-)bestimmt sei (vgl. 64–70 zum Begriff der Korrelation). Ich konzentriere mich an dieser Stelle auf den ersten Band der Systematik und richte dort meine Aufmerksamkeit auf das *zweite* Spannungsverhältnis vom Sein und der Frage nach Gott. Letztere steht im direkten Zusammenhang mit Tillichs Schöpfer- bzw. Schöpfungsverständnis. Im *ersten* Spannungsverhältnis von Vernunft und Offenbarung (vgl. Tillich ⁹2017, 77–168, hier: 82, 137, 168) begründet Tillich zuvor die grundsätzliche Voraussetzung des menschlichen Lebens bzw. seiner Vernunft im Wort Gottes. Ausgehend von der Schrift und der Verkündigung verortet Tillich die Korrelation in dem Augenblick, in dem sie sich ereignet. Mit anderen Worten versteht er die Korrelation als eine sich situativ vollziehende ursprünglich-schöpferische Abhängigkeit. „Die vielen verschiedenen Bedeutungen des Ausdrucks ‚Wort' sind alle eins in der Bedeutung: ‚Gott ist offenbar' – offenbar in ihm selbst, in der Schöpfung, in der Offenbarungsgeschichte, in der letztgültigen Offenbarung, in der Bibel, in den Worten der Kirche und ihrer Glieder" (168). Im *zweiten* Spannungsverhältnis vom Sein und der Frage nach Gott[7], auf das ich mich hier konzentriere, versteht Tillich das Sein als das „unbedingt Mächtige" (Tillich 2008). Die Strukturen des Seins untersucht er zunächst aus philosophischer Perspektive (vgl. 2017, 171–241). Im Anschluss betrachtet er ontologische Kategorien „vom Gesichtspunkt ihrer theologischen Bedeutsamkeit aus" (194). Vierfach differenziert er das Verhältnis Gott und Welt: (1) Gott als Sein, (2) Gott als Lebendiger, (3) Gott als der Schaffende und (4) Gott in Beziehung. Aus dieser Differenzierung resultiert sein Gottesbegriff: Gott als „das, was uns unbedingt angeht". Gott ist für Tillich der Grund des Seins bzw. der Grund aller Seinsstrukturen: „Er ist diese Struktur" (244). Demzufolge sei die Wirklichkeit Gottes den Menschen nur symbolisch greifbar, obwohl oder gerade weil der Mensch getrennt von Gott an Gottes Schöpfung teilhabe. (vgl. 247). Das bedeutet: Die Trennung von Gott ist für Tillich die Vorsetzung für den menschlichen Zugang zu Gott. Allein in dieser Trennung erfährt der Mensch Gott als lebendig. Schöpfung versteht Tillich insofern als eine „grundlegende Aussage über die Beziehung zwischen Gott und der Welt. Sie ist das Korrelat zur Analyse der Endlichkeit des Menschen" (vgl. 257f.). Sie „beschreibt kein einmaliges Ereignis", sondern „deutet auf die Situation der Geschöpflichkeit und ihr Korrelat,

---

[7] Vgl. Tillich ⁹2017, 171–300, hier besonders: 257–300.

das göttliche Schaffen" (258). Tillich spricht in diesem Zusammenhang von der Schöpfung als ursprüngliches Schaffen, als erhaltendes Schaffen und als lenkendes Schaffen Gottes entsprechend der drei Zeitmodi. Die Analogie zum trinitarischen Verständnis wird an dieser Stelle sichtbar.

Im Kontext des ursprünglichen Schaffens (in der Vergangenheit) versteht Tillich die *creatio ex nihilo* als Aussage über die Beziehung zwischen Gott und der Welt. Diese Aussage drücke die negative Abhängigkeit (Inkarnation), zugleich die positive Teilnahme des Menschen am schöpferischen Sein (Eschatologie) aus. Gott trage die anthropologische Unterscheidung von Essenz und Existenz: Gott ist dieser Unterscheidung vorläufig. Der Mensch habe sich von seinem Grund gelöst, um seine endliche (kreatürliche) Freiheit zu gestalten.[8] Insofern heiße „Geschöpf sein [...] beides: wurzeln im schöpferischen Grund des göttlichen Lebens und sich selbst verwirklichen in Freiheit" (261). Analog zu dieser Zerrissenheit bzw. Zweideutigkeit des Menschen spricht Tillich von der Zeit vor der Schöpfung, die Anteil an allem Geschaffenen hat, zugleich von der Schöpfung in bzw. mit der Zeit, die sich getrennt vom göttlichen Grund menschlich ereigne (vgl. 263). In diesem schöpferischen Spannungsfeld zwischen göttlichem Grund und endlicher Kreatürlichkeit versteht Tillich den Menschen als Ebenbild Gottes. Allein im Menschen seien die Strukturelemente Gottes auf menschlich zweideutige Weise vorhanden (vgl. 265). Die menschliche Teilnahme am Rest der Natur müsse vor dem Hintergrund dieser wesenhaften Zweideutigkeit des Menschen bedacht und erörtert werden. Es geht Tillich dabei aus meiner Sicht insbesondere um die gegenseitige Partizipation, die in einem immerwährenden Kampf zwischen Natur, Mensch und Mitmensch sichtbar wird. (vgl. 267, 526–529)

Der Mensch vollzieht sich demnach unaufhörlich inmitten seiner Zweideutigkeit. Tillich spricht von Aktualisierung und setzt dabei das menschliche Leben in Beziehung zum *erhaltenden Schaffen Gottes* (in der Gegenwart): Zwischen endlicher Freiheit (der Angst vor dem Nichtsein) und göttlichem Seins-Grund (Teilnahme am Mut) erhalte sich die Welt. Im (menschlichen) Glauben an die tragende Wirklichkeitsstruktur – den tragenden Daseinsgrund Gottes – erkennt Tillich Gottes Schaffen. In diesem Korrelationsgeschehen von Gott (Grund) und Mensch (Glaube) deutet Tillich die Bedeutung des Transzendenten, des schöpferischen (verborgenen) Wirkens Gottes. Es widerfahre den Menschen (im Glauben) inmitten ihrer existenziellen Verstrickungen. Das Symbol des erhaltenden Schaffens Gottes drückt an dieser Stelle die qualitative, dynamische Korrelation zwischen Gott und Mensch aus. „Der Sinn der Raumsymbole für die göttliche

---

[8] Vgl. Tillich ⁹2017 319–472, hier: 339–343. Für Tillich koinzidieren Schöpfung und Fall [...], insofern, dass es keinen Moment in Raum und Zeit gibt, an dem das Potentielle der ursprünglichen Schöpfung als solches aktuell wird. [...] Verwirklichte Schöpfung und entfremdete Existenz sind materialiter identisch. [...] Die Schöpfung ist gut, aber sie ist reine Potentialität" (343).

Transzendenz ist die Möglichkeit des Widerspruchs und der Versöhnung zwischen unendlicher und endlicher Freiheit" (269).

Anhand des (zukunftsorientierten) *lenkenden Schaffen Gottes* betont Tillich im Spannungsfeld zwischen endlicher Freiheit und göttlichem Schicksal das beständige Handeln Gottes, das den Menschen nicht einschränke, sondern vielmehr „unter den Bedingungen individueller, sozialer und universaler Existenz, durch Endlichkeit, Nichtsein und Angst" begleite (272). Im Glauben an diese Vorsehung wende sich der Mensch in innerer Hingabe im Gebet an Gott (vgl. 273). Tillich warnt in diesem Zusammenhang vor einem radikalen Vorsehungsglauben, der utopisch und insbesondere in Hinblick auf die Theodizee-Frage problematisch sei. Eine konkrete Unterscheidung „in erfüllte und nichterfüllte einzelne oder in Objekte der Prädestination entweder zum Heil oder zur Verdammnis" sei theologisch unmöglich und widerspreche „der letzten Einheit von Individuation und Partizipation im schöpferischen Grund des göttlichen Lebens" (276).

Festzuhalten ist: Wahrnehmen – Deuten – Handeln – die dreifach differenzierte Aufgabe der Religionspädagogik kann anhand Tillichs Korrelationsansatz theologisch begründet werden. Tillich ermöglicht ein Denken des Verhältnisses zwischen existenziellen Fragen und theologischen Antworten, das die Schöpfung als dynamischen Gesamtzusammenhang zwischen Gott, Mensch und Natur kontinuierlich neu verstehen lernt. Als Ebenbild Gottes lebt der Mensch trotz bzw. gerade mitten in seiner existenziellen Zerrissenheit und erkennt im Glauben Gottes Wirken. Der anthropologische Ausgangspunkt ermöglicht überhaupt (erst) theologisch zu reden, denn allein in der konfliktreichen Beziehung zu Gott ist/wird der Mensch fähig Gottes Schöpfung wahrzunehmen. Hier knüpft die religionspädagogische Aufgabe an. Es geht darum, dem Akt der Wahrnehmung vermehrt Aufmerksamkeit zu schenken, um zu „lernen" Gottes Wirken inmitten der eigenen Zerrissenheit zu deuten.

Tillichs Gottesbegriff als das, was den Menschen unbedingt angeht, spricht von Gott aus existenzieller Perspektive des endlichen Daseins und setzt ihn/sie strukturell-ontologisch als Sein der Schöpfung voraus. Damit wird die geschöpfliche Trennung zwischen Gott und Mensch zur Bedingung, die der Mensch nur symbolhaft „überwinden" kann. Hier deutet sich schon der aus meiner Sicht wesentliche Zusammenhang von Theologie und Religionspädagogik, der in der Sichtbarmachung Gestalt annimmt. Ursprüngliches und erhaltendes Schaffen Gottes wahrzunehmen und zu deuten vollendet sich theologisch (utopisch) immer wieder im Glauben, der den Menschen ermöglicht, das lenkende Schaffen Gottes zu erkennen. Im Folgenden gehe ich auf Emmanuel Levinas' philosophischen Ansatz der radikalen Alterität ein, um die (ethische) Dimension von Körper- und Sinnlichkeit (Geschöpflichkeit) theologisch sichtbar zu machen.

2.2 Emmanuel Levinas' Begriff der Alterität

Emmanuel Levinas zufolge hat das traditionelle Bild des fähigen, aufgeklärten Menschen seine Überzeugungskraft verloren. Nach der Shoah sucht Levinas danach, das Wesen des Menschen neu zu bestimmen (vgl. WGDE 65). Damit distanziert er sich von philosophischen Denkern wie zum Beispiel Ernst Cassirer, der dem Neukantianismus verbunden ist sowie Martin Heidegger, der das Dasein fundamentalontologisch denkt. Levinas diagnostiziert scharf, dass der Mensch auf der Suche nach sich selbst immer wieder Gefahr laufe, den Anderen zu vernichten. In Gestalt totalitärer Systeme und Strukturen neige er dazu, sich als Mensch zu entfremden und dabei das Menschliche aufzulösen (vgl. TU 57). Levinas spricht von einer „ontologische[n] Aufblähung, die auf den Anderen lastet bis zur Vernichtung, ontologische Aufblähung, die eine hierarchische Gesellschaft errichtet, sich über die Bedürfnisse des Konsums hinaus aufrechterhält und die keine religiöse Inspiration egalitär machen konnte" (HdM 102, Anm. 9). Dieser ontologischen Denkstruktur setzt Levinas das Denken ausgehend vom Anderen entgegen. Es geht ihm dabei um die ethische Verantwortung für den Anderen, die sich in der Erkenntnis der eigenen Verwundbar- und Sterblichkeit entwickele und begründe (vgl. JdS 171). In der von ihm ethisch gedeuteten Dimension des biologischen Körpers, der die konstitutive menschliche Abhängigkeit sichtbar macht, begründet sich der unausweichliche Umgang mit Anderen. Erst in dieser Beziehung konstituiert sich der Mensch menschlich und wird fähig moralisch zu handeln. Die Erkenntnis körperlicher Verletzlich- und Sterblichkeit führt dazu, der ethischen Verantwortung für den Anderen fähig zu werden, die ihrerseits zur Veränderung der Identität beiträgt. In der Begegnung mit dem Anderen, am Ort des Antlitzes, so Levinas, konstituiere sich das Subjekt.[9] Die Menschlichkeit des Menschen ereignet sich entsprechend darin, dass er Verantwortung für den Anderen, der er sich nicht entziehen kann, übernehme. Das Antlitz ist demzufolge der Augenblick, in dem der Mensch sich passiv infrage stellen lässt, besser gesagt lassen muss, der ihn von seiner Gleichgültigkeit zum Menschsein befreit (vgl. SpA 224). Entscheidend ist, dass der Mensch in der Übernahme dieser Verantwortung der Gefahr, sich vom eigenen menschlichen Selbst zu entfremden, vorbeugt. Hegelianisch ausgedrückt: In diesem Augenblick hebt sich die Entfremdung auf, die grundsätzliche Gefahr jedoch, dass der Mensch sein Menschsein verliere, bleibt bestehen. Indem der Mensch außerhalb des ihm Vertrauten und Selbstverständlichen tritt, wird sein Selbst infrage ge-

---

[9] Die Frage, ob die Alterität sich auf Gott /oder den Menschen beziehe, wird von Levinas verschieden beantwortet. Zur Zeit seines Frühwerks zeigt sich, dass „das treffen auf ein Antlitz [...] bereits die Begegnung mit dem transzendenten" sei. Für Levinas öffnet sich hier in der Begegnung mit dem anderen Menschen der Zugang zum Göttlichen (vgl. TU 108). In späteren Schriften arbeitet er einen Unterschied zwischen der Alterität Gottes und der des Menschen heraus.

stellt. Das Eigene zu verlassen und Verantwortung für den Anderen zu übernehmen, ist Levinas zufolge von einem Gefühl der Unruhe, der Irritation, begleitet, der man nicht ausweichen könne. Bedeutend wird diese darin, dass sie den Menschen in gewisser Form aus seinem isolierten System erweckt, ihn zu Neuem inspiriert. In dieser Erfahrung konstituiert sich für Levinas der genuine ethische Sinn des (geschöpflichen) Menschseins. Der Mensch nehme die Optik der Ethik ein. Entscheidend ist, dass der freie Mensch erst in dem Augenblick, in dem er die Unruhe wahrnimmt und verantwortet, geboren wird. Er ist dem Anderen unterworfen. Erst indem er Verantwortung übernimmt, kann der Mensch im Sinne Levinas' wahrer Mensch sein. In Analogie zur biologischen Geburt wird der Mensch im Vollzug seiner ethischen Verantwortung vom Anderen zum Leben hervorgebracht (vgl. TU 400). Es ist die Dimension der Leiblich- und der Verwundbarkeit, die Levinas zufolge die Bedingung für eine neue Humanität ist (vgl. JdS 133f.). Erst die Endlichkeit, der „Tod als Alterität par excellence", ermöglicht, Abhängigkeit und Verwundbarkeit als Potenzial ethischer Unausweichlichkeit zu denken (TU 73.82). Dieses konstitutive Abhängigkeitsverhältnis des Menschen vom Endlichen fordert den Übergang vom ontologischen zum ethischen Denken. Es ist der identitäre Verlust des Menschen, den Levinas vor dem Hintergrund der Shoah herausarbeitet, und der danach verlangt, Identität primär ethisch anstatt ontologisch zu denken. Dabei ist er stets der Gefahr ausgesetzt, sich zu polarisieren und sich in der totalitären Ordnung zu verlieren. Die menschliche Suche nach dem Sinn des Lebens beginnt am Ort des Anderen. Der Sinn, der dabei entsteht, ist nicht intentional (250f.). Er entsteht immer wieder aufs Neue und kann demnach ausgehend von keinem System deduziert werden. Hingegen entsteht er am Ort der radikalen Passivität im Augenblick des Mitleidens. Entscheidend ist: Levinas denkt Humanismus im Spannungsfeld von zwei Ordnungen. Der Totalität, die das Verbrechen an der Menschheit besiegelt, und der Unendlichkeit, dem ‚Raum', den er außerhalb von System, Struktur und Intentionalität als unausweichliche Unterbrechung des Seins – als Einfall der Exteriorität ins Diesseits – versteht (vgl. 427). Es geht um einen Raum, der von Alterität und Komplexität geprägt ist. Hörbar wird dieser Raum im sogenannten Sagen, der Stimme vom Unendlichen, die von außen ins Sein einbricht. Sinnlich kann sie empfangen werden, allerdings erschwert dadurch, weil sie in der gegebenen Struktur des Gesagten immer wieder droht, unsichtbar und stumm zu bleiben und vom Menschen überhört zu werden (vgl. HdM 95). Daher beschreibt Levinas das Menschsein im Kampf, den der Einzelne nicht wählt, sondern der ihn erwählt, und den er unausweichlich, ohne fliehen zu können, für das Menschsein zu kämpfen hat. Das menschliche Dasein ist von Brüchen und Rissen, Verbrechen bis hin zur Vernichtung, markiert, die es eben nicht im Rückzug ins System, sondern im Glauben an die körperliche, biologische und von Levinas ethisch interpretierte Abhängigkeit, d. h. an die „Transzendenz in der Immanenz" für das Menschsein zu verantworten gilt (SpA 131).

Festzuhalten ist: Wahrnehmen – Deuten – Handeln – die dreifach differenzierte Aufgabe der Religionspädagogik kann ausgehend von Tillichs Korrelationsansatz und anhand Levinas' Verständnis der radikalen Alterität konkretisiert werden. In radikaler geschöpflicher Passivität erfährt der Mensch seine wahre, menschliche Bestimmung. Am Ort seiner ursprünglich-körperlichen Abhängigkeit empfängt er die ethische Verantwortung für den Anderen. Jenseits des Vertrauten und Selbstverständlichen fordert Levinas' Ansatz die Religionspädagogik heraus, den Akt der Wahrnehmung ästhetisch zu schärfen. Dabei geht es darum das Unsichtbare, das sich unserer Wahrnehmung vermeintlich entzieht, wahrzunehmen und den Akt der Wahrnehmung aus intentionaler Kausalitätszusammenhang zu befreien. Religionspädagogisch öffnet sich der Glaube im Raum der Wahrnehmung und ermöglicht über Tillichs Korrelationsansatz hinaus, innen und außen Grenzen zu überwinden. Vereinfacht gesagt: Alle Lebensräume können zu Orten (neuer) religiöser Erkenntnis werden. Gabe (Theologie) und Aufgabe (Religionspädagogik) erscheinen untrennbar.

Im Kontext von Wahrnehmung und – jenseits ontologischer Struktur – führt die Gewissheit über die eigenen Geschöpflichkeit zur tiefen Erkenntnis, dass das (wahre) menschliche Leben sich in der Beziehung der Menschen zu ihren Mitmenschen und zur Umwelt vollzieht. Die Bedeutung dieser geschöpflichen Abhängigkeit kann im Sinne Levinas' vom Menschen nur sinnlich wahrgenommen bzw. empfunden werden. Religionspädagogik erfährt hier die Aufgabe, ästhetische Räume sinnlich-körperlicher Erfahrung zu ermöglichen, zugleich Angebote der Deutung und des Handelns zu öffnen. Geschöpflichkeit, Abhängigkeit, Körperlichkeit und Sinnlichkeit bedeuten Levinas zufolge an und für sich und ebnen einen Zugang zum Unendlichen, lassen (auf) seine Stimme hören. Diese Erfahrung setze den Menschen in Bewegung, und zwar nicht primär einer eigenen Entscheidung geschuldet, sondern ausgehend von einem Ort außerhalb – sprich theologisch-ethisch – öffnet sich Wahrnehmungs-, Deutungs- und Handlungsspielraum: ein Leben in ethischer Verantwortung.

Im Folgenden gehe ich auf die (performative) Religionspädagogik, die in besonderer Weise von der Wahrnehmung ausgeht und vertiefe ihr Anliegen entsprechend als Wahrnehmungswissenschaft. Im Anschluss skizziere ich auf der Grundlage meiner bisherigen Überlegungen *eine* Theologie des Wahrnehmens, die als Bezugswissenschaft der Religionspädagogik Gestalt annimmt, indem sie den Glauben *konstitutiv* als Akt des Wahrnehmens sichtbar macht.

3 Performative Religionspädagogik

Claudia Gärtner definiert unter Berücksichtigung der Entwicklung des Faches Religionspädagogik von einer „politisch- und handlungs- zu einer wahrnehmungs- und ästhetisch-orientierten religionspädagogischen wie auch praktisch-theologischen Hermeneutik" die performative Religionsdidaktik wie folgt. Religion erschließe sich nicht in der Rede über sie, sondern in der „Beschäftigung mit religiösen Erfahrungen und ihren Deutungsmustern. Und diese sind oftmals ästhetisch, und teils auch leiblich-körperlich geprägt" (2020, 504; vgl. auch Heger 2017, 313f., insb. Anm. 154). Unter Berücksichtigung der gegenwärtigen Forschungs- und Diskussionslage ist im Sinne von Florian Dinger besser von einer Vielfalt von performativen Ansätzen auszugehen (vgl. 2018, 10). Dingers Studie zeigt deutlich, dass die Vielfalt des Verständnisses des Performativen nicht zulässt, von *einer* performativen Didaktik zu sprechen. Die etymologische Problematik konstituiere sich bereits in der Übersetzung des deutschen Begriffs der Performanz. Einerseits mit dem englischen Ausdruck *performance*, andererseits mit dem deutschen der *Performativität* übersetzt, bedeuten sie je unterschiedliches. Während *performance* – das didaktische Arrangement bzw. die Inszenierung im Sinne eines Theaterstücks – auf Vollzug und Aktion ausgerichtet sei, drücke *Performativität* die Kraft und die Resonanz des (stillen) Handelns aus (vgl. Zilleßen 2008, 34; Dinger 2018, 84). Dabei geht es um die Wirkung dessen, was sich unverfügbar, entsprechend unplanbar im performativen Geschehen vollziehe. Didaktisch handelt es von der Förderung des Wissens, zugleich davon, den Umgang mit Nichtwissen zu begleiten (vgl. Zilleßen 2008, 32). Die Dimension von Wirkung und Resonanz verdeutlicht sich in sprachphilosophischen Diskursen. Mittels der Differenzierung in lokutionäre, illokutionäre und perlokutionäre Sprechakte versucht John L. Austin zu verdeutlichen, dass der Gebrauch von Sprache, die Kommunikation, die Bedeutung von Aussagen und deren Inhalt weitreichend verändere. Die Aussage „Morgen komme ich" kann als ein rein lokutionärer Akt aufgefasst werden, d. h. als reine Aussage. Unter Berücksichtigung des situativen Gebrauchs bekommt sie den Anschein einer Warnung, eines Versprechens oder sogar einer Drohung. Es könne vermutet werden, dass jemand überzeugt werden solle, in ihm Erwartungen geweckt oder sogar Angst gesät werde. Dieser illokutionäre Akt endet Austin zufolge (erst) im Vollzug. Von diesem unterscheidet er noch einen Dritten, den perlokutionären Akt. Er vollende sich (erst) im Wirkungsbereich des Anderen.[10] Dinger erwähnt neben dem sprachwissenschaftlichen Diskurs die theaterwissenschaftlichen und kulturwissenschaftlichen Diskurse, die das Verständnis der Performanz im religionspädagogischen Kontext jeweils unterschiedlich prägen.[11] Alle drei leisten einen Beitrag für die Religionspädagogik, indem sie aus unterschiedlicher Perspektive das Unverfügbare in den Blick nehmen. Aus der Perspektive des subjektorientierten religionspädagogischen Ansatzes deute ich diese unverfügbare Abhängigkeit (Leerstelle) räumlich-sozialethisch. Zeitlich – Joachim Kunstmann spricht von der Tradition – geht es um den Resonanzraum, der deutlich macht, dass das Wahrnehmungs- und Deutungsgeschehen religiösen Lernens nicht isoliert stattfindet, sondern abhängig von Vorherigem und Vergangenem (theologisch auch

---

[10] Vgl. Austin 1986, 126–136; vgl. Bezug zum performativen RU Dressler 2015.
[11] Vgl. Dinger 2018, 23. An dieser Stelle kann ich nicht weiter darauf eingehen.

Zukünftigem) anknüpft (vgl. Kunstmann 2017, 376). Letzteres drückt die eschatologische Dimension der Hoffnung aus, die die Leerstelle/Grenze theologischen und religionspädagogischen Handelns bewahrt (lenkendes Handeln Gottes). Im Folgenden versuche ich die konfliktreiche Komplexität des performativen Ansatzes ausgehend von der Perspektive der „Religionspädagogik als Wahrnehmungswissenschaft" (Heger 2017, 287) in Kürze zu verdeutlichen, um sie im Anschluss theologisch zu reflektieren.

3.1 Komplexität der Wahrnehmung

Der Übergang der Religionspädagogik von einer handlungs- zu einer wahrnehmungsorientierten Religionspädagogik (s. o.) birgt die Gefahr einer funktionalistischen Engführung (vgl. Heger 2017, 314). Um dieser Gefahr vorzubeugen ist es entscheidend, das Wahrnehmungsgeschehen als eine „synthetische Leistung" vom Seh- und Interpretationsakt zu verstehen (vgl. 316). Es geht darum, die leiblich-situierte Bedingtheit vom Akt der Wahrnehmung mit der hermeneutischen Dimension von Sinn/Sinngebung als „dynamisches Kontinuum" (vgl. Heimbrock 2004, 73–76) zu denken. Folglich drückt die Wahrnehmung einen komplexen ästhetischen Prozess aus, der die Dimension von Urteilen und Handeln umfasst und damit die eigenen Positionalität kritisch wahrnimmt, die wiederum erst die eigenen Erfahrungen von Welt, Umwelt und Mitmensch ermöglicht. M. a. W. ist die Selbstwahrnehmung im lebensweltlichen Kontext Voraussetzung für die eigenen Erfahrungen und Erkenntnisse. Im Bewusstsein der eigenen Fragilität sensibilisiert Religionspädagogik dazu, neu und anders wahrzunehmen und ermöglicht Denk- und Systemstrukturen zu unterlaufen. Dabei ist der Gebrauch der eigenen Sinne relevant, denn die Sinne ermöglichen es, „die Leibbezogenheit allen Wahrnehmens" zu erkennen und darin die Bedeutung von Raum und Körper (Heger 2017, 318). Ontologisch-gesetzten (Denk-)Systemen wird emanzipatorischer Widerstand geleistet, Körper und Sinne ermöglichen nicht nur mehr zu sehen, sondern Kritik an Gegebenem zu üben, innezuhalten und Perspektiven zu wechseln (vgl. 335f.).[12] Es handelt sich demnach bei der Wahrnehmung um einen dauerhaften Prozess (vgl. 319). Mit dieser Ausrichtung auf die Eingebundenheit des Einzelnen in seiner Lebenswelt gewinnt diese als Ort theologischer Erkenntnis (loci theologicus) an Bedeutung (vgl. 351). Insbesondere in der „Ausrichtung auf die Zukunft, auf Gott hin" ermöglicht die wahrnehmungswissenschaftliche Perspektive die „entscheidende Grenze religionspädagogischer Forschung", d. h. den Verweis auf die Unverfügbarkeit des Subjekts und seiner

---

[12] Antje Roggenkamp spricht von der „Verlangsamung des interpretativen Zugriffs" (2003, 45; theologische Überlegungen wie die von Hartmut von Sass über den Perspektivismus (2019) könnten hier zur theologischen Fundierung der Multiperspektivität – die mit dem Fokus auf die Lebenswirklichkeit per se gegeben ist – führen.

Erkenntnis (ebd.). Diese Grenze muss theologisch legitimiert und fundiert sein, um einer weiteren Gefahr, Religionspädagogik auf analytisches kulturwissenschaftliches Denken zu reduzieren, vorzubeugen (vgl. 354). Ebenso muss die Religionspädagogik als Wahrnehmungswissenschaft theologisch fähig sein, das Wahrgenommene in Beziehung zum christlichen Glauben, zu Kirche und Tradition, raumzeitlich zu analysieren (korrelativer Tradition) (vgl. 355). Letzteres sichert die normative Dimension der Religionspädagogik, die kulturelles Handeln und Gestalten (erst) orientiert. Unter diesen Bedingungen wird die „Welt und das menschliche Leben theologisch konsequent als theologierelevanter Erfahrungsraum (Gottes)" gedacht, die qualitative Differenz von Gott und Mensch theologisch anerkannt, gestaltet und damit dem Anspruch „korrelativen Denkens" theologisch entsprochen (329). Festzuhalten ist, dass Religionspädagogik als Wahrnehmungswissenschaft nicht bei den ästhetischen und performativen Herausforderungen der kulturwissenschaftliche Wende (performative turn) für die Erziehungswissenschaft stehen bleiben kann, sondern ihr Ertrag theologisch darüber hinausgeht bzw. hinausgehen muss, will sie denn ihrer Aufgabe normative Orientierung zu bieten nachkommen.

3.2 Theologie als Bezugswissenschaft der (performativen) Religionspädagogik

Unter Berücksichtigung der Spielarten performativer Didaktik, der semiotischen, gestaltpädagogischen und poststrukturalistischen Ausrichtung, zeigt sich, dass insbesondere der gestaltungpädagogische Ansatz von Silke Leonhard (2006) sowie der poststrukturalistische von Dietrich Zilleßen (2008) in diesem Zusammenhang relevant sind. Dies begründet sich einerseits in der körperlichen Dimension, die Leonhard als religiösen Lernort stark macht, andererseits in der philosophisch und theologisch begründeten Suche nach dem Unverfügbaren im Sinne Zilleßens. Kurz: Der unverfügbare Raum der Transzendenz und die geschöpfliche Dimension der (körperlichen) Abhängigkeit bzw. sinnlichen Empfänglichkeit des Menschen ebnen aus meiner Sicht den entscheidenden Grundriss, auf dem eine Theologie der Wahrnehmung als die theologische Bezugswissenschaft der Religionspädagogik sichtbar wird. Im Spannungsfeld von dem, was uns unbedingt angeht (Tillich) und der menschlichen Zerrissenheit muss der Mensch lernen, seine Lebenswirklichkeit körperlich-sinnlich wahrzunehmen, das Wahrgenommene als Ort theologischer Erkenntnis anzuerkennen und zu deuten. Entscheidend dabei ist es, dass der Wahrnehmungsprozess selbst nicht als vom fähigen Subjekt (ontologisch gesichert) initiierter gedacht wird, sondern vielmehr als Gabe (Theologie) und Aufgabe (Religionspädagogik) der radikalen Alterität (Gottes). Dieser Spannung ist der Mensch im Sinne Levinas im Schöpfungsgeschehen ausgeliefert. Gott als ontologisch-gesetzte Raumgrenze unserer Existenz impliziert die konstitutiv qualitative Differenz zwischen Schöpfer und

Geschöpf. Differenz- bzw. alteritätssensibel kann der Mensch diese Trennung nur sinnlich am eigenen Körper im Glauben empfangen und wahrnehmen, auf diese Weise Erkenntnis über sich und andere erfahren und allein dadurch menschlich – an dem von Gott eingeräumten Ort der Beziehung – ethisch leben. Die Grenze wird als Lebensraum, den es zu gestalten gilt, erfahren. Die ontologisch-philosophisch gedachte Schöpfungsordnung (Tillich) hole ich im Sinne Levinas ethisch-transzendent ein, indem ich alteritätssensibel das von Gott Gegebene (Unverfügbare) bedingungslos theologisch und sozialethisch anerkenne. Zilleßen spricht theologisch zu Recht mit Blick auf den performativen Religionsunterricht von einem messianischen Projekt: „Eine Verheißung, Sprache für alle, in der jeder als Person angesprochen, d. h. unabhängig von dem Gesagten bejaht wird. Innerhalb der Konvention lassen sich Handlungsspielräume gewinnen – durch das performative Ereignis des Anderen" (2008, 36). Den theologisch legitimierten dynamischen Raum der Beziehung ausgehend vom Anderen, das Sagen, gilt es demnach aus meiner Sicht religionspädagogisch im Kontext der gegebenen Strukturen (des Gesagten) immer wieder wahrzunehmen, zu deuten und entsprechend zu gestalten. Zilleßen spricht von einer inneren Transformation als Folge des (stillen) Handelns, d. h. der Wirkung der performativen Kraft (s. o.). Darin begründet sich aus meiner Sicht theologisch die politische Dimension religiöser Bildung, die poststrukturalistisch kritisch sich für „das Recht auf gewaltfreie religiöse Bildung" einsetzt, gegebenen Strukturen hinterfragt und für Alternativen sensibilisiert (Pirker 2020, 228). Lern-Räume zu schaffen, die ermöglichen, die Verbindung struktureller und individueller gesellschaftlicher Veränderung wahrzunehmen, begründet sich theologisch darin, sich mit *allen* Sinnen – anstatt nur mit der ratio – auf die von Gott geschaffenen Beziehungs-Räume (passiv) einzulassen. ‚Gott ist das, was uns unbedingt angeht, und nicht nur das, was wir mit der *ratio* meinen zu erkennen und artikulieren können. Die von Gott geschaffenen Zwischenräume, die sich als Vielfalt unserer individuellen Lebensräume in qualitativ geschöpflicher Differenz zum Schöpfer immer wieder neu konstituieren, wahren die Leerstelle des menschlich Unverfügbaren. Allein körperlich-sinnlich, d. h. präkognitiv, ist der Mensch fähig, trotz, bzw. gerade wegen seiner Zerrissenheit, den komplexen Raum Gottes (fragmentarisch) wahrzunehmen, anstatt Gott primär kognitiv zu thematisieren (zu verdinglichen), ihn raumlos zu machen und nur *über* ihn zu reden. Zugleich fordert der körperlich erfahrbare Raum kontinuierlich nach Anschluss- und Deutungsmöglichkeiten christlicher Tradition (zeitlich) und Gegenwartskultur (räumlich) zu suchen. Konkret bedeutet das, dass Theologie geschöpfliches Leben als Leben im dynamischen Grenzraum denken muss, der menschliches Leben in Beziehung erst ermöglicht, zugleich unter Berücksichtigung der Körperlichkeit begrenzend schützt. Vom Menschen gesetzte Grenzen, nicht mehr tragbare Dichotomien, Konstrukte, die sich diesem geschöpflichen Raum entziehen, werden im Bewusstsein der allen menschlichen Geschöpfen gemeinsamen Abhängigkeit bzw. ethischen Verantwortung kontinuierlich hinterfragt, überwunden und/oder verschoben. Dabei geht es darum, theologisch die radikale Alterität Gottes anzuerkennen und religionspädagogisch – im Bewusstsein des unverfügbaren dynamischen Grenzraumes – kontinuierlich strukturelle Verantwortung zu übernehmen.[13]

---

[13] Katrin Bederna und Claudia Gärtner machen diesen Anspruch anhand ihrer fünf Thesen zur religiösen Bildung nachhaltiger Entwicklung (rBNE) deutlich (vgl. 2022, 18–23).

Alterität als Orientierungshilfe in der Pentekostalismusforschung

Einleitung

Unter Berücksichtigung aktueller Pentekostalismusforschung möchte ich mich – meiner Positionalität als evangelisch europäischen Theologin und Philosophin bewusst – im Folgenden mit Hilfe des Leibkonzepts Emmanuel Levinas' für eine ‚leise' Theologie des Verlassens aussprechen, die das Phänomen des Pentekostalismus in seiner kulturellen differenzierten Vielfalt *methodisch* anders wahrnimmt und ausgehend bzw. im Prozess der Wahrnehmung theologisch zu begründen sucht. Es geht dabei darum, die kritischen und konfliktreichen Fragen, die in der Begegnung mit Erfahrungstheologie(n) im Geist entstehen, nicht außen vor zu lassen, sondern sie als sinnstiftende, konstitutive Differenzen und Dissense ernstzunehmen und die (theologische) Relevanz von Alterität für die theologische Forschung herauszustellen. Ausgehend (1) von einer Einführung in den Pentekostalismus/in die Pentekostalismusforschung (in Lateinamerika) stelle ich (2) das Leibkonzept im radikalen Alteritätsdenken Levinas' vor. Anhand Levinas' Leibkonzept/Alteritätsdenken verdeutliche ich (3) ausgehend von kulturwissenschaftlichen und religionswissenschaftlichen Ansätzen in der Forschung und über sie hinaus die Notwendigkeit, sich insbesondere religions*ästhetisch* dem religiösen Phänomen des Pentekostalismus zu nähern. Dabei führe ich diverse Studien an, um abschließend – ausgehend von entscheidenden Merkmalen des Phänomens – herauszustellen, welche Bedeutung die komplexe Wahrnehmung (*aisthesis*) des Anderen, von Körper(lichkeit) und Sinnlichkeit, in der religiösen Forschung innehat.

1   Pentekostalismus/Pentekostalismusforschung

Die Pentekostalismusforschung[14] hat auf dem europäischen Kontinent in den letzten Jahren deutlich zugenommen. Mit der Gründung des *Interdisziplinären Arbeitskreises Pfingstbewegung* (2004), initiiert von Prof. Dr. Michael Bergunder in Heidelberg, sowie durch das im selben Jahr gegründete Netzwerk *European Research Network on Global Pentecostalism* (GloPent), ist die Anzahl von Literatur über den Pentekostalismus und vor allem auch von pentekostalen Wissenschaftler:innen deutlich angestiegen. Neben den Arbeiten von Prof. Dr. Michael Bergunder selbst, sind insbesondere die Forschungen von Prof. Dr. Giovanni Maltese

---

[14]   Im vorliegenden Kapitel nutze ich das Begriffsfeld pentekostal/Pentekostalismus als Gesamtbezeichnung für das komplex-diverse transdenominationale Phänomen pfingstlicher und charismatischer Kirchen und Theologien.

(Hamburg), der zunächst mit der vergleichenden kritischen Analyse des pentekostalen Erfahrungsbegriffs *Geisterfahrer zwischen Transzendenz und Immanenz* (2013) auf sich aufmerksam machte, zu nennen. Malteses gemeinsam mit Dr. Jörg Haustein herausgegebene *Handbuch pfingstliche und charismatische Theologie* (2014) ist der Versuch, den pentekostalen Wissenschaftler:innen eine Stimme im europäischen Kontext zu geben. In seiner Dissertation untersucht Maltese den Pentekostalismus mit Blick auf die Beziehung zwischen *Politik und Gesellschaft in den Philippinen* (2017). Richtungsweisend äußert er sich gemeinsam mit Judith Bachmann und Katja Rakow, dass das Phänomen des Pentekostalismus primär situativ-kontextuell „within the setting of local negotiating and global entanglements" (Maltese/Bachmann/Rakow 2019, 15) untersucht werden sollte.

In Abgrenzung zu diesen und den soziologischen Forschungsprojekten am *Center of the interdisciplinary Research on Religion and Society* (CIRRUS), mitgegründet von Prof. Dr. Dr. Heinrich Schäfer (Bielefeld), sowie denen von Prof. Dr. Heuser *an der Theologischen Fakultät* in der Schweiz (Basel), zeigt sich die Untersuchung des Körpers im Pentekostalismus in dem von Michael Wilkinson und Peter Althouse veröffentlichten *Annual Review of the Sociology of Religion: Pentecostals and the body* (2017). Die darin enthaltenen Beiträge konzentrieren sich anhand von Fallstudien auf die Bedeutung von *body* und *embodiment*. Sie versammeln eine Reihe von interessanten Beobachtungen, die den Körper in seiner wesentlichen Doppelbedeutung als ‚Produkt' und ‚Produzent' hervorheben.

Studien über die Entwicklungen im Kontext Lateinamerikas finden sich aus katholischer Perspektive in dem von Prof. Dr. Gunda Werner (Bochum) herausgebrachten Sammelband *Gerettet durch Begeisterung. Reform der katholischen Kirche durch pfingstlich-charismatische Religiosität?* (2017)[15]. Im Gegensatz zum oben skizzierten Aufbruch in der Pentekostalismusforschung enthält der Sammelband vor allem Beiträge, die ausgehend von der eigenen dogmatischen Position versuchen, die Auswirkungen der pentekostalen und charismatischen Theologie(n) und Ausdrucksformen innerhalb der eigenen Reihen kontextuell zu analysieren. Eine Ausnahme stellt hier der Beitrag von Prof. Dr. Margit Eckholt (Osnabrück) dar, die den Monopolverlust der katholischen Kirche auf dem lateinamerikanischen Kontinent wahrnimmt und sich für eine ‚neue' Ökumene ausspricht, die nach Umkehr und Versöhnung strebt.[16] Im Kontext Lateinamerikas sind insbesondere neuere soziologische Studien zu nennen, die dem Phänomen des Pentekostalismus die notwendige wissenschaftliche Anerkennung entgegenbringen, d. h. ihn nicht mehr als ‚Sekte' verurteilen. Seit 2018 unterstützt die Konrad-Adenauer-Stiftung (KAS) ein für Lateinamerika global angelegtes soziologisches

---

[15] Vgl. Rezension der Verfasserin 2020.
[16] Vgl. Krämer 2020. Dieser Sammelband enthält seinem programmatischen Untertitel „Pfingstkirchen als Herausforderung in der Ökumene" entsprechend Studien aus/in verschiedenen Kontinenten, die sich mit der Entwicklung und Diversifizierung des Pentekostalismus, den damit einhergehenden Implikationen und Fragestellungen (insbesondere aus soziologischer und katholischer Perspektive), für die weltweite Ökumene beschäftigen.

Forschungsprojekt, das in Kooperation mit dem peruanischen Soziologen und katholischen Theologen Dr. José Luís Péréz Guadalupe die Beziehung Evangelikalismus und Politik untersucht (Peréz Guadalupe/Grundberger 2018; Peréz Guadalupe 2017). Dabei liegt der Fokus auf der differenzierten Entwicklung des Pentekostalismus in zehn lateinamerikanischen Ländern, vorwiegend unter Berücksichtigung der Entwicklung und Wechselbeziehung zur katholischen Amtskirche und der wirtschaftlich-politischen Situation des Kontinents; inhaltlich der Spannung von politischer Macht und wirtschaftlicher Prosperität. Im Beitrag über die Realität Perus begründen der peruanische Soziologe und lutherische Pfarrer Mag. Oscar Amat und der katholische Soziologe José Luis Pérez Guadalupe (2017) die Öffnung zu Politik und Gesellschaft der Pentekostalen einerseits in ihrem sogenannten neopentekostalen Flügel, andererseits mit den sozialpolitischen Veränderungen in der zweiten Hälfte des 20. Jahrhunderts. In diesen global-politischen und wirtschaftlichen Veränderungen erkennt auch der peruanische pentekostale Theologe Dr. Bernardo Campos den Hauptgrund/ -faktor für die Entwicklung des religiös-pentekostalen Feldes in Peru. Ausgehend davon entwickelt Campos eine Vision für den Pentekostalismus des 21. Jahrhunderts.[17] Der chilenische Soziologe Miguel Mansilla deutet das Phänomen des Pentekostalismus als eine sozio-religiöse und volkstümliche Bewegung, die sozialen Wandel mit Spiritualität verbinde (2006). Insofern versteht er das komplexe religiöse Phänomen als einen lateinamerikanischen Ausdruck einer Gruppe von Menschen, die Teil einer populären und gläubigen Kultur ist, d. h. Teil einer neuen Gemeinschaft im Sinne einer Alternative zur Zivilgesellschaft. Juan Sepúlveda, ebenfalls chilenischer Soziologe, versucht die Beziehung zwischen Pentekostalismus und dem Erbe des Protestantismus als paradox aufzuzeigen (1999). Dabei spricht er von Kontinuität und Bruch gleichermaßen, um zum einen die Grenzen der Autonomie der Pfingsterfahrung, zum anderen die geschichtlichen Wurzeln im Methodismus deutlich zu machen.

2 Das Leibkonzept im radikalen Alteritätsdenken Levinas'

Emmanuel Levinas (1906–1995)[18] stammt aus Kaunas (Litauen), damals Teil des zaristischen Russlands, und wurde als französisch-jüdischer Philosoph und Autor bekannt. Nach philosophischen Studien in Straßburg und Freiburg (bei Husserl und Heidegger) bewarb er sich 1930 erfolgreich um die französische

---

17 Vgl. Campos Morantes, Bernardo: „Un Pentekostalismo para el siglo XXI", https://www.academia.edu/41955809/Un_Pentecostalismo_para_el_Siglo_XXI?sm=b.
18 Vgl. Stegmaier 2009, 22. Nach dem in Russland gebräuchlichen Kalender wurde er am 30.12.1905 geboren.

Staatsbürgerschaft. Im selben Jahr promovierte er mit einer Arbeit über die Phänomenologie Husserls, mit der er sich zeit seines Lebens auseinandersetzte. 1940 kam er in deutsche Kriegsgefangenschaft. Zwei Jahre später wurde er in ein Arbeitslager in Fallingbostel verlegt. 1945 erfuhr er, dass seine Familie aus Litauen Opfer der grausamen Ausrottungspolitik des Naziregimes geworden war. Levinas schwor nach der Shoah, nie wieder deutschen Boden zu betreten und hielt diesen Schwur. Nach dem Krieg leitete er als Direktor in Paris das Lehrerkolleg Ecole Normale Israélite Oriental und unterrichtete dort Philosophie. Im Jahr 1961 habilitierte er sich mit seiner Schrift *Totalität und Unendlichkeit* (TU) und begann, an der Universität Poitiers zu lehren, wo er ab 1970 im wissenschaftlichen und freundschaftlichen Austausch mit Paul Ricœur stand. Ab 1973 öffneten sich ihm auch die Türen der Université de Paris Sorbonne (Meyer 2004, 180f.). Nebst den philosophischen, insbesondere den phänomenologischen Studien, prägten ihn auch die jüdisch-philosophischen und theologischen Studien der Tora und des Talmuds.

Levinas spricht mit Blick auf die Menschen von Alteritätsvergessenheit. Er kritisiert damit vor dem Hintergrund der Shoah den ‚aufgeklärten' Menschen, der sich als vernünftig denkendes Wesen in seinem (totalitären) System einrichtet, stets mit der Gefahr, sich zu isolieren und den Blick für die Realität zu verlieren. Dieses von Levinas kritisierte – ausschließlich auf sich bezogene – System verschließt sich vor räumlicher und zeitlicher Andersheit. Dieses System-Ich, so Levinas, begreife und kontrolliere die Wirklichkeit in Form von ontologischen Systemen, d. h. von Begriff- und Sprachsystemen und unterdrücke jegliche Art unangenehmer Differenz und Alterität (vgl. TU 57). Konkret bedeutet das aus meiner Sicht, dass das vom Ich beherrschte System sich der Wirklichkeit ausschließlich mit seinen eigenen Ideen nähert, die Wirklichkeit demnach weniger entdeckt als be-, wenn nicht sogar zudeckt. Ein Blick von außerhalb seiner begrenzten Innenperspektive bleibt ihm im Sinne von Levinas daher verschlossen. Seine einseitige Sicht- und Seinsweise bringe es vielmehr immer wieder in die Gefahr, sich selbst im Dienst für das System zu verlieren (vgl. JdS 376). Levinas spricht von der Tragik des menschlichen Daseins (vgl. Dickmann 1999, 264–272 zur Tragik des ontologischen Ich). Der Mensch muss vor diesem Hintergrund von Anfang an für sich selbst verantwortlich sein und vergisst darüber, das/den Andere(n), das/den er ja eigentlich für ein wirklich menschliches Leben braucht. Diese Tragik führe ihn über die Alteritätsvergessenheit in die Selbstvergessenheit und so in eine lethargische Einsamkeit des anonymen Systems. „Die Einsamkeit ist nicht deshalb tragisch, weil sie Entzug des anderen ist, sondern weil sie in die Gefangenschaft ihrer Identität eingeschlossen ist, weil sie Materie ist" (ZuA 31). In der Spannung von Alterität und Alteritätsvergessenheit untersucht Levinas das menschliche Dasein. Dabei entwickelt er analog sein Verständnis vom ursprünglichen Leibganzen, welches das menschliche Leben in seiner Vergessenheit (er spricht von der Trennung) von Anfang an zusammenhält.

2.1 Trennung

Mit dem Begriff der Trennung (Bruch, Riss, Spalte) beschreibt Levinas das menschliche Dasein. Den Begriff der Trennung deute ich bei ihm als eine Art Oberbegriff für die Ordnung, in der der atheistische, d. h. der von Gott getrennte Mensch, lebt. Levinas differenziert drei Ebenen der Trennung.

Auf der Ebene der ersten Trennung handelt es sich um die Ordnung, in der der gottlose Mensch den/das Andere(n) benutze, um seine unmittelbaren Bedürfnisse (essen, trinken usw.) zu stillen. Auf der Ebene der zweiten Trennung nutze der atheistische Mensch den/das Andere(n) und strebe danach, seine Existenz in der Zukunft durch Arbeit und Wohnung zu sichern. Erst auf der Ebene der dritten Trennung komme es zum Ausbruch aus der menschlichen Ordnung: Das atheistische Ich werde durch die unverfügbare Begegnung im Antlitz, in der Begegnung mit dem Anderen, zum ethisch fähigen Selbst, das in der Lage sei, den/das absolut Andere(n) zu empfangen. Levinas' Deutung des menschlichen Seins versuche ich im Folgenden in Bezug auf sein Leibverständnis zu vertiefen. Schwerpunkt wird dabei die Ebene der zweiten Trennung sein, die Levinas als Zwischenraum (Differenzraum) zwischen der ersten und der dritten denkt; die zweite Trennung entspricht dem Lebensraum des Menschen und: dem meinem theologischen Denken im Sinne einer Theologie des Verlassens.

2.1.1 Erste Trennung: biologische Dimension des Leibs

Der Mensch stillt unmittelbar seine lebensnotwendigen Bedürfnisse, indem er isst, trinkt, schläft etc. „Das Bedürfnis ist die erste Bewegung des Selben", schreibt Levinas, „freilich ist das Bedürfnis auch eine Art Abhängigkeit im Hinblick auf das Andere, aber es ist eine Abhängigkeit in der Zeit" (TU 161). Die Tatsache, dass der Mensch diese Art seiner Bedürfnisse selbst stillen, d. h. dem Bedürfnis ein Ende setzen kann, lasse ihn den Augenblick der „eigentlichen Unabhängigkeit" immer wieder als Glück empfinden (TU 152). Dieses Gefühl des Genusses, besser noch des Genießens selbst, ist für Levinas ein vorreflexives Moment, das vor allem kognitiven Denken stattfinde. Reinhold Esterbauer spricht an dieser Stelle von der „leiblichen Unmittelbarkeit zur Welt" (2013, 160f.). Aus meiner Sicht erkennt Levinas in dieser ursprünglich biologischen, leiblichen Beziehung zum Anderen erstens die ursprüngliche Bindung des Menschen im und an das schöpferische Ganze, und im Spätwerk seines Denkens zweitens die ursprüngliche (leibliche) Abhängigkeit des (moralischen) Bewusstseins und drittens die apriorische Grundlage für die ethisch-solidarische Gemeinschaft, die – so meine These – als wissenschaftlich-methodische Orientierungshilfe in der Pentekostalismusforschung dienen kann. Letztere führe ich zu einem späteren Zeitpunkt aus.

2.1.2 Dritte Trennung: ethische Dimension des Leibs

Der Mensch befindet sich auf einer ewigen (unbewussten) Suche, Levinas zufolge von einer „Beunruhigung" getrieben, die „ihn aus dem Kern [s]einer Substantialität verjagt". In Gestalt der Jenseitsbewegung sei diese Suche nicht teleologisch ausgerichtet, sondern offen, d. h. von schöpferischer Fruchtbarkeit, die Leben in Differenz und Pluralität ermögliche.

> Das Subjekt ist nicht nur alles, was es tun wird – es unterhält mit der Andersheit weder die Beziehung des Denkens, das den Anderen als Thema besitzt, noch hat es die Struktur des Wortes, das den Anderen anruft –, sondern es wird anders sein als es selbst, indem es gleichwohl *es selbst* bleibt, es selbst aber nicht dank eines verbleibenden Kernes, der der alten und der neuen Gestalt gemeinsam wäre. (TU 398)

Die Unruhe bezeichnet Levinas in Abgrenzung zu den natürlichen Bedürfnissen als ein Gefühl des Begehrens, das den Menschen nach einem außerhalb des eigenen Systems/ der eigenen Existenz (Exteriorität) sehnen lasse. Der Mensch sei nicht in der Lage aus eigenen Kräften, dieses Begehren zu stillen. „Das Begehren ist ein Streben, das vom Begehren belebt wird; es entsteht von seinem ‚Gegenstand' her, es ist Offenbarung. Das Bedürfnis hingegen ist eine Leere der Seele, es geht vom Subjekt aus" (TU 81). Das Begehren entzieht sich demnach im Levinas'schen Denken dem menschlichen Bewusstsein, unterläuft bzw. trägt es vielmehr. Levinas denkt diese radikale Offenheit als eine Art passives Ausgeliefertsein, das den Menschen in die Lage versetze, den Anderen (aus reiner Passivität) zu empfangen. Rolf Kühn spricht in dieser Hinsicht von einer „Exterioritätsmetaphysik", die den „Seinsinn als Korrelationssinn" ablehne (Kühn 2003, 100). Anhand dieser Formulierung verdeutlicht Kühn, dass die Quelle von Sinn und Bedeutung Levinas zufolge nicht primär in der kognitiven Symbolsprache des Menschen liege, sondern in einem ihm vorausgehenden radikalen Bruch; mit anderen Worten in einer absoluten Beziehung zu menschlich undenkbaren Verweis- und Beziehungszusammenhänge. Levinas spricht von Exteriorität. „Mit dem Auftreten der Exteriorität [...] verschwindet der Symbolismus; es beginnt die Ordnung des Seins, es erhebt sich ein Tag, von dessen Grund sich kein weiterer Tag zu heben braucht" (TU 258).

Die drei Beobachtungen, der Leib als schöpferisches Ganzes, der Leib als Ausdruck der Abhängigkeit des Bewusstseins und als Ursprungsort im Sinne einer Quelle ethisch-solidarischen Handelns, die ich im Zusammenhang mit der ersten Trennung genannt habe, deutet Levinas auf der Ebene der dritten Trennung *ethisch*. Der (biologische) Leib drücke von Anfang an das Leben in Pluralität, d. h. primär ausgehend vom und in-Beziehung-zum Anderen, aus. Konkret bedeutet das, dass sich die ethische Dimension des Leibs als eine Art Offenbarung im Sinne einer „Transzendenz der Leiblichkeit" (JdS 227, Anm. a) vom ganz Anderen aus ereigne[19]. Diese Begegnung im Antlitz – die Begegnung zwischen dem Endlichen

---

[19] Der Begriff der Rekurrenz dient Levinas als Leitwort, um die Transzendenz der Leiblichkeit zu beschreiben. „Im Gegensatz zur Reflexivität des Bewußtseins [...] bezeichnet die ‚récur-

und dem Unendlichen, theologisch zwischen Gott und Mensch – erhält für Levinas erst im Vollzug selbst ihre Bedeutung (der Verantwortung). Das Paradox, welches das Antlitz in und an sich trägt, ereigne sich nämlich in absoluter Passivität. Levinas äußert sich in einem Gespräch dazu. „Meiner Analyse zufolge bekräftigt das Antlitz [...] die Asymmetrie; anfangs zählt für mich wenig, wie der Nächste zur mir steht, das ist seine Sache; für mich ist es vor allem anderen derjenige, für den ich verantwortlich bin" (Zwu 134). Als Transzendenz (Unendliches) in der Immanenz (Endliches), d. h. als Einbruch vom Jenseits ins Diesseits, denkt Levinas den Leib zugleich als Ort des Ausbruchs aus dem existenziellen Dasein des Menschen, d. h. als dynamischen Ort des ewigen Aufbruchs (ausgehend vom Anderen), an dem der Mensch fähig wird, ethische Verantwortung für den Anderen zu übernehmen. Dem Leib kommt als Geburts-Ort der ethischen Sprache, sprich des sozial-solidarischen Handelns des Menschen, Bedeutung zu. Diese „Jenseitsbewegung", die Levinas leiblich-ethisch deutet, in die der Mensch unwillentlich, unwissentlich, unausweichlich hereingezogen („heimgesucht") werde, ermöglicht ihm ein (neues) Alteritätsbewusstsein, d. h. neu und anders zu denken, zu sprechen und zu handeln. Ethisch impliziert es die Fähigkeit, in Güte zu leben und leiblich zu transzendieren, d. h. in sozial-zwischenmenschlicher Beziehung die Transzendenz Gottes zu leben.

> Wir meinen, daß die Idee-des-Unendlichen-in-mir – oder meine Beziehung zu Gott – mir in der Konkretheit meiner Beziehung zum anderen Menschen zukommt, in der Sozialität, die meine Verantwortung für den Nächsten ist; Verantwortung, die ich in keiner ‚Erfahrung' vertraglich eingegangen bin, aber zu der das Antlitz des Anderen, aufgrund seiner Andersheit, aufgrund eben seiner Fremdheit, das Gebot spricht, von dem man nicht weiß, woher es gekommen ist. (WDGE 19)

Der passive Rückzug zum prälogisch-leiblichen Ursprung (Rekurrenz) konstituiert Levinas zufolge ein neues Selbst-Verhältnis. Der Mensch empfinde, indem er sich auf die (leibliche) Begegnung mit dem Anderen einlasse, eine neue sinnliche Innerlichkeit. Levinas spricht an anderer Stelle von der Erwählung, „die den Begriff des Ich [durchkreuzt], um *mich* vorzuladen, durch die Maßlosigkeit des Anderen und mich dem Begriff zu entwinden, in den ich mich unablässig flüchte" (JdS 318). Dieses (körperliche) Empfinden (anstatt kognitive Reflektieren) lasse den Menschen sein ursprüngliches Selbst-Bewusstsein entdecken und darin das sozialethische Bewusstsein einer neuen Menschlichkeit. Um diesem Gedanken folgen zu können, ist es nötig, sich immer wieder deutlich zu machen, dass Levinas die Bedeutung der körperlichen „biologische[n] Struktur der Fruchtbarkeit nicht auf den biologischen Sachverhalt beschränkt. In dem biologischen Sachverhalt der Fruchtbarkeit zeichnet sich der Grundriß einer Frucht-

---

rance' das Vor-den-eigene-Anfang-zurückgehen des Subjekts, seine Herkunft aus dem, was ihm in absoluter Weise entgeht, aus uneinholbarer Vergangenheit und aus einer Passivität, der keine Rezeptivität mehr entspricht" (JdS 227, Anm. a).

barkeit überhaupt als Beziehung von Mensch zu Mensch und des Ich mit sich selbst ab" (TU 446).

2.1.3 Zweite Trennung: Bewusste existenzielle Dimension des Leibs

Im Spanungsfeld der ersten und der dritten Trennung konstituiert sich – wie bereits angekündigt – die zweite Trennung. Zwischen Bedürfnis (Immanenz) und Begehren (Transzendenz) öffnet sie dem Menschen einen existenziellen Lebensraum. An diesem Ort da-zwischen, bildlich-theologisch zwischen Himmel und Erde, baut der Mensch sich seine Existenz auf. Involviert in Arbeit und dem Streben nach Besitz liegt sein Anliegen Levinas zufolge darin, in der Gegenwart seine Zukunft zu sichern. „Die Arbeit", schreibt er, „herrscht über die Zukunft und beruhigt das anonyme Brausen" in der Welt (TU 230). Dabei laufe der Mensch stets Gefahr, im Prozess seiner Identitätsfindung und des Strebens nach Sicherheit, der Sinnlosigkeit zu verfallen. Indem der Mensch primär nach Absicherung strebe, isoliere er sich zusehends und verliere das Bewusstsein seiner ursprünglichen schöpferischen Abhängigkeit und damit den wahren Sinn. Levinas beschreibt es als eine Art Umschlag vom „Sinn in die Sinnlosigkeit" (JdS 356). Abgetrennt, in gewisser Weise in sich, d. h. im eigenen (blinden) Ego eingeschlossen (Alteritätsvergessenheit), (er-)lebt der Mensch die Tragik des eigenen Da-Seins. Dieses Spannungsfeld, in dem der Mensch sich lebenslang befinde, gleiche einer den Menschen bestimmenden Doppel- bzw. Zweideutigkeit. Anhand des Bildes der Bleibe und Gastfreundschaft verdeutlicht er dieses gedankliche Paradox des Leibs. Der Begriff der Bleibe (Heim, Wohnung) drücke das In-der-Welt-Sein, das dem Leibganzen entspreche, aus, zugleich das in Ihr-gegenüber-Sein, das meinem Eigenleib, meinem eingerichteten Dasein, entspreche. „Auf der Grundlage der Bleibe bricht das getrennte Seiende mit der naturhaften Existenz, die in einem Milieu badet, in dem der Genuß, ohne Sicherheit [Ebene der ersten Trennung] und verkrampft, sich in Sorge verwandelt" (TU 224). Türen und Fenster symbolisieren den dynamisch-konstitutiven Übergang zwischen dem eigenen (ge)sicher(t)en Ort und dem Außerhalb, dem Einbruch des Anderen. Bernhard Waldenfels schreibt diesbezüglich am Ende seines Unterkapitels über die „Fremdheitsschwellen":

> Unser Denken und Handeln hat seinen Ort auf der Schwelle zwischen Ordentlichem und Außerordentlichem. Dabei haben die Schwellen etwas Ambivalentes, sie können verlocken und abschrecken. Sie sind wie Stolpersteine, die uns zwar aus dem Tritt bringen, die jedoch ungeahnte, fremdartige Erfahrungen wachrufen können. (Waldenfels 2015, 229)

Die konstitutive Bedeutung der „Überschreitbarkeit von Schwellen" (Waldenfels) in der Identitätsentwicklung verdeutlicht Levinas anhand des Themas der Gastfreundschaft. Die Gastfreundschaft sei Ausdruck des „Empfangenden schlechthin", d. h. für den Übergang vom Bei-sich-Sein zum Für-andere-Sein

(TU 226). Als absolut freiwillige Gastfreundschaft[20] konstituiert sich die Anerkennung der Alterität (des Leibganzen) als entscheidendes Element in der eigenen Identitätsentwicklung. In dieser Hinsicht vollzieht sich m. E. die wahre menschliche Existenz im Sinne Levinas' unabdingbar als empfangende Teilhabe am Leben Anderer und für sie. Mit anderen Worten konstituiert sie sich primär ethisch anstatt ontologisch im ursprünglich schöpferischen *In-Beziehung-Setzen* mit Anderen.

Der Dreischritt ‚Loslassen (Verlassen) – Einlassen (auf die Differenz) – Auflassen (der Türen und Fenster, d. h. Vertrauen)', fasst aus meiner Sicht den Gedankengang Levinas' treffend zusammen. Konkret bedeutet das: Indem der Mensch sein eigenes geschlossenes System (Denken, Sprechen und Handeln) losbzw. verlassen kann, ist er in der Lage, sich (methodisch) immer wieder auf für ihn fremde Ereignisse und unbekannte Phänomene einzulassen. Das Vertrauen in und auf das Leben besteht darin, diese Möglichkeit, bildlich gesprochen, die Türen und Fenster des Eigenheims, stets aufzulassen. Das Ergebnis: Leben in leiblicher Fruchtbarkeit bzw. ethischer Vielfalt! Wichtig an dieser Stelle ist zu beachten, dass der Begriff der Fruchtbarkeit (des Leibganzen) Levinas zufolge zwar „eine Einheit [erzeugt], die[se] sich [aber] nicht der Vielfalt entgegensetzt, sondern sie im genaueren Sinne des Wortes erzeugt" (TU 400). Dieser Gedanke zeigt die ursprüngliche Bedeutung der Intersubjektivität und Sozialität für die eigene Identität, die das Ich eben nicht im Kollektiv auflöst, sondern es befähigt, stets aufs Neue sein Selbst, d. h. sich in Beziehung zu Anderen, zu entdecken. „Eine Vielzahl ist gemeint, die den Reichtum menschlichen Lebens ausmacht, gerade weil sie die Singularität der Einzelnen bestätigt und bewahrt" (TU 362).

3 Überlegungen zur Notwendigkeit (anderer) religionsästhetischer Methoden in der Pentekostalismusforschung

Im Folgenden vertiefe ich unter Berücksichtigung entscheidender Aspekte des Levinas'schen Leibverständnisses, die aus meiner Sicht für eine (neue) methodische Orientierung in der (theologischen) Pentekostalismusforschung von Bedeutung sind, die Notwendigkeit, sich dem religiösen Phänomen des Pentekostalismus religionsästhetisch zu nähern. Die Welt ist geprägt von Alteritätsvergessenheit (Levinas). Anhand seines Ansatzes von Alterität, hier dargestellt mit-

---

[20] Derrida, einer der wichtigsten Kritiker von Levinas, betont, dass Gastfreundschaft absolut freiwillig sein müsse. Wahre Gastfreundschaft vollziehe sich (erst) dann, wenn sie nicht „Gastfreundschaft-aus-Pflichterfüllung", sondern dem Anderen freiwillig und unentgeltlich gewährt werde. „Denn um zu sein, was sie sein ‚soll', darf Gastfreundschaft weder reine Schuld begleichen noch von einer Pflicht geleitet sein" (Derrida 2007, 64).

tels des dreifach differenzierten Verständnisses vom Begriff der Trennung, zeigt sich die komplexe Bedeutung des Leibs im Spannungsfeld von Bedürfnis und Begehren zwischen dem leiblich-stillbaren Verlangen und dem Gefühl einer Unruhe nach dem Unendlichen zu ‚greifen'. Letzteres wird sichtbar in einer Haltung radikaler Offenheit gegenüber Alteritätsphänomenen, die dem Menschen ermöglicht, das Transzendente, Unendliche, das Unverfügbare und Unsichtbare zu empfangen. Im Sinne einer Theologie des Verlassens konstituiert sich theologisches Denken, Sprechen und Handeln genau an diesem Ort der Exteriorität. Levinas bestimmt den Leib dreifach: (1) als Ausdruck des geschöpflichen Ganzen, (2) als Ausdruck der elementaren Abhängigkeit des endlichen Bewusstseins, das eindeutige symbolische semiotische Verweiszusammenhänge aufbricht und (3) als Quelle ethischen Handelns in Pluralität und bricht damit die christlich traditionelle christologische Deutung des Leibs im Sinne Mittlerschaft. Das dreifach differenzierte Leibverständnis macht hingegen deutlich, dass das Leben primär ausgehend von und in Beziehung mit Alterität nicht nur zu denken, sondern primär ethisch zu erfahren ist. Im – sich in der Spannung von Bedürfnis und Begehren kontinuierlich konstituierenden – Zwischenraum (Bleibe) der dritten Trennung begründet sich, so meine These, auf der Hintergrund der Leibphilosophie Levinas' die Möglichkeit, Alterität als Orientierungshilfe in der Religionsforschung, insbesondere in der Pentekostalismusforschung, zu bestimmen. Meine These verdeutliche ich ausgehend von aktuellen Studien. Das Entscheidende dabei ist, dass sich die Möglichkeit, Alterität als methodische Orientierung anzuerkennen, im Antlitz selbst, in dem sich zwei eigenständige (absolute) Positionen begegnen, konstituiert. Am Ort dieser paradoxen Begegnung kommt es zu einem Ausbruch aus dem eigenen Denksystem. Das Ereignis der (wissenschaftlichen) Begegnung selbst ermöglicht (erst) den ernstzunehmenden wissenschaftlichen Austausch. Getragen vom Begehren, transzendieren zu wollen, muss Wissenschaft nicht nur loslassen, sondern sich zugleich auf das Anderssein des Anderen einlassen. Getragen von radikaler Offenheit geht es dabei um mehr als um das, was selbstverständlich und sichtbar ist. Indem Wissenschaft sich selbstkritisch verhält, wird sie sich ihrer eigenen Grenzen in Abhängigkeit vom Anderen immer wieder bewusst. Dabei lernt sie unausweichlich die für eine ethisch gerechte Forschung notwendige Bereitschaft Alterität, d. h. die andere(n) wissenschaftliche Position(en), nicht nur wahrzunehmen, sondern als gleichwertiges Wissensquellen-/produzent:innen anzuerkennen. In Bezug auf die Pentekostalismusforschung ist darüber hinaus hervorzuheben, dass Levinas den Wahrnehmungsprozess (passives Empfangen) sinnlich-körperlich deutet anstatt rational-kognitiv. Dies bietet gute Anknüpfungsmöglichkeiten zum epistemischen Verständnis von Körperlichkeit und Sinnlichkeit in pentekostalen Theologien.

3.1 Einblick in aktuelle Studien

In den letzten Jahren haben die Studien in der Pentekostalismusforschung, die in Abgrenzung zu religionswissenschaftlichen, soziologischen und konfessionell-theologischen Körper(lichkeit), (sinnliche) Erfahrung und Genderthematik verstärkt berücksichtigen, zugenommen. Der bereits erwähnte Sammelband von Michael Wilkinson und Peter Althouse *Annual Review of the Sociology of Religion: Pentecostals and the body* (2017) umfasst Aufsätze, die die Untersuchung des Körpers im Pentekostalismus im Fokus haben. Die darin enthaltenen Beiträge konzentrieren sich anhand von Fallstudien auf die Bedeutung von *body* und *embodiment*. Sie versammeln eine Reihe von interessanten Beobachtungen, die den Körper in seiner wesentlichen Doppelbedeutung als ‚Produkt' und ‚Produzent' zeigen. Dennoch erscheint aus meiner Sicht die Bedeutung des Körpers / körperlicher Wahrnehmung im Begriff des *embodiment* (noch) methodisch tendenziell unterbestimmt. Damit meine ich, dass der Körper, Körperlichkeit zwar in den Blick kommt, dabei aber vor allem über ihn als (aktiven) Träger von Erfahrung gesprochen, sprich er als Objekt analysiert, gedeutet und interpretiert wird. Das (religiöse) Wissen bleibt jedoch von der körperlich-sinnlichen Dimension unberührt. Betrachtung und Bedeutung von Körper (*body*) bleibt weitestgehend aufgrund der soziologischen Ausrichtung epistemisch unterbestimmt, indem über ihn, aber nicht durch/in ihm Wissensprozesse sichtbar werden. Die Wahrnehmung des Körpers wird als Wahrnehmung eines Gegenübers begrenzt; sie nimmt den Körper als Objekt, nicht als religiöses Subjekt wahr. Diese Perspektive folgt dem kolonialistisch-modernen binären Verständnis. Letzteres impliziert aus einer gewissen Überlegenheit heraus sich ‚nur' scheinbar vom eigenen zu lösen und Türe und Tore unbekannten Besucher:innen gegenüber zu verschließen bzw. geschlossen zu halten. Dabei kann in aller Endgültigkeit, trotz gut gemeintem Anspruch, nicht verhindert werden, dass die Anderen – sprich die Vielfalt des religiösen Phänomens – in ihrer Eigenständigkeit reduziert erfasst, folglich weder anerkannt geschweige denn erkannt werden. Die andere Position wird nicht wirklich in ihrer Ganzheit (Leib) wahrgenommen. Der Prozess der *Aisthesis* bleibt unvollendet; äußere Zuschreibungen sind die Folge, die den Forschungsgegenstand festsetzen anstatt ihn kontextuell differenziert zu untersuchen.

Der peruanische Anthropologe José Sanchéz scheint mir einen anderen Weg zu gehen. Sánchez untersucht jenseits der soziologischen Perspektive die Innenperspektive der pentekostalen Kirchen anthropologisch, berücksichtigt dabei die Dimension des Körpers/der Körperlichkeit, die Bedeutung von Sinnlichkeit, Emotion und Affekten konstruktiv. Er plädiert für eine Analyse des ‚Irrationalen', um zu einem tieferen Verständnis des Pentekostalismus zu kommen (2018). Ausgehend von Sánchez' Perspektive auf den Körper, der, wie er selbst betont, über einen langen Zeitraum in der Pentekostalismusforschung vernachlässigt wurde, sind die Untersuchungen wichtig, die die Genderperspektive, d. h. den

Blick auf den Körper der Schwachen in der Gesellschaft richten, verfolgen. Elizabeth Brusco stellt bei ihrer Untersuchung des kolumbianischen Pentekostalismus fest, dass die Frauen – obwohl sie eine signifikante Mehrheit in den pentekostalen Kirchen Kolumbiens verkörpern – in den Studien (von Männern) nicht angemessen berücksichtigt werden. Die oftmals dominierende senkrechte Ausrichtung der Untersuchungen verhindere es, die Bedeutung der Frauen in den Kirchen deutlich herauszuarbeiten (vgl. 2010, 74–92). Gründe der Attraktivität des Pentekostalismus für Frauen erkennt Brusco in der Geist-Dimension, die allen offen stehe, insbesondere die der Inspiration, die nicht zuletzt eine fluide Institutionalisierung und ein dynamisches System konstituiere. In Abgrenzung zur dominanten hierarchisch strukturierten katholischen Kirche (in Kolumbien) stelle die pentekostale Kirche eine Alternative dar, in narrativen Bibelkreisen unmittelbaren Zugang zu Gott, seinem Wort zu erfahren und ihn in kleinen Hauskreisen zu erleben (84). Gemeinsam mit Bernice Martin fordert sie, die „victimization hypothesis" zu überwinden, d. h. die Frauen aus ihrer Zuschreibung als Opfer zu befreien und im Sinne von John Burdicks Untersuchungen in Brasilien das Gesellschaft transformierende Potential der Frauen in pentekostalen Kirchen (von innen) zu untersuchen (85). Martin selbst untersucht die Ästhetik im lateinamerikanischen Pentekostalismus und analysiert dabei anhand von Paradoxen die (Be-)Deutung von Körperlichkeit, Sexualität und Gender (2006, 138–160). Die Dimension von Körperlichkeit bewege sich zwischen den Polen von Kontrolle und Ekstase. Es gelte, die Grenzen des „individual body and of the body of the believing community" wahrzunehmen. Der kulturell bedingten Herrschaft, in Gestalt patriarchalischer Kontrolle des Männer- über den Frauenkörper, stellt Martin die „openness and permeability of those same bodies to the possession of the divine spirit in the context of worship" gegenüber, die, so Martin, „suggests a considerable level of mutual trust and solidarity within the community of the faithful". Mit Blick auf die Kirchengemeinschaft spricht Martin von der „dialectic *between* them rather that a charater of either polarity in itself that constitutes the core of the Pentecostal aesthetic" (154).

Die US-amerikanische Anthropologin Prof. Dr. Tanya M. Luhrmann (*University of Chicago*) untersucht in ihrer Studie *When God talks back* (2013) das evangelikale Christentum in den Vereinigten Staaten. Luhrmann geht den Wie-Fragen nach, „How does God become real for people? How are sensible people able to believe in an invisible being who has a demonstrable effect on their lives?" (2012, xi), und versucht, die religiösen Erfahrungen von innen heraus auf der Grundlage von ethnologischem Material psychologisch zu beschreiben und verständlich zu machen. Mit Blick auf den lateinamerikanischen pentekostalen Kontext verfolgt die niederländische Anthropologin Prof. Dr. Birgit Meyer (Utrecht) gegenwärtig in Kooperation mit dem *Zentrum Moderner Orient* der Universität Leipzig (ZMO) ein global ausgerichtetes Forschungsprojekt, das zur Aufgabe hat, die ‚materielle' Dimension von Religion zu untersuchen, insbesondere die menschlichen Praktiken, die die Welt in einem konkreten Sinn gestalten. Meyer verdeutlicht anhand des Begriffs „*sensation*" (engl.) die Bedeutung von Emotionalität und Affektivität im Pentekostalismus, und fordert ästhetische Konzepte für die Untersuchung des Pentekostalismus wiederzugewinnen (2010, 758). Sie orientiert sich in ihren ästhetischen Studien an der „Politik der Ästhetik" von Jacques Rancière (2016, bes. 29–56) und beabsichtigt, Wirklichkeit und Möglichkeit der zugrundeliegenden sinnlichen und körperlichen Erfahrung im Pentekostalismus *differenziert*, d. h. der komplexen Alterität des religiösen Phänomens angemessen, methodisch aufgeschlossen zu analysieren. Dabei müssen sinnliche Formen, „*sensational forms*" und ihre Überzeugungskraft, „*aesthetics of persuasion*" gleichermaßen kritisch in den Blick genommen werden (Meyer 2010, 750.754).

Sánchez, Luhrmann und Meyer zeigen deutlich(er), die materielle Dimension von Religion. Sie wagen es, trotz methodischer Herausforderung und Grenzen, ausgehend von einer Innenperspektive Gläubige in der religiösen Gemeinschaft wahrzunehmen und zu untersuchen. Psychologisch bzw. kulturanthropologisch geht es ihnen darum, Einblick in die und Wissen von den religiösen Erfahrungen zu erhalten. Methodisch nähern sie sich konkret anthropologisch bzw. ethnologisch, und analysieren umfangreiches empirisches Material, das für eine Theologie des Verlassens gute Anknüpfungsmomente bietet, theologisch anders zu denken, zu sprechen und zu handeln.

3.2 Mein Anliegen: Forderung und Vertiefung des religionsästhetischen Ansatzes

Deutlich wird in den genannten Studien zum Pentekostalismus einerseits der Versuch, aus tradierten Systemen von Deutungsmacht/-hoheit, sei es aus dem noch immer stark patriarchalisch geprägten gesellschaftlichem Kontext Lateinamerikas, sei es aus dem dogmatischen Erbe katholisch-kolonialer Herrschaftsstrukturen, auszubrechen. Die katholische Kirche hat zwar durch das starke Wachstum der evangelikalen pentekostalen Kirchen an Mitgliedern verloren, nichtsdestotrotz übt ihr dogmatisches Erbe auf die Theologie, beispielsweise auf die Soteriologie, pentekostaler Kirchen, noch immer seinen spürbaren Einfluss. Meyer fordert Religionsästhetik und ihre Methoden in der Pentekostalismusforschung zu nutzen, d. h. die methodische Herausforderung zu *konkretisieren*. Mein Anliegen besteht im Folgenden darin, einen (religionswissenschaftlichen) religionsästhetisch-somatischen und materiellen Ansatz stark/stärker zu machen, da er ermöglicht, die körperliche Dimension, die sinnlichen Erfahrungen in ihrer Diversität methodisch differenziert(er) wahrzunehmen und sie für den religionswissenschaftlichen und soziopolitischen Diskurs sichtbar zu machen und Anschlussmöglichkeiten im theologischen Diskurs auszuloten. Mein Hauptinteresse liegt darin, den Körper/das Körperwissen im Pentekostalismus zu untersuchen, um – trotz aller methodischer Problematik – die Alterität des Untersuchungsgegenstand in seiner Komplexität wissenschaftlich wahr- und ernstzunehmen, d. h. das epistemisches Potenzial auszuloten, um der Gefahr erneuter Zuschreibungen zu entgehen und ausgehend vom inneren Kern der religiösen Erfahrung im Pentekostalismus zu einer neuen Lesart seiner Auswirkungen auf den Einzelnen, Familie, Gesellschaft und Kirche zu gelangen. Dabei geht es mir insbesondere darum, die Konsequenzen zu benennen, die sich daraus für eine Theologie des Verlassens ergeben. Es zeigt sich, dass ich Levinas' Denken, Alterität körperlich-sinnlich zu empfangen, aufnehme und mir methodisch zu Nutzen mache. Während der Philosoph seine Forderung ethisch postuliert, sie anhand seiner Leibphilosophie logisch zu begründen sucht, geht es mir hingegen theologisch darum, zu überlegen, *wie* Erfahrungen und Wissen des Körpers (als religiöses Subjekt) im Pentekostalismus (Untersuchungsgegenstand) selbst begründet in den Blick kommt bzw. kommen kann. Der Schwerpunkt liegt dabei darauf, anhand von Studien aufzuzeigen, wie/inwiefern dieses Wissen wissenschaftliches Potenzial hat und als alternatives Wissenskonzept für die religiöse und theologische Forschung von Nutzen sein kann. In gewisser Weise folge ich darin Nora Kurzewitz, zugleich erweitere ich ihren Ansatz. Kurzewitz verfolgt in ihrer religionswissenschaftlich angelegten Dissertation über die Frauen im Pentekostalismus in Costa Rica das Anliegen, herauszuarbeiten, „welche Handlungs- und Entfaltungsmöglichkeiten [der Pentekostalismus] ihnen [den Frauen] innerhalb der gegebenen Strukturen durch welche Ressourcen eröffnet" (2020, 29). Unter Verweis auf die Argumentationsstruktur Saba Mahmoods (vgl. 25) distanziert sich Kurzewitz von den Untersuchungsansätzen, die sich den Themen von Freiheit, Befreiung und Transformation in binärer Denkweise nähern (vgl. 28f.). Agency sei kein „Synonym für den Widerstand gegen Beherrschung, sondern die Fähigkeit zu handeln, die durch konkrete historisch bedingte Beziehungen der Unterordnung ermöglicht und geschaffen wird" (25). Eine unkritische An- und Übernahme des binären Deutungsrahmens führe dazu, „dass Erfahrungen, Interpretationen und Bedürfnisse, die ihm nicht entsprechen, nicht wahrgenommen werden" (29).

Der jüngst erschienene Sammelband *Annäherungen an das Unaussprechliche. Ästhetische Erfahrung in kollektiven religiösen Praktiken* (2020) von Dr. Isabella Schwaderer und Dr. Katharina Waldner nähert sich anhand seiner fünf Beiträge in dieser Hinsicht „an die sinnlich-ästhetischen und körperlichen Dimensionen von Religion" (2020, 7). Schon in der Einleitung bringen die Herausgeberinnen die von Meyer in Bezug auf den Pentekostalismus formulierte Notwendigkeit (an dieser Stelle in Bezug auf die Megachurches) zur Sprache, dass trotz, oder gerade wegen der Gefahr der ekstatischen Gemeinschaftserlebnisse das darin enthaltenden Phänomen, nämlich die „*zeitweilige* Aufhebung der ratio" (11, herv. US), thematisiert werden müsse. Diese sei die Voraussetzung für die „Versöhnung des Menschen mit sich selbst [...], [die] Bewußtwerdung der Gemeinschaft mit den Mitmenschen und der Teilhabe an jenem Göttlichen, das im Alltag unsichtbar wird" (Preuß 2008, 82). Wissenschaftlich geht es demnach nicht darum, die ratio zu suspendieren, sondern vielmehr dem dynamischen Wechselverhältnis von *corpus* und *ratio* nachzugehen.

Prof. Dr. Anne Koch macht die Religionsästhetik für religionswissenschaftliche Untersuchung stark (2007; vgl. Renger/Wulf/Bangen/Hanky 2016, 14). In ihrer Habilitationsschrift entwickelt sie das Konzept eines Körperwissens, mit dem sie ausgehend von einem neuen Wissensbegriff die Dimensionen von Sinnlichkeit und Körperlichkeit im wissenschaftlichen Diskurs epistemischer Konzepte als Grundlage für Religionsästhetik auslotet[21]. Damit rückt sie die *Rezeptionsweise* in den Vordergrund, d. h. der Körper steht „außerhalb des Symbolparadigmas", und dient insbesondere als „Wahrnehmungssystem" (2013, 3; vgl. 2007, 99.145.184). Dies, so stellt Anne Koch heraus, drücke eine ursprüngliche „Kombination und Multiperspektivität" aus, die das innovative, kritische Potential der Religionsästhetik unterstreicht. Als Theorie sinnlicher Erkenntnis gehe es insbesondere um die Frage, „welches Wissen [wir] brauchen [...], um ästhetische Vorgänge zu beschreiben?" (2013, 7). Neben dem historischen wird ein Wissen benötigt, *wie* Menschen diese Vorgänge wahrnehmen. Wie nehmen beispielsweise die Gläubigen im pentekostalen Heilungsgottesdienst „berührende als heilende Hände" wahr?

Im Zuge des *body turns* der 1990er Jahre,[22] der wissenschaftlichen, soziologischen Hinwendung zum Körper, hat sich die Aufmerksamkeit auf ihn in differenzierter Weise entwickelt: erstens als Forschungsobjekt, zweitens als theoretisches Konzept und schließlich, und das ist für mein Anliegen von entscheidender Bedeutung, als Erkenntnisinstrument.

> Dieser Trend, der sich hier in der Soziologie des Körpers und der Anthropologie der Sinne abzeichnet und der über das klassische Embodiment-Paradigma hinausweist, ohne dieses Erbe zu vernachlässigen, zeigt sich auch in der Wiederentdeckung des Körpers und der Sinne in der Religionswissenschaft respektive in der Formierung einer Religionsästhetik. (Schüler 2015, 28)

Hier wird die von Koch geforderte Unterscheidung zwischen „dem jüngsten (populären) Diskurs um Körperwissen und der analytisch kulturwissenschaftlichen Kategorie Körperwissen" deutlich (2016, 63). Letztere, so ihre These, ermögliche es, „neue Praktiken des Regierens auszubilden" und spiegelt die Überzeugung wider, das – trotz gegebener Gefahr des Missbrauchs – Körperwissen „als ein somatisches Wissen [...] und nicht nur als ein soziales oder semiotisches zu fassen ist" (67). Dabei liegt ein Verständnis des Körperwissens als eigenständigen Träger von Wissen zugrunde. Zu unterscheiden ist hier zwischen dem Körper als

---

[21] Koch 2007, 113; vgl. Cancik/Mohr 1988. Die Autoren verweisen auf Alexander Gottlieb Baumgarten, der „den Begriff für die neue Disziplin mit seiner Aesthetica (1750/52), in der er im Vergleich zur Verstandeserkenntnis der sinnlichen Erkenntnis ihren Rang zuweist" geprägt hat.

[22] Vgl. Gugutzer 2006, 9. In der zweiten Hälfte des 20. Jh.s sprach man in den Kulturwissenschaften und der Soziologie bereits vom *cultural turn*, ab den 1980er Jahren vom *spatial turn*.

Quelle von Wissen, d. h. „Wissen *im* Körper", und dem „Körper als Träger von Praktiken", d. h. Praxiswissen durch den Körper/im Vollzug (Hirschauer 2016, 26). Letzteres ist von entscheidender Bedeutung, denn diesen ästhetischen Überlegungen liegt ein veränderter Wissensbegriff zugrunde, der m. E. gute Anknüpfungspunkte für die Pentekostalismusforschung bietet. Ästhetik bzw. ästhetisches Wissen als Praxiswissen erscheint als entdeckendes, exploratives Wissen (in Vollzug), das weniger auf eine bestimmte Aussage zielt (Proposition), sondern eher eine konkrete subjektive Leistung des Einzelnen impliziert. „Die alte wissenssoziologische Frage, wer etwas weiß [...], wird verdrängt durch die konstitutionstheoretische Frage, *wie* etwas überhaupt gewusst wird" (ebd.). Im Zuge der „Medialisierung des Körpers" geht es Koch zufolge nicht mehr darum, Wissen über den Körper zu erlangen, sondern vielmehr um „kognitionspsychologisches Wissen [...] zur Motorik, afferenten Emotion oder primordialen Wahrnehmung" (Koch 2015, 25). Das bedeutet, der Körper wird insofern aufgewertet, als er als „Körperwissen thematisiert, medialisiert und abstrahiert wird" und als „eigenständiger Akteur" auftritt (26). Das Anwachsen dieses diskursiven Interesses führt zu der Frage, ob und, wenn ja, wie dieses Körperwissen zu operationalisieren ist. Diese Konzeptualisierung des Körperwissens ist von seinem diskursiven Ereignis abzugrenzen und zu unterscheiden, da es sich kritisch (nicht nur deskriptiv) einmischt. Man könnte auch sagen: Der Körper hat (analog zu einer Person) eine eigenständige Meinung:

> Körperwissen bezeichnet in der Folge nicht Wissen über den Körper, sondern durch den Körper erlangtes und vollzogenes Wissen. Sodann ist zu unterscheiden zwischen dem Körperwissen, das um unseren Körper weiß, und dem Körperwissen, das nach neueren Theorien der kognitiven Psychologie Grundlage jedweden Wissens ist, insofern alle Wissensbestände auf der Basis von rezeptiver Formung repräsentiert und wiederholt werden. (28f. herv. US)

Die produktive, prozessartige Wechselwirkung zwischen Körper und Erkenntnis grenzt sich als Konzept der *embodied cognition* von dem der *Embodiment*-Theorien der 1980er Jahre deutlich ab. Die *Embodiment*-Theorien nehmen lediglich eine Außenperspektive auf den Körper ein, wobei sie die produktive Eigendynamik des Körpers nicht dezidiert in den Blick nehmen (vgl. Schüler 2015, 21). Ihre Perspektive bleibt insofern phänomenologisch: Der Körper wird als Träger von bereits vorhandenem Wissen verstanden und nicht als aktiver Mit-Produzent. Vor diesem Hintergrund geht es mir im Sinne von Meyer und Koch um eine Kritik „an einer Schattenseite des Rationalismus: die Vernachlässigung von Sinnlichkeit und damit einhergehende Überbewertung von Wort und Text im Logozentrismus" (22), letztere verhindere den Zugang zu alternativen epistemischen Wissenskonzepten – demnach zur körperlichen Wissensdimension im Pentekostalismus.

Die Wiederaufnahme der Ästhetik ab den 60er Jahren des 20. Jh.[23], insbesondere in der ethnologischen Forschung (vgl. Wasim Frembgen 2020, 227–229), führte dazu, dass die sinnliche Seite von Religion/religiöser Erfahrung ins Fokus des wissenschaftlichen Interesses stand, anstatt – wie noch gut 50 Jahre zuvor – das Heilige begrifflich zu erfassen und wertet dabei den Erfahrungsbegriff als eigenständiges Wissenskonzept auf.[24] Von besonderer Relevanz für den Forschungsgegenstand des Pentekostalismus ist es, dass sich parallel zur Entstehung und Entwicklung der Religionsästhetik im englischsprachigen Raum der Forschungsansatz der *Material Religion* ausbildet. Selbiger versteht Religion im Sinne einer „außeralltäglichen Erfahrung" als eine Antwort auf Kontingenz, d. h. auf die Ereignishaftigkeit des Lebens. Dabei werden Raum, Gegenstände, Lokalität, Kulturalität etc. dahingehend befragt, wie sie das Unsichtbare sichtbar werden lassen (Waldner 2020, 44). Menschliche Erfahrung konstituiert sich demnach nicht ‚nur' sozial, sondern im gesamten körperlichen und materiellen kontextuellen Gefüge. Insofern fordert Catherine Bell die somatische Dimension des Körpers zu berücksichtigen. Damit geht sie über Bourdieus Habituslehre hinaus, anhand derer jener vor allem die *soziale* Dimension des Körpers stark macht (Bourdieu 2001) und reklamiert in *Ritual Theory, Ritual Practice* (1992) in Anlehnung an Bourdieus Verständnis vom „sozial informierten Körper" einen „sense of ritual" (69–142).

Mit Blick auf den Pentekostalismus folge ich Bells These, dass sich Sinnlichkeit und Körperlichkeit am besten am Ort des Rituals untersuchen lassen. Im Ritual/Ritualgeschehen, dem Ort, an dem die Diversität von (religiöser) Erfahrung nicht nur entsteht, sondern der es der/dem Forschenden ermöglicht, der Gefahr vorschneller Zuschreibungen zu entgehen, finde die Begegnung mit Alterität statt. Bell entwickelt ihr Ritualverständnis in Auseinandersetzung mit Clifford Geertz, der, so Bell, die von ihr geäußerte Kritik an dichotomisierenden Ansätzen (Bsp. Durkheim, Turner) überwinde. Clifford Geertz' Interesse gilt dem sinnlich-Affektiven der Religion, zugleich denkt er Religion symbolisch/als Symbolsystem (vgl. Geertz 2000, 48). Bell deutet das Symbolverständnis bei Geertz dahingehend, dass er damit versuche, das Handeln (*Ethos – Mimesis*) und das Denken (*Weltsicht – Imitatio*) aneinanderzubinden. Im Ritual, so Bell, seien gelebte und vorgestellte Welt ein und dieselbe. Als Ort dieses Zusammenspiels biete sich das Ritual an, Handeln und Denken, *mimesis* und *imitatio*, am besten zu untersuchen. Im Moment der (körperlich-somatischen) Verschmelzung, d. h. des Rückzugs hinter das dichotomische Dispositiv, konstituiere sich (neue) Bedeutung, die im Sinne vom absoluten Alteritätsbegriff vom teilnehmenden Beobachtenden ‚nur'

---

[23] Vgl. Reckwitz 2019, 45–55. Es handelt sich um den Übergang von der ‚Formierung zur Verdichtung' im Prozess der gesellschaftlichen Ästhetisierung.

[24] Vgl. Waldner 2020, 18. Waldner unterscheidet drei Bedeutungen des Erfahrungsbegriffs: (a) das im phänomenologischen Sinne „In-die-Welt-gestellt-Sein" einer Person, (b) das augenblickliche Erleben, die „sinnlich-kognitive und gleichzeitig semantisch-verarbeitende Reaktion" einer Person und (c) „eine außeralltägliche Erfahrung".

in diesem Augenblick empfunden und sinnlich wahrgenommen werden könne (1992, 25–29). Bell spricht von der integrativen Wirkung und Kraft des Rituals.

> We might say, ritual is to the symbols it dramatizes as action is to thought; on a second level, ritual integrates thought and action; and on a third level, a focus on ritual performances integrates our thought and their actions. (32)

Die Bedeutung des Alteritätsgeschehens liegt demnach in seiner integrativen Wirkung, im Vollzug des religiösen Rituals selbst, der bzw. das seine Alterität sichtbar wirken lässt. Methodisch nähere ich mich dieser Bedeutung an, indem ich mich anhand des religionsästhetischen Ansatzes primär auf die Innenperspektive konzentriere, um herauszuarbeiten, dass es im und ausgehend vom pentekostalen Ritual im Pentekostalismus weniger (wie fälschlicherweise angenommen) um ‚die Flucht' in eine andere, von Körper und Materialität getrennte, supranaturale Hinterwelt handelt. Vielmehr, so meine These, ebnet eine verstärkte Aufmerksamkeit auf Sinnlichkeit, Körper und Körperlichkeit in der pentekostalen Ritualpraxis ein Verständnis dafür, inwiefern Religion/religiöse Erfahrung in das materiell-körperliche kulturell-soziale Geschehen eingeschrieben ist. Die Wahrnehmung pentekostaler Alteritätsphänomene anhand methodisch innovativer angemessener Methoden beugt nachträglichen Zuschreibungen (Kategorien, duale Begrifflichkeiten) vor, ermöglicht die Bereitschaft und Offenheit, den bedeutungsstiftenden Vollzug des performativen Rituals, das sinnlich-körperliche Praxiswissen, zu untersuchen. Entscheidend ist, dass die Orientierung ausgehend von Alterität, konkret ausgehend von individuell-persönlichen (Befreiungs-)Erfahrungen, und (erst) in einem zweiten Schritt an ihren (Wechsel-)Wirkung verhindert werden kann, das religiöse Phänomen von Anfang an zu reduzieren.

4 Schlussbemerkungen

Die pentekostale Erfahrungen (in Lateinamerika), die primär körperlich zum Ausdruck kommen (Wilkinson/Althouse 2017), stellen eine Herausforderung an die traditionelle wissenschaftliche Forschung dar. Der Untersuchungsgegenstand erfordert (neue) theoretische Methoden, die den Bruch mit traditionellen epistemologischen Theorien und kolonialen Herrschaftsstrukturen, insbesondere patriarchalisch geprägten (gesellschaftlichen) Stereotypen, einfordern, d. h. konkret binäre Denkstrukturen und Kategorien unterlaufen. Es muss ein epistemischer Freiraum geschaffen werden, der erlaubt, „Formen reflexiver Erfahrung" jenseits hierarchisch binärer Trennung von Subjekt und Objekt zu denken und somit den Körper, seine Sinnlichkeit und Materialität, im wissenschaftlichen Spannungsfeld in seiner ganzheitlichen Funktion als ‚Produkt' und ‚Produzent' wahr- und ernstzunehmen. Dabei wird deutlich, dass der Körper die

Welt unmittelbar erfassen kann, „weil die dabei verwendeten kognitiven Strukturen aus der Einverleibung der Strukturen der Welt resultieren, in der er handelt; weil die Konstruktionselemente, die er [der Körper] verwendet, um die Welt zu erkennen, von der Welt [Gott] konstruiert wurden" (Bockrath/Boschert/Franke 2008, 12).

Das Befreiungspotential – der implizite Widerstand bzw. das kritische Korrektiv – muss im Pentekostalismus herausgearbeitet werden, der, so meine These, Körper und Religion als konstruktiv-dynamisches Verhältnis anerkennt (vgl. Meyer 2010, 743). Das kritische Potenzial des Pentekostalismus liegt nicht in kognitiven theologisch-dogmatischen Inhalten, sondern vollzieht sich in Körper und Geist in dynamischen Transformationsprozessen, die in ästhetischen Formen sichtbare Gestalt annehmen. Glaubensüberzeugungen werden in körperlicher Bewegung in Gemeinschaft erlebt und erfahren, kritisieren insofern traditionelle Schrift- bzw. Textzentriertheit. Körperliche von Tanz und Musik (vgl. Laack 2015, 261–284) geprägte liturgische Rituale im Pentekostalismus schaffen einen konkreten Frei-Raum der religiösen Begegnung und Berührung, in dem über gesellschaftliche Differenzen hinweg die ursprüngliche Einheit der ganzen Lebenswirklichkeit, theologisch der Schöpfung Gottes, vom Einzelnen empfangen, empfunden und darin sichtbar wird. In dieser Begegnung, oder besser am Ort sinnlicher Berührung mit dem Göttlichen (Deutung der Gläubigen), verlieren kulturell-spezifisch geprägte Gesellschaftsrollen, das System von Macht und Unterdrückung, ihre destruktive Wirkung. Biologische und soziale Differenzen vereinen sich jenseits von Gesellschaft und kultureller Tradition körperlich von innen, um dann nach außen zu wirken[25].

Unter Berücksichtigung der schon erwähnten Untersuchung Meyers geht es mir wissenschaftlich darum, die Wirkung der ‚sensation' zu untersuchen, die einerseits individuell körperlich-sinnlich sichtbar wird, andererseits kollektiv im Sinne einer Massenhysterie/-veranstaltung zum Ausdruck kommen kann. Es ist notwendig, die Vielfalt der sinnlichen Erfahrungen zu untersuchen, Körper und Sinnlichkeit wissenschaftliche Beachtung zu schenken, um sie aus traditionell-stereotypischen negativen Zuschreibungen (Klischees) zu befreien.

Das konkrete, kulturell anbindende Potenzial der pentekostalen Glaubens- und Ritualpraxis wurde aus meiner Sicht lange Zeit vernachlässigt. Die einseitige Betonung der (koll.) Geistdimension, d. h. die Alteritätsvergessenheit, verbunden mit einem generalisierenden/uni-formierenden defizitären (asketischen) Körperverständnis, der zum Teil vorgegebene Deutungsrahmen von Massenspektakel und Hysterie, hat nicht selten dazu geführt, die pentekostale Religion mit einem unbegründeten Dualismus zu stigmatisieren, sie ins Abseits einer Hinterwelt zu stellen. Es gilt die europäisch-kolonialen Deutungsmechanismen auf-

---

[25] Hartmut Rosa spricht inmitten der gemeinsamen Erfahrung von der Resonanz, die dieses Gemeinschaftserlebnis wirkt. Sein Anliegen liegt darin, die Verbindung von Religion und Sinnlichkeit aufzuzeigen (= Teil des Dispositivs von Reckwitz).

zudecken, die noch immer (teils unbewusst) ihre Macht ausüben, Kategorien und Strukturen zu dekonstruieren um ausgehend von einer Innenperspektive vergessene Alteritäten im Sinne (neue) sinnliche ‚Räume' aufsichtbar werden zu lassen. Ich verstehe an dieser Stelle Theologie undogmatisch „als eine Lebensform [...], die die Transformation der sinnlich-leiblichen Verhältnisse, in denen wir denken, als konstitutives Moment ihrer [theologischen] Praxis versteh[t]" (Böhler/Granzer/Loughnane/Parkes 2016, 8).

Letzteres bedeutet für (theologische) Wissenschaft, Alteritäten, die die Grenzen von Form und Inhalt unterlaufen, zu zulassen und den Gegenstand, den es zu untersuchen gilt, in seiner situativ-kulturellen Komplexität wahrzunehmen. Dabei gilt es im Sinne Rancières, trotz der Gefahr, die im Ästhetischen liege, sich nicht für eine der beiden Haltungen (pro/contra) zu entscheiden, hingegen darum, „die Logik des ‚ästhetischen' Verhältnisses zwischen Kunst und Politik, von dem sie sich ableiten, zu rekonstruieren" (Rancière 2016, 29f.).

Performative Räume im pentekostalen Gottesdienst: Überlegungen zur räumlichen Atmosphäre von Tönen und Klängen

Einleitung

Vor dem Hintergrund meiner bio-bibliografischen Erfahrungen im lateinamerikanischen Pentekostalismus möchte ich das pentekostale Gottesdienstgeschehen liturgisch in den Blick nehmen. Als ein Raum der performativen Inszenierung nimmt er in der sinnlichen Erfahrung der Einzelnen (und) in der Gemeinschaft Gestalt an. Die gottesdienstliche Geist-Gemeinschaft ermöglicht nach pentekostalem Verständnis Zugang zum heiligen Raum, in dem die Gläubigen die Begegnung mit Gott suchen. Dieser Begegnungsraum, so bereits Walter J. Hollenweger, konstituiere sich als „Kathedrale der Klänge und Töne" sinnlich (1997, 251). Körperlich spüren die Gläubigen, so wurde mir immer wieder berichtet, eine konkrete Veränderung an sich. Nicht selten deuteten sie diese Veränderung im Glauben als Gegenwart Gottes, ihrer/seiner schöpferischen Kraft im räumlichen Augenblick. Tanya Luhrmann hat in ihrem Buch *When God Talks Back: Understanding the American Evangelical Relationship With God* (2012) auf der Grundlage umfassender empirischer Daten Erfahrungsnarrative herausgearbeitet, die diese Tendenz bestätigen.

In Pfingstgottesdiensten spielen dabei Klänge und Töne eine besondere Rolle. Körperlich, zum Teil tänzerisch, antwortet die Gemeinde. Es wirkt, als ob die Gläubigen sich von der Schwere des Alltags, ihres Lebens, frei tanzen würden. Körperlich spüren sie eine Entlastung, einen Moment der Erbauung (*Empowerment*), so belegen es zum Teil ihre Zeugnisse (Sallandt 2007). Birgit Meyer hat in dieser Hinsicht den englischen Begriff *sensation* in seiner Doppeldeutigkeit im Kontext ihrer Pentekostalismusforschung genutzt (2012, 742f.; vgl. voriges Kapitel in diesem Band). Zum einen bedeutet er ein aufsehenerregendes, unerwartetes und außergewöhnliches Ereignis, zum anderen drücke er eine subjektive körperliche Empfindung. Diese Doppeldeutigkeit findet Meyer in pentekostalen Gottesdiensten wieder und verdeutlicht damit die enge Verbindung von spiritueller Erbauung des Einzelnen und dem gemeinschaftsstiftenden Potenzial im Gottesdienst. Dabei, so Meyer, spielen die sinnlichen Formen von Emotion und Affekten eine wesentliche Rolle (vgl. 751). Theologisch handelt es sich aus meiner Sicht um das verborgene Phänomen unverfügbaren Handeln Gottes, das Meyer versucht auf der Grundlage von sinnlicher Erfahrung empirisch wahrzunehmen und in deutende Worte zu fassen. In der räumlichen Wirkung des schöpferischen Geistes stiftet sich im Gottesdienst eine neue aufkommende Selbstwirksamkeit, die die Gläubigen – aus der sogenannten Geist-Taufe – innerlich gestärkt hervorgehen lasse, so die Deutung des Pfingsttheologen Bernardo Campos aus Peru (vgl. 2019, 121).

In dieser Hinsicht erscheint es mir kohärent, dass die neue Generation der Pfingsttheolog:innen den Gedanken einer *spiritual theology* in den theologischen Diskurs einbringen (vgl. Kärrkäinen 2010, 227). Die schöpferische Kraft im Geist, die die Menschen als Geist Gabe – sichtbar im Zungengebet, in den Heilungen, Wundern etc. – empfangen und deuten, konstituiere den Ausgangspunkt theologischer Rede von Gott. Im spürbaren Empfang der *ruach* am eigenen Körper entstehe (theologische) Erkenntnis. Der Zusammenhang von sinnlicher Erfahrung und (theologischer) Erkenntnis rückt folglich in den Vordergrund.

Im Folgenden möchte ich ausgehend von skizzenhaften religionsästhetischen Überlegungen zur Bedeutung von Tönen und Klängen im pentekostalen Gottesdienst sowie nach Klärung des *spatial turns* und des Performance-Begriffs erstens das liturgische Geschehen in den Blick nehmen. Dabei nähere ich mich unter Berücksichtigung der Überlegungen zur Performativität dem Phänomen der Pfingstgottesdienste im Sinne der „dichten Beschreibung" (Geertz 1987)[26]. Auf dieser Grundlage ist es zweitens mein Anliegen, das Verständnis des sich immer wieder vollziehenden klingenden Zwischenraums zu vertiefen. Ausgehend von dem peruanischen Pfingsttheologen Bernardo Campos analysiere und deute ich drittens das akustische Geschehen pneumatologisch. Dabei sensibilisiere ich dafür, die Doppeldeutigkeit der performativen Räumlichkeit theologisch als Möglichkeit anzuerkennen, das schöpferische Handeln des Geistes Gottes als sich immer wieder neu vollziehenden räumliche spirituelle Atmosphäre zu deuten.

1 Theoretischer Rahmen: Religionsaisthetische Überlegungen

Vor dem Hintergrund körpersensibler Religionsästhetik, insbesondere der Methode der „ästhetischen Simulation" (Koch 2007, 203), auf die an dieser Stelle nicht weiter eingegangen werden kann, blicke ich auf einen sinnlichen performativen Zusammenhang von Sinnlichkeit/Körperlichkeit des Menschen und Gottes Geistes. Meine These ist, dass in pentekostalen Gottesdiensten räumliche Atmosphäre vorwiegend sinnlich, vornehmlich in Gestalt von Tönen und Klängen, empfunden, insofern primär mit den Sinnen erfahr- und begreifbar wird. Mir ist bewusst, dass eigentlich nur die Kommunikation *über* die Erfahrung, nicht die sinnlich-körperliche Erfahrung selbst, beobachtet werden kann. Insofern konkretisiert sich meine Aufgabe darin, (religiöse) Erfahrung ‚im doppelten Sinne' zu untersuchen (Wasim Frembgen 2020, 227–229). Wasim Frembgen verdeutlicht dabei, dass es um die Erfahrung der Gläubigen und die der Beobachtenden gleichermaßen gehe. Insofern nähere ich mich – um genau zu sein – mei-

---

[26] Der Begriff geht auf den britischen Philosophen Gilbert Ryle zurück.

nen Erfahrungen mit den Erfahrungen der Gläubigen im Gottesdienst (vgl. Koch 2007, 204). Im Zuge der intensiven Beschäftigung mit religionsästhetischen Methoden ist es im pentekostalen Gottesdienst entscheidend, das körperliche Mitmachen in Form von rhythmischem Klatschen, körperlichen Tanzbewegungen oder dem fast unhörbaren Mitsingen in Form von Mundbewegungen in seiner Wirkung auf den eigenen Körper nicht nur wahrzunehmen, sondern, so meine Beobachtung, in seiner Funktion als Zugang zu Glauben und theologischen Überzeugungen anzuerkennen. Anne Koch spricht hier von einem Indiz für das Körperwissen des Anderen", als „Nachhall des Anderen im eigenen Körper" (207). Religionsästhetisch muss dieser Wechselwirkung zwischen Eigenleib, den eigenen Erfahrungen, und denen im Untersuchungskontext eine besondere Bedeutung zukommen. Dabei wird die Eigenständigkeit von Sinnlichkeit und Körperlichkeit als primärer Ausgangspunkt für theologische Reflexion und Deutung aufgewertet. Körperliche sinnliche Erfahrungen nehme ich daher eingebettet in der Umgebung des Geschehens im und ans Ganze(n) wahr und deute sie analog im Kontext pentekostaler Diskurse. So sind Geräusche, Lautstärke, Gerüche, Temperatur, Tempo in der Umgebung ebenso wichtig wie der eigene Puls, die eigenen Herzfrequenz und Transpiration und müssen religionsästhetisch wahrgenommen und anschließend theologisch gedeutet werden (vgl. ebd.).

2 Gottesdienstgeschehen

2.1 *Spatial turn*

Als *spatial turn* wird eine u. a. durch Michel Foucault geprägte und seit den 1980er Jahren diskutierte kulturelle Wende bezeichnet. Der *spatial turn* ist ein Produkt der Postmoderne (Bachmann-Medick 2010, 284). Es geht um ein raumgeprägtes Verständnis von Wirklichkeit. Der Raum, die Synchronie, steht der Zeit, der Diachronie, gegenüber. Das Anliegen des *spatial turn* liegt darin, die Dichotomien des Denkens von Zeit und Raum zu überwinden. Dabei geht es darum, den über eine lange Zeit dominanten Fokus auf die zeitbezogene evolutionäre Vorstellung von Entwicklung und Fortschritt einer kritischen Prüfung zu unterziehen. Letztere war und ist vordergründig durch das Erbe der Aufklärung und des darin enthaltenen Verständnisses von kolonialen Entwicklungsstrukturen und Fortschrittsdenken entstanden. Die „Renaissance des Raumbegriffs" (286) bedingt sich primär durch die politisch-gesellschaftlichen Umbrüche in der zweiten Hälfte des 20. Jahrhunderts: die Aufhebung der Blockbildung, der politischen Polaritäten, die Öffnung der Grenzen hin zu einer Verschiebung Zentraleuropas nach Osten (287), Kapitalismus, Globalisierung und der damit einhergehende Schwerpunkt auf und die Bedeutung von Netzwerk- und Beziehungsstrukturen, globalen wechselseitigen Abhängigkeiten. Grenzen werden neu gezogen, Raumansprüche ändern sich, d. h. „neue Raumkonstruktionen" nehmen Gestalt an (ebd.). Im Spannungsfeld von Raumkonstruktion einerseits und Enträumlichung im Zuge der Digitalisierung (*global village*) andererseits (288), geht es darum, die unterschiedlichen Raumperspektiven anhand neuer kritischer Raumbegriffe zu berücksichtigen und zu erschließen. Geprägt ist der Umbruch vom Gegensatz zwischen Transiträumen bzw. Transitidentitäten und dem Streben nach Stabilität in einer erneuten Zuwendung zum lokalen Vertrauten.

2.2 Performative Räume

Die Überlegungen zum Begriff der Performanz stehen aus meiner Sicht im engen Zusammenhang mit der Entwicklung des Raumbegriffs im Zuge des *spatial turn* in den Kulturwissenschaften. Im Kontext der Praktischen Theologie spricht Florian Dinger zu Recht von einer Vielfalt von performativen Ansätzen (Dinger 2018, 10). Die etymologische Problematik konstituiere sich bereits in der Übersetzung des deutschen Begriffs der Performanz. Einerseits mit dem englischen Ausdruck *performance*, andererseits mit dem deutschen der Performativität übersetzt, bedeuten sie je unterschiedliches. Während performance – das didaktische Arrangement bzw. die Inszenierung im Sinne eines Theaterstücks – auf Vollzug und Aktion ausgerichtet sei, drücke Performativität die Kraft und die Resonanz des (stillen) Handelns aus (vgl. Zilleßen 2008, 34; Dinger 2018, 84). Dabei gehe es um die Wirkung dessen, was sich unverfügbar, entsprechend unplanbar, im performativen Geschehen vollzieht. Methodisch handelt es von der Förderung des Wissens, zugleich davon, den Umgang mit Nichtwissen zu begleiten (vgl. Zilleßen 2008, 32). Unter Berücksichtigung meiner allgemeinen religionsästhetischen Vorüberlegungen und denen zu Raum und Performativität nähere ich mich im Folgenden dem Phänomen des Pentekostalismus, indem ich mittels der Methode der „dichten Beschreibung" versuche, ausgehend von meiner empirischen Forschung (Sallandt 2007) ein typologisches Bild von dem Geschehen zu skizzieren und es unter Berücksichtigung pentekostaler Stimmen zu deuten.

2.3 Liturgische Geschehen: eine dichte Beschreibung (Clifford Geertz)

Die ritualisierte Eingangsphase des Gottesdienstes bietet den Gottesdienstbesucher: innen, sich in den von Gott gegebenen Raum einzufinden. Dieser scheint ihnen zu ermöglichen, jegliche Ablenkungen des Alltags hinter sich zu lassen und „a real state of common with the divine" zu spüren (Cooper 2017, 85). Im Anschluss folgt ein längerer Zeitraum, den ich aus meiner Erfahrung dahingehend lese, dass jede:r Einzelne danach strebt, sich immer mehr der Gemeinschaft mit Gott hinzugeben. Nach pentekostaler Deutung erfülle die Gegenwart des Heiligen Geistes den Raum, zu gleicher Zeit konstituiere der Raum sich (erst) im

Vollzug. Gefühle aller Art können dabei auftreten, meistens geprägt von körperlichen Begleiterscheinungen. Die Gläubigen lachen, weinen, rufen, schreien, tanzen, singen; sie befinden sich in einem körperlich sichtbaren, emotionalen, inneren Zustand. Körperlich inszeniert sich dieses herausfordernde Grenz- und Übergangsgeschehen von der menschlichen zur Gemeinschaft mit Gott, so die Deutung. Theologisch ist es aus meiner Sicht angemessener, von einem „Transformations-" anstatt von einem Konversionsgeschehen zu sprechen: „The materiality of the human embodiment exceeds one's spiritual aptitudes" (89), da die Veränderung sich nicht vom Wechsel von einem in einen anderen Zustand abbildet, sondern es sich vielmehr um ein komplexes, nicht graduelles lineares Kausalgeschehen handelt.

Für den peruanischen Pfingsttheologen Bernardo Campos wiederholt sich in den pentekostalen Gottesdiensten das Pfingstfest (Apg 2). Die pentekostale Liturgie diene dazu, dieses schöpferische Erleben im Geist immer wieder am eigenen Körper zu spüren und damit lebendig zu halten (Campos 1997, 97). Die sich darin ausdrückende spirituelle Suche nach Gott sei eine Suche im Geist, die immer wieder neu und anders in gottesdienstlicher Gemeinschaft sinnlich erlebt werde. Es handelt sich Campos zufolge um eine dynamische Ekklesiologie, die sich vom persönlichen Geisterlebnis, der inneren Gewissheit der Erlösung und Befreiung in Jesus Christus, klangvoll ergreifend (anstatt begreifend) ereigne (2014). Dieses persönliche, affektiv erlebte und sinnlich erfahrende Rettungsgeschehen wirke jenseits vom klassischen Verständnis der Soteriologie (insofern) sinnstiftend. Das Geschehen der Verkörperung stellt dabei aus meiner Sicht dogmatische Lehrsätze immer wieder infrage.

Zu Recht spricht José Sánchez Paredes in seiner Studie über die Pfingstkirche in Lima von einem *Widerstands*potential, dass sich diachron und asymmetrisch (zunächst) unsichtbar vollziehe (vgl. 2018, 81). Sein Gehalt lasse sich nicht von außen begreifen, vielmehr widerstehe das Geschehen der Eindeutigkeit von Begriff und Kategorie, drücke sich nicht kognitiv aus, sondern berühre Einzelne und die Gemeinschaft körperlich-sinnlich. Äußerliche Zuschreibungen, so José Sánchez, die Menschen stigmatisieren, werden im Augenblick aufgebrochen (*Befreiung*spotential) (vgl. 257f.). Der peruanische evangelische Anthropologe Ruben Paredes Alfaro (2006) stellt in seiner Studie über die Erneuerung der Liturgien diese befreiende Wirkung pentekostaler Frömmigkeitsstile heraus. Er erkennt in den stark körperlich geprägten Ritualen die Sprache einer tief in der peruanischen Kultur verwurzelten Festivität, deren bevorzugte körperliche Ausdrucksweisen im Tanz und in der Musik liegen. Akustische Elemente schaffen als bedeutender Begleiter im Gottesdienst eine befreiende Atmosphäre, in der die Gläubigen ihren Alltag hinter sich lassen. Indem sie sich auf den Klang der Musik konzentrieren, mitsingen und mittanzen würden, würden sie einen neuen, sich im Augenblick konstituierenden Raum des Heiligen Geistes betreten, so Paredes (vgl. 2006, 10). Darin lasse sich ihre Bereitschaft und Offenheit, sich dem Wort Gottes zu öffnen, ablesen: „[Die Gottesdienstbesucher*innen] erheben ihre Hände zum Himmel, schließen ihre Augen und treten ein in [...] die Aura des Heiligen Geistes" (Sallandt 2007, 50). Ihre äußerlich ritualisierten Bewegungen verinnerlichen sich. Es scheint, als ob sie nicht mehr nur die körperliche Beziehung untereinander, sondern die dahinter- genauer gesagt davorliegende materielle Anbindung an den Geist der Schöpfung (Gen 1,2) spürten (Wilkinson 2017, 20). Körper und Sinne lassen das Unverfügbare vor allen binären Deutungs- und Interpretationskategorien sichtbar werden. Befreit von gesellschaftlichen Kategorien, Systemen der Unterdrückung und Herrschaft, die eine solche Art der *embodied encounter* verhindern, öffnet sich im gottesdienstlichen Ereignis der Verkörperung immer wieder der Raum, „the sacred has become present" (Chiquete 2020, 6), der körperlich-sinnlich erlebt und als Anwesenheit Gottes deutend wahrgenommen werde.

Das liturgisch immer wieder neu erlebte Pfingstfest, die Ausgießung des Heiligen Geistes über alles Fleisch, begründet bibeltheologisch den untrennbaren Zusammenhang zwischen Körper und Geist, zwischen meinem Leib und dem Leib Christi in der Gemeinschaft aller Gläubigen. Die Doppeldeutigkeit des Performanzbegriffs (2.2), Inszenierung einerseits, Wirkung stillen Handelns andererseits, konkretisiert das Gottesdienstgeschehen als eine sich immer wieder vollziehende Raumkonstruktion und Enträumlichung zugleich.

2.4 Ekklesiologie: Wesen und Vollzug performativer Räume

Auf der Grundlage der Ausführungen im vorherigen Kapitel (2.2) vertiefe ich im Folgenden die Bedeutung der performativen Räume im Gottesdienst, insbesondere als sinnliches Hör- und Klanggeschehen. Der liturgisch gestaltete Raum des Gottesdienstes, „dynamic, embodied and motive", so Daniel Chiquete (2020, 2), ermögliche die Begegnung mit Gott in/durch die Erfahrung mit dem Heiligen Geist. Hier zeigt sich die erste Bedeutung der Performativität, indem die akustische Gestaltung mittels der Töne und Klänge den Raum der möglichen Begegnung in gewisser Weise vorbereitet. Die Gläubigen können affiziert werden. Ob die Möglichkeit eintritt, hängt von der zweiten Bedeutung der Performativität ab, nämlich davon, ob die innere unverfügbare Kraft es bewirkt. Im Spannungsfeld von räumlicher Inszenierung und räumlicher Wirkung drücken die Gläubigen aktiv im liturgischen Geschehen ihren Glauben aus und gestalten auf diese Weise das räumliche Geschehen mit (Selbstwirksamkeit). Chiquete betont, dass gerade die liturgische Gemeinschaft, „becomes dynamic and energized" (2020, 3). Es entstehe eine räumlich spürbare besondere Atmosphäre Die Wirkung Gottes vollziehe sich für die Gläubigen erfahrbar, für Außenstehende verborgen. Pentekostaler Überzeugung zufolge müsse daher der sich immer wieder vollziehende spirituelle Raum, in dem die Gläubigen ihre religiösen Erfahrungen machen, geschützt sein. Es handle sich um einen intimen Raum, der sich aus der individuellen Erfahrung in Gemeinschaft und im Glauben immer wieder neu vollziehen und bewahrheiten müsse (ebd.). Theologisch bedeute das, dass die Begegnung mit Gott nicht im materiellen Raum der Kirche stattfindet, sondern ganz im Sinne reformatorischer Überzeugung im *Gottes*dienst (ebd.). „Therefore, it is understood that if the physical place does not promote nor guarantees the encounter between believers and the Holy Spirit, the construction of worship places within pentecostalism is determined by a pragmatic criterion, and not by symbolic, spiritual, or liturgical motivations" (idem). Der Raumbegriff muss demnach aus pentekostaler theologischer Perspektive non-materialiter verstanden werden. In gewisser Analogie zum *spatial turn* konstituiert sich sein Verständnis im performativen transformativen Spannungsfeld von (liturgischer) Raumkonstruktion einerseits und Enträumlichung (im Geist) andererseits: d. h. im dynamischen Zwischenraum. Auch hierbei geht es um die Erschließung von Transiträumen bzw. Transitidentitäten und dem Streben nach Stabilität im liturgischen Vertrauten. Letzteres entspricht aus meiner Sicht dem, was u. a. der Pfingsttheologe Chiquete als räumliche Atmosphäre im Gottesdienst umschreibt.

Aufgrund meiner teilnehmenden Beobachtung und Erfahrung teile ich Campos theologische Deutung des Gottesdienstgeschehens, in dem, so Campos, die liturgische Gemeinschaft das sich immer wieder widerholende Erleben des Pfingstfestes suche und erleben könne. Die Wirkung von Tönen und Klängen berühren die Gläubigen sinnlich. Das sich im Anschluss immer wieder neu und anders bedingte Zusammenspiel von Hören, Mithören und Singen der Gläubigen nutzt und gestaltet die räumliche Atmosphäre zugleich. Religionsästhetisch (s. o.) spreche ich vom körperlichen Nachahmen (Echo), theologisch, in Anlehnung an Hollenweger, vom unverfügbaren Augenblick, in dem die Gläubigen die Gegenwart Gottes suchen. Dabei verkörpert die Geisttaufe – hörbar in der Zungenrede – auf ganz besondere unverfügbare Weise die „Kathedrale der Töne […]", als „ein sozio-akustisches Heiligtum" (1988, 315f., 1997, 251). Sie, so meine Deutung, liest sich als Ergebnis dessen, was im performativen ambigen Spannungsfeld klingend/akustisch sichtbar, zugleich unverfügbar bleibt (vgl. Röm 8, 26f.).

Entscheidend ist diesbezüglich zu erwähnen, dass die vermeintliche Vermittlung der akustisch wahrnehmbaren Geisttaufe, die Glossolalie, nicht im klassischen Sinne sakramental zu verstehen ist (vgl. Macchia 2014, 250). Für unseren Zusammenhang ist es wichtig, die aufbrechende akustische Wirkung des Geistes primär wahrzunehmen, die entstehende räumliche Atmosphäre nachvollziehen zu können und epistemologisch zu verstehen, dass dieses Ereignis losgelöst traditioneller Formen und Strukturen theologisch erfasst werden muss (vgl. 252). Ob und inwiefern das diverse Feld der Pfingsttheologien eine sakramentale Auffassung vertritt oder nicht, soll hier nicht weiter diskutiert werden.

Neben der Wirkung von Gemeinschaft und Akustischem im Gottesdienst bedeuten auch die Worte in ihrer akustischen Dimension räumlich-sinnlich (Affizierung). Es geht also nicht darum, die sinnliche Dimension im engeren Sinne der verbal-kognitiven gegenüberzustellen, sondern vielmehr das gesamte Gottesdienstgeschehen akustisch wahrzunehmen. Theologisch deute ich die Grenze von Sinnlichem und Kognitivem im Sinne des performativen Raumverständnisses kontinuierlich transzendierend. Raumkonstruktion (Selbstwirksamkeit) und Enträumlichung (Unverfügbarkeit) vollziehen sich theologisch in einem permanenten Prozess der Vorläufigkeit (Transformation). Inmitten dieses Prozesses erfahren die Gläubigen die Worte der Verkündigung als konstitutiven Teil des sich vollziehenden dynamischen Transformationsprozesses. Diese performative Transformation trägt sich aus meiner Sicht als permanentes akustisches Gemeinschaftsgeschehen. Weder die Gläubigen selbst stehen dem Prozess gegenüber noch die Person der Forscherin, die ihrerseits die Erfahrungen der Gläubigen individuell erfährt; vielmehr entsteht die Erzählung aus der Vorläufigkeit des Akustischen. Diese räumliche Beziehung bedingt sich in der spirituellen Atmosphäre, die auch im narrativen Zeugnis der Gläubigen (Selbstwirksamkeit), das in Wechselwirkung mit und in der Gemeinschaft erzählt wird, akustisch schöpferisch wirkt. Dabei ist zu unterstreichen, dass die Erzählung sich im Moment des gemeinschaftlichen Erlebens immer wieder neu vollziehen kann, das heißt, dass die Gläubigen sich im Moment intensiver religiöser Gemeinschaftserfahrung immer wieder neu und anders ausdrücken; zugleich immer wieder anders gehört und wahrgenommen werden. „Dieses Narrativ bietet also die Grundlage für eine (theologische) Reflexion, die sodann in zukünftige Reflexionen einfließt. [...] Positiv bedeutet das, dass die theologische Reflexion das narrative Moment der Erfahrung nicht vernachlässigen [darf]" (Maltese 2013, 64). Der Artikulationsprozess selbst, das Ausdrücken in hörbaren Lauten, scheint dabei kohärenter Weise von größerer Bedeutung als der konkrete Inhalt zu sein; dies sowohl bei den Sprechenden als auch bei den Adressat: innen. Diese Lesart rechtfertigt sich darin, dass es sich, wie deutlich geworden sein sollte, um die räumlich-leiblichen Übergänge handelt, die die Gläubigen die Grenzen von Raum (*spatium*) und Zeit (*chronos*), von konkretem Ort (*topos*) und Augenblick (*kairos*) fluide – und daher immer wieder neu und anders – erfahren lassen.

3 Pneumatologische Vertiefung

Das ambige Differenzverhältnis von performativer Inszenierung und stiller performativer Wirkung konstituiert eine räumliche Atmosphäre, die im Sinne eines möglichen transzendenten Beziehungsraums – für den es aber keine Garantie gibt – erfahren werden kann. Methodologisch begegne ich hier dem bekannten wissenschaftlichen Problem, (religiöse) Erfahrungen anderer zu untersuchen und zu deuten (vgl. Heidemann 2019, 459). Wie ich zu Beginn des Kapitels deutlich gemacht habe, geht es bei der Untersuchung von (religiöser) Erfahrung darum, die Einbettung des Untersuchungsgegenstands in seiner (Mit-)Welt zu berücksichtigen, zugleich der eigenen Körperlichkeit Beachtung zu schenken.

Dieses triadische prozessartige Wirkungsverhältnis zwischen Gottes Wirken (Affizieren), menschlichem Antworten (Selbstwirksamkeit) im komplexen Transformationsgeschehen vertiefe und analysiere ich theologisch ausgehend von Campos Forderung, Pentekostalität als weitere *nota ecclesia* anzuerkennen (vgl. Campos 2019, 122f.). Pentekostalität definiert Campos als „eine universelle Erfahrung, die ihren Ausdruck im Pfingstgeschehen in seiner Eigenschaft als Ordnungsprinzip derer findet, die sich mit dem Pfingsterweckungserlebnis identifizieren und dadurch eine Pfingstidentität entwickeln" (ebd. 125). Campos' These verortet sich im Kontext seiner Beobachtung, dass es sich im pentekostalen Kontext in Lateinamerika um eine dynamische Ekklesiologie handelt, die sich – wie dargelegt – ausgehend vom religiösen Erleben und Erfahren sinnlich konstituiere. Theologisch bzw. pneumatologisch fordert er, den Geist als Ursprungsort der Kirche im Sinne des Pfingstfestes den traditionellen Kennzeichen der Kirche an die Seite zu stellen und betont dabei das ökumenische Potenzial über konfessionelle Grenzen hinweg heraus (vgl. 126). Ferner greift er die von anderen pentekostalen Theolog:innen schöpferische Beobachtung auf, dass die Schöpfung Gottes im Buch Genesis sich von der Gegenwart des Schöpfergeistes ausgehend entwickele (vgl. Dabney 2014, 234). Im Widerspruch zur Tradition der *creatio ex nihilo* wird auf den unverfügbaren Geist vor dem schöpferischen Wort verwiesen. Inwieweit steht Campos' Forderung mit den hier dargelegten Überlegungen zum Wesen und zur Bedeutung performativer Räume in Beziehung?

Theologisch relevant und für die Deutung des akustischen Raumgeschehens in pentekostalen Gottesdienstes entscheidend ist es, anzuerkennen, dass es um das schöpferische Hören an-sich geht anstatt um das intentionale Hören von etwas. Die Gegenstandslosigkeit des Hörgeschehens, Ausdruck für die Leerstelle, für das Unverfügbare oder auch für das Absolute des akustischen Raums, konstituiert die allein spürbare und zu empfangende spirituelle Atmosphäre. Gerade weil sie sich intentionslos/unverfügbar und unerwartet ereignet, bedeutet sie an-und-für-sich. Das Absolute begründet sich im Sinne Campos im Wirken des Geistes Gottes, dem die ganze performative Aufmerksamkeit in pentekostalen Gottesdienstes gehöre. Die Weite der „Kathedrale der Töne" öffne den Gläubigen ein ungeahntes, sich selbst konstituierendes, einzigartiges Geist-Erleben, das auf den zentralen Aspekten der Christologie, der identitären Pentekostalität und der Hermeneutik des Geistes beruht (vgl. 2019, 115). Campos zeigt, dass die Erfahrung an-und-für-sich schöpferisch konstitutiv wirkt. Ihre Gegenstandslosigkeit als Zeichen der Unverfügbarkeit Gottes Handeln deute ich in seinem Sinne pneumatologisch als sich permanent vollziehender Grenzraum, in dem es möglich wird, das Unverfügbare zu spüren, ohne es begrifflich kategorisch festzusetzen. Hermann Schmitz, Vertreter der neuen Phänomenologie, spricht von der Ausleibung, einem „Zustand des Versinkens und der Versunkenheit" (2020, 50). Exemplarisch verweist er u. a. auf die *unio mystica*. Schmitz' Worte drücken körperlich-sinnlich das Wirken Gottes aus, zugleich die Dimension menschlicher Erfahrung, (in) diesem transzendenten Leib ausgeliefert zu sein. Dieses Erfahrungsgeschehen wertet Campos theologisch auf, indem er seine Anschlussmöglichkeiten einer *Spiritual theology* pneumatologisch auslotet. Der sich im Geist immer wieder vollziehende schöpferfische Raum, besser die Räumlichkeit, stellt theologisch die einzige archaische Möglichkeit dar, Gottes Geist zu denken. In eben nicht vorstellbarer, sondern vielmehr erfahrbarer leiblicher Abhängigkeit, konstituiere sich im Geist, so Campos, die Möglichkeit, jenseits unseres Bewusstseins, unser Vorstellungsvermögen, d. h. präreflexiv, anzufangen, die Trennung von Erfahrung und Theologie zu unterlaufen. Folgen wir diesem Gedanken, wird der leibliche Raum zum Ort theologischer Erkenntnis, die sich – wie jede andere Quelle auch – mit der Herausforderung der Verständigung auseinanderzusetzen hat.

Ausblick

Die Überlegungen zu performativen Räumen im pentekostalen Gottesdienst haben die Bedeutung von akustischen Elementen, Klänge und Tönen, deutlich gemacht. Der Ausweitung der religiösen Erfahrung im Kontext vom Hören an sich (nicht von etwas) ausgeliefert zu sein, impliziert unerlässlich, atmosphärische Räume von Spiritualität, dem körperlichen Verlassen in die unbekannten Tiefen des Präkognitiven. Insbesondere pneumatologisch kann aus meiner Sicht das absolute Wesen der (religiösen) Erfahrung, das an-und-für-sich Bedeutsame der religiösen Erfahrung, die im Einzelnen und gemeinschaftsbildend nachklingt und wirkt, gedeutet werden. Gott stellt sich auf weiten Raum (Ps 33) und ‚spricht' anders zu seinen Geschöpfen. Die Bedeutung der Räume, von denen hier die Rede war, liegt folglich darin, Gottes Handeln jenseits von Wort und Begriff, wahrzunehmen, ferner nicht nur *über* Sinnlichkeit und auditive Ausdrucksweisen zu sprechen, sondern vielmehr sie in ihrer Wirkung theologisch ernst zu nehmen und ihre wissenschaftliche Tragfähigkeit auszuloten. Letzteres muss in einer anderen Studie vertieft werden.

Schlussüberlegungen

Warum fordere ich das Verhältnis Gott und Mensch räumlich-performativ zu erschließen? Inwiefern ermöglicht dieser Appell, das Verhältnis immer wieder neu und anders zu gestalten? Inwieweit stellt die Umsetzung einen Mehrwert für die Theologie heute da?

Gott aus der räumlichen Perspektive in den Blick zu nehmen, hat die Raumgabe in Jesus Christus, den weiten Differenz-Raum Gottes, sichtbar werden lassen. Gott – als Raumgabe gedacht – vertieft, wie Gott an jedem Ort kulturell-kontextuell situativ anders gedeutet werden kann. Und genau aus diesem Grund begründet und bedingt sich eine theologischen Perspektivenvielfalt in Inhalt und Methode, die wahrgenommen werden muss. Situativ-konkret konstituieren sich *loci theologici*, an denen Wissen von Gott im produktiven Da-Zwischen sichtbar werden kann. Christologisch ist hier die Rede von der räumlich-leiblichen Mitte, bei der es sich um eine ambige, dynamische Mitte handelt, besser gesagt, einem nicht fixierbaren Ort bzw. einer nicht fixierbaren Räumlichkeit im Wandel. Die Lebenswirklichkeit in der Gegenwart, die Entwicklungen von vielschichtigen Räumlichkeiten analoger und digitaler Natur in den kulturellen komplexen ausdifferenzierten Transformationsprozessen im Kontext der Globalisierung, fordern, die christologische ambige Mitte in ihren vielschichtigen Spannungsfeldern von Leib, Raum, Abhängigkeit und Wandelbarkeit, sprich von leiblicher ambiger Räumlichkeit, wahrzunehmen. Diese sich christologisch legitimierte(n) lebendige(n) kulturelle(n) Differenz(en) wird/werden deutlich sichtbarer, indem das Verhältnis Gott und Mensch permanent räumlich-leiblich theologisch erschlossen wird. In diesem spannungsreichen, differenzierten Auslegungsprozess komplexer Beziehungsgefüge liegt die Perspektivenvielfalt christologischer Lesarten und ethischer Konsequenzen der Alterität Gottes. In der ambigen Mitte in Jesus Christus liegt die konkrete Anbindung der kulturellen ambigen Differenz(en) und fordert nicht nur eine inhaltliche Neuorientierung, sondern erweitert auch den methodischen performativen Umgang mit Pluralität und Komplexität im Kontext von religiöser und theologischer Bildung, Lehre und Forschung.

Wie (er-)füllt sich der Aufbruch theologischer Rede in Gehalt und Methode?

Kritisches Wissen, kritisches Denken wird auch im Kontext von Theologie und Religion entscheidend sein, deren situativ-kulturell eingebettete Wesen, die dem stetigen Wandel unterworfen sind, zu begegnen. Es geht hier analog zum theologischen Spannungsverhältnis von Raum und Leib, Leib und Raum, im christologischen Ausdruck der ambigen Mitte darum, nach komplexen Verhältnissen/Beziehungsgeschehen zu fragen, z. B. dem von Theologie und Pädagogik oder dem der Methodik in Forschung und Lehre. Der Aufbruch, von dem hier die Rede ist, öffnet das theologische Handlungsfeld. Mit einem neuen Bewusstsein und einer neuen Wahrnehmung der körperlichen Dimension, zugleich einer Relativierung des Textes, erweitert sich die (methodische) Suche nach dem Unverfügbaren. Ausgehend vom Grundriss der Theologie Verlassens begründet sich, insbesondere im Spannungsfeld von Körperlichkeit und transzendenter Räumlichkeit, die ethische Lesart des (christologischen) Leibs, der – nicht ontologisch gesetzt, sondern primär räumlich gelesen – zu ethischem, situativ eingebettetem, Handeln aufruft. Diesen unbedingten Appell gilt es anzuerkennen. Unter Berücksichtigung von Performanz, *Performance* und Performativität, (ver-)trauen wir beispielsweise in der performativen Pädagogik und Religionsästhetik auf Erkenntnisgewinn, der nicht kulturell prädeterminiert, geschweige denn geprägt ist, sondern vielmehr im augenblicklichen Geschehen sich ereignet und wirkt. Als Folge der Resonanz konstituieren sich Lernräume, welche die strukturellen und individuellen kulturellen Prozesse der Transformation wechselseitig wahrnehmen und sich im Sinne einer ästhetischen Theologie methodisch auf die wahrgenommenen glokalen Veränderungsprozesse einlassen. Sinn-/Körperlichkeit werden aufgewertet. Sowohl die performative Pädagogik als auch die Religionsästhetik – unter Berücksichtigung inter-/transdisziplinärer Forschung in den Geisteswissenschaften – fordern in Bezug auf das außereuropäische Christentum theologisch heraus, präventiv der Alteritätsvergessenheit, nämlich dem zum Teil unbewussten Vorgang, das zu vergessen, was wir nicht kennen, vorzubeugen. Europäisch-westliche kolonialistisch etablierte Deutungshoheiten, die noch immer von einem Universalanspruch ihres Denkens, Sprechens und Handelns geprägt sind, werden im Begegnungs- und Verhandlungsraum mit Christ:innen, Theolog:innen und Menschen anderer kultureller Räume, situativer Räumlichkeiten, unterbrochen. Es handelt sich um einen überfälligen Beitrag zur dekolonialen Aufarbeitung in Theologie und Religion. Auf diese Weise, so mein Wunsch, können in der weltweiten Ökumene, transkulturell und transkonfessionell neue Begegnungs- und Gestaltungsräume christlicher Wissens- und Handlungsproduktion entstehen. Theologische Rede des Verlassens konkretisiert sich: Undogmatisch, transkulturell und transkonfessionell – der epistemologischen vielschichtigen differenzierten Produktivität der situativen und kulturellen Komplexität bewusst. Ausgehend von den performativen Alteritätsräumen leistet die Theologie des Verlassens einen Betrag andere Sprachen des Raumes jenseits von Wort, Begriff und Kategorie, im Sinne präkognitiver Erfahrung, wissenschaftlich zu erschließen. Sie ist davon überzeugt, dass auch dort Wissensproduktion verortet ist und lässt sich von dieser Möglichkeit in ihren eigenen epistemischen Überzeugungen immer wieder infrage stellen.

Literatur

Adhar Mall, Ram: Universalität und Perspektive der Philosophie. Eine interkulturelle Perspektive, in: Hamid Resa Youseffi / Klaus Fischer / Ina Braun (Hg.), *Wege zur Philosophie. Grundlagen der Interkulturalität*, Nordhausen: Traugott Bautz 2006, 147–173.

Adhar Mall, Ram: Der Absolutheitsanspruch oder wider den Geist der Ökumene (1997), in: Ulrich Dehn / Ulrike Casper-Seeger / Freya Bernstorff (Hg.), *Handbuch Theologie der Religionen*, Freiburg i. Br.: Herder 2017, 384–399.

Altmeyer, Stefan: Welche Wahrnehmung? Kontexte und Konturen eines praktisch-theologischen Grundbegriffs, in: R. Boschki / M. Gronover (Hg.). *Junge Wissenschaftstheorie der Religionspädagogik. Tübinger Perspektiven zur Pastoraltheologie und Religionspädagogik*. Tübingen: LIT 2008, 214–237.

Amat y León, Oscar / Pérez Guadalupe, José Luis: „Perú: los Evangélicos Políticos y la Conquista del Poder", in: J. L Pérez Guadalupe / S. Grundberger, *Evangélicos y poder en América Latina*. Lima: KAS 2017, 461–484.

Appadurai, Arjun: *Die Geographie des Zorns*. Frankfurt a. M.: Suhrkamp 2009.

Arendt, Hannah: *Vita Activa. Vom tätigen Leben*. München: Piper ¹⁴2014 (amerik. Org. 1958).

Askani, Hans-Christoph: *Schöpfung als Bekenntnis*. Tübingen: Mohr Siebeck 2006.

Askani, Hans-Christoph: „Gott bezeugen", in: Korsch, Dietrich (Hg.): *Paul Ricœur und die evangelische Theologie*. Tübingen: Mohr Siebeck 2016, 181–193.

Assmann, Aleida: *Einführung in die Kulturwissenschaften. Grundbegriffe, Themen, Fragestellungen*. Berlin: Schmidt 2006.

Austin, John L.: *Zur Theorie der Sprechakte* (How to do things with words). Stuttgart: Reclam 1986 (1979).

Bachmann-Medick, Doris: *Cultural Turns. Neuorientierungen in den Kulturwissenschaften*, Hamburg: Rowohlt ⁴2010 (2006).

Bachmann-Medick, Doris: *Cultural Turns. New Orientations in the Study of Culture*. Berlin/Boston: De Gruyter 2016.

Bauer, Thomas: *Die Kultur der Ambiguität. Eine andere Geschichte des Islams*. Berlin: Verlag der Weltreligionen 2011.

Baumann, Zygmunt: *Moderne und Ambivalenz. Das Ende der Eindeutigkeit*. Hamburg: Hamburg Edition ²2005.

Barth, Karl: „Das Wort Gottes als Aufgabe der Theologie (1922)", in: *Grundtexte der neueren evangelischen Theologie*, Leipzig: Ev. Verlagsanstalt 2007, 102–119.

Barth, Karl: Evangelium und Gesetz, in: *Theologische Existenz Heute*, Nr. 32, München 1956, 5–32.

Barth, Karl: *Kirchliche Dogmatik I/2*. Zürich: Theologischer Verlag 1938.

Beck, Wolfgang; Nord, Ilona u. Joachim Valentin: *Theologie und Digitalität. Ein Kompendium*. Freiburg i. Br.: Herder 2021.

Bederna, Katrin; Gärtner, Claudia: Dramatisch! Irrelevant? Gott suchen, erfahrungsbezogen theologisieren und solidarisch unterbrechen. Fünf Thesen zu religiöser Bildung für nachhaltige Entwicklung, in: *rpi loccum*, 2/2022, 18–23.

Beiner, Marcus: *Humanities. Was Geisteswissenschaft macht. Und was sie ausmacht*. Berlin: University Press 2009.

Bell, Catherine: *Ritual Theory, Ritual Practice*. Oxford: University Press 1992.

Bergunder, Michael: Was ist Religion? Kulturwissenschaftliche Überlegungen zum Gegenstand der Religionswissenschaften, ZfR 19(1/2) 2011, 13–55.
Beuttler, Ulrich: *Gottes Räumliche Präsenz*, in: Karl, Katharina; Winter, Stephan: *Gott im Raum?! Theologie und spatial turn: aktuelle Perspektiven*. Münster: Aschendorff 2021.
Bhabha, Homi K.: *Location of Culture*. London: Routledge 1994.
Bockrath, Frank; Boschert, Bernhard; Franke, Elk (Hgg.): *Körperliche Erkenntnis. Formen reflexiver Erfahrung* Bielefeld: transcript 2008.
Böhler, Arno; Granzer, Susanne Valeria; Loughnane, Adam; Parkes, Graham: „Kunst und Philosophie im Zwischen der Kulturen. Ein E-Mail Gespräch", in: *polylog* 35 2016, 7–34.
Bonhoeffer, Dietrich: *Schöpfung und Fall. Theologische Auslegung von Genesis 1-3*. München: Chr. Kaiser, 1933, in: DBW 3, Gütersloh: Verlagshaus ⁴2015.
Bourdieu, Pierre: „Körperliche Erkenntnis", in: *Meditationen. Zur Kritik einer scholastischen Vernunft*. Frankfurt a. M.: Suhrkamp 2001.
Brunner, Claudia: *Epistemische Gewalt. Wissen und Herrschaft in der kolonialen Moderne*. Bielefeld: transcript 2020.
Brusco, Elizabeth: „Gender and Power, in: Anderson, Allan; Bergunder, Michael; Droogers, André; Van der Laan, Cornelis. *Studying Global Pentecostalism. Theories + Methods*. Berkley: University of California Press 2010, 74–92.
Burrichter, Rita; Gärtner, Claudia: *Ästhetische Religionspädagogik. Religiöses Lernen zwischen kulturellem Erbe und Hyperkulturalität in heterogener Gesellschaft*, in: Grümme, Bernhard u. Manfred L. Pirner (Hg.). *Religionsdidaktik weiterdenken. Innovative Ansätze für eine zukunftsfähige Religionsdidaktik*. Stuttgart: Kohlhammer 2023, 73–84.
Campos M., Bernardo: *Experiencias del Espiritu Santo Claves para una interpretacion del pentecostalismo*. Quito: CLAI 1997.
Campos M., Bernardo: *Situación del Pentecostalismos en Peru hacia 2013* 2014, https://de.slideshare.net/ipermaster/situacion-de-los-pentecostalismos-en-el-peru-2013 (letzter Zugriff am 01.04 2019).
Campos M., Bernardo: „Un Pentecostalismo para el siglo XXI. Historia y Teología" 2019, https://www.academia.edu/41955809/Un_Pentecostalismo_para_el_Siglo_XXI ?sm=b, letzter Zugriff am 01.03.2024.
Campos M., Bernardo: Grundlegende Aspekte der Pfingsttheologie. Eine Annäherung aus der Perspektive Lateinamerikas, in: Krämer, Klaus; Vellguth, Klaus (Hg.). *Pentekostalismus. Pfingstkirchen als Herausforderung in der Ökumene*. Freiburg: Herder 2019, 113–128.
Cancik, Hubert; Mohr, Hubert (Hg.), „Religionsästhetik", in: *Handbuch religionswissenschaftlicher Grundbegriffe*. Stuttgart: Kohlhammer 1988, 119–156.
Casey, Edward S.: „Erinnerung als den Ort des Anderen innerhalb des eigenen Selbst", in: Waldenfels, Bernhard u. Iris Därmann (Hg.): *Der Anspruch des Anderen. Perspektiven phänomenologischer Ethik*. München: Wilhelm Fink 1998, 291–316.
Chiquete, Daniel: Places of the Spirit? Spatial Representations in the Pentecostalism of Latin America, Vortrag auf GloPent Conference 2020 (unv. Manuskript).
Cooper, Travis W.: Worship Rituals, and Pentecostal-Charismatic „Techniques du Corps" in the American Midwest, in: Wilkinson, Michael/ Althouse, Peter (Hg.), *Pentecostals and the Body*. Leiden/ Netherland: Brill 2017, 77–101.
Dabney, D. Lyle: Die Natur des Geistes. Die Schöpfung als Vorahnung Gottes, in: Haustein, Jörg/Maltese, Giovanni (Hg.): *Handbuch pfingstliche und charismatische Theologie*, Göttingen: V&R 2014, 232–248.
Derrida, Jacques: *Eine gewisse unmögliche Möglichkeit, vom Ereignis zu sprechen*. Vortrag an der Universität Montréal, Berlin: Merve 2003.

Dickmann, Ulrich: *Subjektivität als Verantwortung. Die Ambivalenz des Humanen bei Emmanuel Lévinas und ihre Bedeutung für die theologische Anthropologie.* Tübingen/Basel: Francke 1999.

Dietz, Thorsten: Schuld und Leiden bei Opfern und Täter. Annäherung an die Phänomenologie des Bösen bei Paul Ricœur, in: Korsch, Dietrich (Hg.): *Paul Ricœur und die evangelische Theologie.* Tübingen: Mohr Siebeck 2015, 60–74.

Dinger, Florian: *Religion inszenieren. Ansätze und Perspektiven performativer Religionsdidaktik.* Tübingen: Mohr-Siebeck 2018.

Dobuzinskis, Laurent: WHERE IS MORIN'S ROAD TO COMPLEXITY GOING? In: *World Futures*, 60/5 (2004), 433–455.

Domsgen, Michael: *Religionspädagogik*, Leipzig: Ev. Verlagsanstalt 2019.

Dressler, Bernhard, Art. Performativer Religionsunterricht (2015), in: *Wissenschaftlich Religionspädagogisches Lexikon im Internet*, https://bibelwissenschaft.de/stichwort/100017/, letzter Zugriff am 6.4.2023.

Dussel, Enrique: *Der Gegendiskurs der Moderne. Kölner Vorlesung.* Wien: Turia + Kant 2013.

Dussel, Enrique: *Philosophie der Befreiung.* Hamburg: Argument ³1989 (span. Orig. 1977).

EKD. *Demokratie, Bildung und Religion: Gesellschaftliche Veränderungen in Freiheit mitgestalten Impulse der Kammer der EKD für Bildung und Erziehung, Kinder und Jugend für die demokratiebezogene Bildungsarbeit in kirchlichen Handlungsfeldern,* Text 134, Hannover 2020.

Erbele-Küster, Dorothea; Küster, Volker; Roth, Michael. (Hg.): *Theologie infiziert. Religiöse Rede im Kontext der Pandemie:* Stuttgart: Kohlhammer 2021.

Erfurt, Jürgen: *Transkulturalität – Prozesse und Perspektiven.* Tübingen: Narr Francke Attempto 2021.

Esterbauer, Reinhold: Zeit als geduldiges Warten auf Gott. Zur Konzeption von Transzendenz in ,Totalität und Unendlichkeit', in: Fischer, Norbert u. Jakub Sirovátka (Hg.), *Die Gottesfrage in der Philosophie von Emmanuel Levinas.* Hamburg: Felix Meiner 2013.

Ferber, Christian: „Die Transzendenz in der Konkretion. Zu den Spezifika theologischer Bestimmungsleistungen", in: Korsch, Dietrich (Hg.): *Paul Ricœur und die evangelische Theologie.* Tübingen: Mohr Siebeck 2016, 131–140.

Fischer, Norbert; Hattrup Dieter: *Metaphysik aus dem Anspruch des Anderen: Kant und Lévinas.* Paderborn: Schöningh, 1999.

Gander, Hans-Helmuth, „Ontotheologie", in: *Religion in Geschichte und Gegenwart.* Bd. 6, Tübingen: Mohr Siebeck 2003, 568–569.

Gärtner, Claudia: Ganz schön politisch: Ästhetisch orientiert Religionsunterricht, in: Gärtner, Claudia; Herbst, Jan-Hendrik (Hg.). *Kritisch-emanzipatorische Religionspädagogik. Diskurse zwischen Theologie, Pädagogik und Politischer Bildung.* Wiesbaden: Springer 2020, 499–518.

Gärtner, Claudia; Herbst, Jan-Hendrik (Hg.), *Kritisch-emanzipatorische Religionspädagogik. Diskurse zwischen Theologie, Pädagogik und Politischer Bildung.* Wiesbaden: Springer 2020, 215–232.

Geertz, Clifford: *Dichte Beschreibung. Beiträge zum Verstehen kultureller Systeme.* Frankfurt a. M.: suhrkamp ²2000 (1987).

Geuss, Raymond: *Privatheit. Eine Genealogie.* Berlin: suhrkamp 2013.

Gmainer-Pranzl, Franz: Theologie Interkulturell: Diskurs des Christlichen im Horizont des Globalen. Forschungsstand – Arbeitsbereiche – neue Perspektiven, in: F. Gmainer-Pranzl, B. Kowalski & T. Neelankavil (Hg.), *Herausforderungen Interkultureller Theologie.* Paderborn: Ferdinand Schöningh 2016, 11–34.

Gojny, Tanja; Lenhard, Hartmut; Zimmermann, Mirjam, *Religionspädagogik in Anforderungssituation. Fachdidaktische Grundlagen für Studium und Beruf.* Göttingen: Vandenhoeck & Ruprecht 2022.

Gramlich, Noamie (2021): Situiertes Wissen. In: *Gender Glossar / Gender Glossary* (5 Absätze), http://gender-glossar.de, letzter Zugriff am 21.02.2024.

Gräb, Wilhelm: „Sich in Gott verstehen. Paul Ricœurs und Ernst Cassirers Hermeneutik des religiösen Symbols", in: Korsch, Dietrich (Hg.): *Paul Ricœur und die evangelische Theologie*. Tübingen: Mohr Siebeck 2015, 46–59.

Gruber, Judith: *Theologie nach dem Cultural Turn. Interkulturalität als theologische Ressource*. Stuttgart: Kohlhammer 2013.

Gruber, Judith: *Intercultural Theology Exploring World Christianity after the Cultural Turn*. Göttingen: Vandenhoeck & Ruprecht 2017.

Grümme, Bernhard; Pirner, Manfred L. (Hg.): *Religionsunterricht weiterdenken. Innovative Ansätze für eine zukunftsfähige Religionsdidaktik*. Stuttgart: Kohlhammer 2023.

Gugutzer, Robert: „Der body turn in der Soziologie. Eine programmatische Einführung", in: ders. *Body turn: Perspektiven der Soziologie des Körpers und des Sports*. Bielefeld: transcript 2006, 9–56.

Gürke-Ungemann, Annett; Handschuh, Christian (Hg.): *Digitale Lehre in der Theologie. Chancen, Risiken und Nebenwirkungen*. Münster: LIT 2020.

Hansel, Georges: „Emmanuel Lévinas and Christianity: Uncompromising Proximity", in: De Tavernier, Johan; Selling, Joseph; Verstraeten, Johan and Paul Schotsmans (Hg.): *Responsibility, God and Society. Theological Ethics in Dialogue*. Festschrift Roger Burggraeve. Leuven/Paris/Dudley: Uitgeverij Peeters 2008, 83–102.

Harari, Yuval Noah: *Homo Deus. Eine Geschichte von Morgen*. München: C.-H. Beck 2017.

Haraway, Donna: Situiertes Wissen. Die Wissenschaftsfrage im Feminismus und das Privileg einer partialen Perspektive, in: Hark, Sabine (Hg.). *Dis/Kontinuitäten. Feministische Theorie* Wiesbaden: VS ^{2}2007 (2001), 305–322.

Haraway, Donna: Situiertes Wissen. Die Wissenschaftsfrage im Feminismus und das Privileg einer partialen Perspektive (1988), in: dies., Die Neuerfindung der Natur. Primaten, Cyborgs und Frauen. Frankfurt a. M./New York: Campus 1995, 73–97.

Harding, Sandra: *Whose science? Whose knowledge? Thinking from women's lives*. Ithaca, New York: Cornell University Press 1991

Heger, Johannes: *Wissenschaftstheorie als Perspektivenfrage?! Eine kritische Diskussion wissenschaftstheoretischer Ansätze der Religionspädagogik*. Paderborn: Ferdinand Schöningh 2017.

Heidegger, Martin: *Sein und Zeit*. Berlin: de Gruyter ^{18}2001 (1927).

Heidemann, Frank: Social Aestetics, Atmosphere and Propioception, in: Grieser, Alexandra & Jay Johnson (Hg.) *Aesthetics of Religion. A Connectiv Concept*, Berlin/Boston: Walter Gruyter 2019, 457–464.

Heimbrock, Hans-Günther: Wahrnehmung als Element der Wahrnehmung, in: Grözinger, Albrecht / Pfleiderer, Georg (Hg.). *„Gelebte Religion" als Programmbegriff Systematischer und Praktischer Theologie*. Zürich: TVZ 2004, 65–91.

Henrix, Hans Hermann: „Augenblick ethischer Wahrheit. Zur Bedeutung der Metapher im Denken von Emmanuel Lévinas", in: Wohlmuth, Josef (Hg.): *Emmanuel Lévinas - eine Herausforderung für die Christliche Theologie*. Paderborn/München u. a.: Ferdinand Schöningh 1999, 25–42.

Hiller, Doris: „Integratives Geschichtsverständnis. Impulse der Geschichtstheorie Paul Ricœurs zur Reflexion der Gottesgeschichte", in: Korsch, Dietrich (Hg.): *Paul Ricœur und die evangelische Theologie*. Tübingen: Mohr Siebeck 2016, 118–130.

Hirschauer, Stefan: „Diskurse, Kompetenzen, Darstellungen. Die Somatierung des Wissensbegriffs", in: *Paragrana* 25 (2016), 1, 23–32.

Hock, Klaus (Hg.): *Wissen und Religion: Erkenntnis und Interesse. Epistemologie und Episteme in Religionswissenschaft und Interkulturelle Theologie.* Leipzig: Ev. Verlagsanstalt 2020.
Hock, Klaus: *Einführung in die Interkulturelle Theologie.* Darmstadt: WGB 2011.
Hoff, Johannes: *Verteidigung des Heiligen. Anthropologie der digitalen Transformation.* Freiburg: Herder 2021.
Hollenweger, Walter J.: *Erfahrungen der Leibhaftigkeit, Interkulturelle Theologie.* München: Chr. Kaiser 1979.
Hollenweger, Walter J.: *Geist und Materie. Interkulturelle Theologie 3.* München: Kaiser 1988.
Hollenweger, Walter J.: *Charismatisch-pfingstliches Christentum: Herkunft, Situation, ökumenische Chancen,* Göttingen: Vandenhoeck & Ruprecht 1997.
Hoppe, Katharina: *Donna Haraway. Zur Einführung.* Hamburg: Junius 2022.
Hunziker, Andreas: „'Der fähige Mensch' und ‚das mehr als Mögliche'", in: Korsch, Dietrich (Hg.): *Paul Ricœur und die evangelische Theologie.* Tübingen: Mohr Siebeck 2016, 194–211.
Hupe, Henning: „Raumerkundung im Metaphernland", in: Frey, Daniel; Grappe, Christian; Lehmkühler, Karsten u. Fritz Lienhard, (Hg.): *Die Rezeption von Paul Ricœur in den Feldern der Theologie.* Münster: LIT 2013, 89–110.
Infineon. https://www.infineon.com/cms/de/discoveries/internet-der-dinge-basics, letzter Zugriff am 01.03.2024.
Jahnel, Claudia: ‚Pentecostal Body Logics'. Pentekostale Körperpraktiken und Körperwissen als Anfrage an Körper- und Religionsdispositive der Moderne – eine Annäherung, in: K. Hock (Hg.), *Wissen und Religion: Erkenntnis und Interesse. Epistemologie und Episteme in Religionswissenschaft und Interkultureller Theologie.* Leipzig: Ev. Verlagsanstalt 2020, 189–214.
Jahnel, Claudia: ‚Bring Yoga back', Konkurrierende epistemologische Fiktionen des Körpers als Gegenstand interkultureller Theologie. *Interkulturelle Theologie,* Jg. 47/2021, 61–87.
Kärrkäinen, Veli-Matti: Pneumatologies in Systematic Theology, in: Anderson, Alan/ Bergunder, Michael / Droogers, André / Van der Laan, Cornelis (Hg.), *Studying Global Pentecostalism. Theories + Methods.* Berkley: University of California Press 2010, 223–244.
Kirschner, Martin: Inkarniertes Zeugnis. Thesen zur Wahrheit des Glaubens im Angesicht des Anderen, in: Freyer, Thomas (Hg.): *Der Leib. Theologische Perspektiven aus dem Gespräch mit Emmanuel Lévinas.* Ostfildern: Matthias Grünewald 2009, 145–174.
Koch, Anne: *Körperwissen: Grundlegung einer Religionsästhetik.* München (2007) (unv. Mansukript, https://doi.org/10.5282/ubm/epub.12438).
Koch, Anne: *Religionsästhetik jenseits der Massendinghaltung,* Keynote in Göttingen, September 2013, https://www.youtube.com/watch?v=jqF427Ry3YE, letzter Zugriff am 30.3.2020.
Koch, Anne, „Körperwissen": Modewort oder Grundstein einer Religionssomatik und Religionsästhetik? in: Oliver Krüger, Nadine Weibel (Hg.), Die Körper der Religionen – Corps en religion (Zürich: PANO 2015) CULuREL 7, 21–45.
Koch, Anne: „KörperWissen" – Körpermacht", in: *Paragrana 25* (2016), 1, 61–75.
Kollbrunner, Fritz: Die klassische Theorie: Akkommodation, in: Collet, Giancarlo (Hg.), *Theologien der Dritten Welt: EATWOT als Herausforderung westlicher Theologie und Kirche.* Immensee: Neue Zeitschrift für Missionswissenschaft 1990, 133–141.
Konz, B.: Postkoloniale Kirchengeschichtsdidaktik im Horizont der Lebenswelten Heranwachsender. *ZPT 74(3) 2022,* 272–284.
Korsch, Dietrich (Hg.): *Paul Ricœur und die evangelische Theologie.* Tübingen: Mohr Siebeck 2015.
Korsch, Dietrich: Der verborgene Gott. Eine stillschweigende Voraussetzung in der Philosophie Ricœurs, in: ders. (Hg.): *Paul Ricœur und die evangelische Theologie.* Tübingen: Mohr Siebeck 2015, 212–222.

Krämer, Klaus: *Pentekostalismus: Pfingstkirchen als Herausforderung in der Ökumene.* Freiburg: Herder 2020.

Krewani, Wolfgang Nikolaus: *Es ist nicht alles unerbittlich: Grundzüge der Philosophie Emmanuel Lévinas.* Freiburg: Karl Alber 2006.

Kunstmann, Joachim: Subjektorientierte Religionspädagogik Modellvorschlag für ein zeitgemäßes Konzept religiöser Bildung, in: ZPT 2017; 69(4): 367–377.

Kurzewitz, Nora: *Gender und Heilung. Die Bedeutung des Pentekostalismus für Frauen in Costa Rica.* Bielefeld: transcript 2020.

Kühn, Rolf: *Radikalisierte Phänomenologie.* Frankfurt a. M.: suhrkamp 2003.

Küster, Volker: *Einführung in die Interkulturelle Theologie.* Mainz: Kohlhammer 2011.

Laack, Isabel: „Musik – Körper – Religion. Theoretische und methodische Überlegungen", in: Krüger, Oliver u. Weibel, Nadine. *Die Körper der Religion – corps en religion.* Zürich: Pano Verlag 2015, 261–284.

Leonhard, Silke: *Leiblich lernen und lehren. Ein religionsdidaktischer Diskurs.* Stuttgart: Kohlhammer 2006.

Levinas, Emmanuel: *Ethik und Unendliches. Gespräche mit Philippe Nemo.* Passagen. Graz/Wien/Böhlau: Hermann Böhl aus Nachf. Gesellschaft 1986.

Levinas, Emmanuel: *Zwischen uns. Versuch über das Denken des Anderen.* München: Karl Hanser 1995.

Levinas, Emmanuel: *Die Zeit und der Andere.* Hamburg: Felix Meiner 2003.

Levinas, Emmanuel: *Wenn Gott ins Denken einfällt. Diskurse über die Betroffenheit von Transzendenz.* Freiburg i. Br./München: Karl Alber ⁴2004 (frz. Org. 1982).

Levinas, Emmanuel: *Humanismus des anderen Menschen.* Hamburg: Felix Meiner 2005 (frz. Org. 1972).

Levinas, Emmanuel: *Vom Sein zum Seienden.* Freiburg/München: Karl Alber, ²2008 (frz. Org. 1947)

Levinas, Emmanuel: *Jenseits des Seins oder anders als Sein geschieht.* Freiburg i. Br./München: Karl Alber ⁴2011 (frz. Org. 1974).

Levinas, Emmanuel: *Die Spur des Anderen. Untersuchungen zur Phänomenologie und Sozialphilosophie.* Freiburg i. Br./München: Karl Alber ⁶2012 (dt. Org. 1983).

Levinas, Emmanuel: *Totalität und Unendlichkeit.* Freiburg i. Br./München: Karl Alber ⁵2014 (frz. Org. 1980).

Lienhard, Fritz: „Paul Ricœur im Angesicht der Sünde, des Todes und des Leibes", in: Frey, Daniel; Grappe, Christian; Lehmkühler, Karsten u. Fritz Lienhard (Hg.): *Die Rezeption von Paul Ricœur in den Feldern der Theologie.* Münster: LIT 2013, 111–142.

Lotz, Carsten: *Zwischen Glauben und Vernunft: Letztbegründungsstrategien in der Auseinandersetzung mit Emmanuel Lévinas und Jacques Derrida.* Paderborn: Schöningh 2008.

Löw, Martina: *Raumsoziologie.* Frankfurt: suhrkamp 2001.

Luhrmann, Tanya. *When God talks back. Understanding the American evangelical relationship with God.* Vintage Books: New York 2012.

Macchia, Frank D.: Zungen als Zeichen. Wege zu einem sakramentalen Verständnis pfingstlicher Erfahrung, in: Maltese, Giovanni u. Jörg Hausstein. *Handbuch charismatischer und pfingstlicher Theologie.* Göttingen: Vandenhoeck & Ruprecht 2014.

Maltese, Giovanni: Geisterfahrer zwischen Transzendenz und Immanenz. Die Erfahrungsbegriffe in den pfingstlich-charismatischen Theologien von Terry L. Cross und Among Young im Vergleich, Göttingen: V&R 2013.

Maltese, Giovanni; Bachmann, Judith; Rakow, Katja: Negotiating Evangelicalism and Pentecostalism: Global Entanglements, Identity Politics and the Future of Pentecostal Studies. *PentecoStudies* 18/1 2019, 7–19. https://doi.org/10.1558/pent.38778.

Mansilla, Miguel. *La cruz y la esperanza. La cultura del pentecostalismo chileno en la primera mitad del siglo XX.* Santiago de Chile: Editorial Universidad Bolivariana S.A. 2009.
Marquardt, Friedrich-Wilhelm: „,Feinde um unsretwillen'. Das jüdische Nein und die christliche Theologie", in: *Verwegenheiten. Theologische Stücke aus Berlin.* München: Chr. Kaiser 1981, 311–338.
Marquardt, Friedrich-Wilhelm: *Das christliche Bekenntnis zu Jesus, dem Juden. Eine Christologie.* Bd. I. München: Chr. Kaiser 1990.
Marquardt, Friedrich-Wilhelm: *Was dürfen wir hoffen, wenn wir hoffen dürfen? Eine Eschatologie.* Kamen, Hartmut Spenner, 1993.
Marquardt, Friedrich-Wilhelm: *Eia, wärn wir da – eine theologische Utopie.* Gütersloh: Chr. Kaiser/Gütersloher Verlagshaus 1997.
Martin, Bernice: The Aesthetics of Latinamerican Pentecostalism: Sociology of Religion and the Problem of taste, in: Elizabeth Arweck (Hg.), *Materializing religion. expression, performance and ritual.* Ashvill Aldershot 2006, 138–160.
Mayama, Alain: *Emmanuel Lévinas' Conceptual Affinities with Liberation Theology.* New York: Peter Lang 2010.
Meillassoux, Quentin: *Nach der Endlichkeit. Versuch über die Notwendigkeit der Kontingenz.* Zürich/Berlin: diaphanes 2006.
Meyer, Barbara U.: *Christologie im Schatten der Shoah – im Lichte Israels. Studien zu Paul an Beuren und Friedrich-Wilhelm Marquardt.* Heidelberg: Theologischer Verlag Zürich 2004.
Meyer, Birgit: Aesthetics of Persuasion: Global Christianity and Pentecostalism's Sensational Forms. *South Atlantic Quarterly*, Vol. 109:4 (2010), 741–763.
Meyer-Blanck, Michael Meyer-Blanck, Ambiguitätstoleranz – eine Dimension religionspädagogischer Hermeneutik?, in: *ZPT 2022*; 74(2), 172–183.
Mignolo, Walter D.: *Epistemischer Ungehorsam. Rhetorik der Moderne, Logik der Kolonialität und Grammatik der Dekolonialität.* Wien/Berlin: Turia+Kant 2012.
Mohn, Jürgen: Wahrnehmung der Religion: Aspekte der komparativen Religionswissenschaft in religionsästhetischer Perspektive", *Erwägen, Wissen, Ethik* 2012, 23/2, 241–254.
Moltmann, Jürgen: *Weiter Raum. Eine Lebensgeschichte.* Gütersloh: Verlagshaus 2006.
Morin, Edgar: *Die Methode – Die Natur der Natur.* Wien/Berlin: Turia+Kant 2010.
Morin, Edgar: A new way of thinking, in: *The Unesco Courier. Secret of complexity, 02/1996*, 10–14, https://unesdoc.unesco.org/ark:/48223/pf0000102554, zuletzt abgerufen am 5.07.2024.
Morin, Edgar: Order, disorder and the absolut, in: *World future: the journal of global education*, 46/4 (1996), 223–237.
Morin, Edgar: *Das Rätsel des Humanen.* München: Piper 1974.
Morrison, Glenn: The (Im-)possibilities of Lévinas for Christian Theology, in: De Tavernier, Johan; Selling, Joseph; Verstraeten, Johan and Paul Schotsmans: *Responsibility, God and Society. Theological Ethics in Dialogue. Festschrift Roger Burggraeve.* Leuven/Paris/Dudley: Uitgeverij Peeters 2008, 103–122.
Müller, Andreas Uwe: Sprache und Transzendenz, in: Gerber, Uwe u. Rudolf Hoberg: *Sprache und Religion.* Darmstadt: WBG 2009, 41–60.
Nausner, Michael: *Theologie der Teilhabe.* Leipzig. Evangelische Verlagsanstalt 2020.
Nausner, Michael: Kolonial Macht Partnerschaft. Studientag von Mission. Eine Welt am 28. September 2013 in München, 11 (unveröffentlichtes Manuskript), zitiert in: Jahnel, Claudia, *Interkulturelle Theologie und Kulturwissenschaften. Untersucht am Beispiel afrikanischer Theologie.* Stuttgart: Kohlhammer 2016.
Neuhold, Leopold; Gremsl, Thomas: Welt im digitalen Wandel. Neue Herausforderungen für

die Ethik, in: Gürke-Ungemann, Annett; Handschuh, Christian (Hg.): *Digitale Lehre in der Theologie. Chancen, Risiken und Nebenwirkungen.* Münster: LIT 2020, 67–84.

Oeming, Manfred: Paul Ricœur als Ausleger des Alten Testaments (unter besonderer Berücksichtigung seiner Interpretation des Buches Hiob), in: Frey, Daniel; Grappe, Christian; Lehmkühler, Karsten u. Fritz Lienhard (Hg.): *Die Rezeption von Paul Ricœur in den Feldern der Theologie.* Münster: LIT 2013, 37–52.

Pangritz, Andreas: *Vom Kleiner- und Unsichtbarwerden der Theologie. Ein Versuch über das Projekt einer impliziten Theologie bei Barth, Tillich, Benjamin, Horkheimer und Adorno.* Tübingen: Theologischer Verlag 1996.

Paredes Alfaro, Ruben: *Con permiso para danzar.* Lima: CEMAA 2006.

Pauly, Wolfgang: Mission – Inkulturation – reziproke Interkulturation. Aspekte zur Begegnung zwischen Christentum und anderen Kulturen. *Orientierung* 2009, 73/11, 123–125.

Pérez Guadalupe, José Luis; Grundberger, Sebastian (Ed.): *Evangélicos y poder en América Latina.* Lima: KAS/IESC 2018.

Pérez Guadalupe, José Luise. *Entre Dios y el César.* Lima: KAS/IESC 2017.

Pfeifer, Wolfgang et al., *Etymologisches Wörterbuch des Deutschen* (1993), digitalisierte und von Wolfgang Pfeifer überarbeitete Version im Digitalen Wörterbuch der deutschen Sprache, https://www.dwds.de/wb/etymwb/radikal, letzter Zugriff am 01.03.2024.

Pirker, Viera: Subjektorientierte religiöse Bildungsprozesse – medial gespiegelt – in Response auf Judith Könemann, in: Gärtner, Claudia u. Jan-Hendrik Herbst (Hg.). *Kritisch-emanzipatorische Religionspädagogik. Diskurse zwischen Theologie, Pädagogik und Politischer Bildung.* Wiesbaden: Springer 2020, 215–232.

Preuß, Wolfgang: Masse und Rausch. William Hogarth und Charles Dickens, in: Thomas Strässle; Simon Zumsteg (Hg.), *Trunkenheit. Kulturen des Rausches, Amsterdam.* New York: Rodopi 2008, 75–99.

Purcell, Michael: *Lévinas and Theology.* Cambridge: Cambridge University Press 2006.

Rancière, Jacques: *Das Unbehagen der Ästhetik.* Wien. Passagenverlag ³2016.

Reckwitz, Andreas: *Die Erfindung der Kreativität. Zum Prozess gesellschaftlicher Ästhetisierung*, Berlin: suhrkamp ⁶2019 (2012).

Reichert, Ramon: Dating mit Algorithmen. Rechnerbasierte Modelle der Partner*innenwahl in plattformbasierten Gesellschaften, in: Beck, Wolfgang; Nord, Ilona u. Joachim Valentin: *Theologie und Digitalität. Ein Kompendium.* Stuttgart: Herder 2021, 108–132.

Relevanzmacher: https://relevanzmacher.de/glossar/web-3-0-definition, letzter Zugriff am 01.03.2024.

Renger, Almut; Wulf, Christoph; Bangen, Jan Ole; Hanky, Henriette: Körperwissen: Transfer und Innovation, in: *Paragrana 25* (2016) 1, 13–19.

Richter, Cornelia: Am Anderen sich selbst verstehen. Das religiöse und das ethische Selbst, in: Korsch, Dietrich (Hg.): *Paul Ricœur und die evangelische Theologie.* Tübingen: Mohr Siebeck 2015, 107–117.

Ricœur, Paul: *Geschichte und Wahrheit.* München: List, 1974 (frz. Org. 1955).

Ricœur, Paul: Der Text als Modell, in: ders., *Seminar: Hermeneutik und die Wissenschaften.* Frankfurt a. M.: Suhrkamp 1978, 83–117.

Ricœur, Paul: *Das Böse – Eine Herausforderung für Philosophie und Theologie.* Zürich: TVZ 1985.

Ricœur, Paul: *Zufall und Vernunft in der Geschichte.* Erweiterter Vortrag, Tübingen: Konkursbuch, 1985.

Ricœur, Paul: *Phänomenologie der Schuld. Symbolik des Bösen.* Bd. 2. Freiburg i. Br.: Karl Alber ²1988 (dt. 1971; frz. Org. 1960).

Ricœur, Paul: *Zeit und Erzählung*. Bde. I–III. München: Wilhelm Fink 1989–1991 (frz. Org. 1983–1985).
Ricœur, Paul: *Liebe und Gerechtigkeit*. Tübingen: J.C.B. Mohr, ²1990 (1986).
Ricœur, Paul: *Das Selbst als ein Anderer*. München: Wilhelm Fink, 1996 (frz. Org. 1990).
Ricœur, Paul: A reading of Emmanuel Lévinas' ‚Otherwise than Being or beyond Essence'. *Yale French Studies*, No. 104, Encounter with Lévinas 2004, 82–99.
Ricœur, Paul: *Die lebendige Metapher*. München: Wilhelm Fink, ³2004 (frz. Org. 1975).
Ricœur, Paul: *Vom Text zur Person. Hermeneutische Aufsätze (1970-1999)*. Hamburg: Felix Meiner 2005.
Ricœur, Paul: *Gedächtnis-Geschichte-Vergessen*. München: Wilhelm Fink 2004 (frz. Org. 2000).
Suhrkamp 2006 (frz. Org. 2004).
Ricœur, Paul: *Wege der Anerkennung. Erkennen – Wiedererkennen – Anerkanntsein*. Frankfurt a. M.: suhrkamp 2006b.
Ricœur, Paul: *Lebendig bis in den Tod. Fragmente aus dem Nachlass*. Hg. v. Alexander Chucholowski. Hamburg: Felix Meiner 2011 (frz. Org. 2007).
Ricœur, Paul: *Anders. Eine Lektüre von Jenseits des Seins und anders als Sein geschieht von Emmanuel Lévinas (1997)*. Wien/Berlin: Turia & Kant 2015 (frz. Org. 1997).
Robertson, Roland: Glocalization: Time – Space and Homogenity – Heterogenity. In: Scott Lash, Roland Robertson (Hg.): *Global Modernities*. London: Saga Publication 1995, 25–44.
Roggenkamp, Antje: Religionshaltige Popularkultur. Etüden über „implizite" und „explizite" Religion am Beispiel „Matrix". *Theo-Web 2* (2003),1, 36–46
Sallandt, Ulrike: *Der Geist Gottes im Süden Perus. Risiken und Chancen charismatisch – pfingstlicher Verkündigung am Beispiel der AdD*, Münster: LIT 2007.
Sallandt, Ulrike, Rezension (2020). https://www.glopent.net/iak-pfingstbewegung.aspx/Members/webmaster/rezensionen/rezension-werner/view, letzter Zugriff am 01.03.2024.
Sallandt, Ulrike: *Sprache und Alterität. Grundriss einer Theologie des Verlassens*. Leipzig: Evangelische Verlagsanstalt 2024.
Sánchez Paredes, José Manuel: *Cultura y conversión pentecostal: individuo, cuerpo y emociones en la dinámica religiosa de sectores populares de Lima. El caso del Centro Misionero Ríos de Agua Viva de San Juan de Lurigancho*. Lima: PUCP 2018.
Sander, Kai: Wie Digitalisierung Theologie verändern kann: Überlegungen zur Anschlussfähigkeit von Theologie im Brennpunkt digitaler Kommunikation, in: Gürke-Ungemann, Annett u. Christian Handschuh (Hg.): *Digitale Lehre in der Theologie. Chancen, Risiken und Nebenwirkungen*. Münster: LIT 2020, 97–110.
Schmidlin, Joseph: Missionswissenschaft und Missionspraxis. *Zeitschrift für Missionswissenschaft* 1920/*10*, 1–11.
Schmitz, Hermann: *Der Leib*, Berlin/Boston: Walter de Gruyter 2011.
Schröder, Bernd, *Religionspädagogik*, Tübingen: Mohr Siebeck 2012.
Schüler, Sebastian: Der Körper, die Sinne und die Phänomenologie der Wahrnehmung: Vom Embodiment-Paradigma zur Religionsästhetik, in: Gritt Klinkhammer u. Eva Tolksdorf (Hg.). *Somatisierung des Religiösen. Empirische Studien zum rezenten religiösen Heilungs- und Therapiemarkt*. Universität Bremen 2015, 13–46.
Schulte, Christoph: *Zimzum. Gott und Weltursprung*. Berlin: suhrkamp 2014.
Schwaderer, Isabella; Waldner, Katharina: *Annäherungen an das Unaussprechliche. Ästhetische Erfahrung in kollektiven religiösen Praktiken*. Bielefeld: transcript 2020.
Segato, Rita Laura: *Wider die Grausamkeit. Für einen feministischen und dekolonialen Weg*. Berlin: Mandelbaum ²2023.

Sepúlveda, Juan: *De peregrinos a ciudadanos. Breve historia del cristianismo evangélico en Chile.* Santiago de Chile: KAS/FET 1999.

Sidekum, Antonio: Die Lévinassche Ethik im Lichte der Philosophie der Befreiung, in: Mayer, Michael u. Markus Hentschel (Hg.): *Lévinas: Zur Möglichkeit einer prophetischen Philosophie.* Gießen: Focus 1990, 178– 194.

Siegemund, Axel: Öffentliche Theologie im Digitalen, in: Gürke-Ungemann, Annett u. Christian Handschuh (Hg.): *Digitale Lehre in der Theologie. Chancen, Risiken und Nebenwirkungen.* Münster: LIT 2020, 85–95.

Silber, Stefan: *Postkoloniale Theologie.* Tübingen: Narr Francke Attempto 2021.

Silber, Stefan: Decolonizar la Educación Teológica. Ensayo de Transformación decolonial de la Teología Europea. *Aula 28 2022*, 247–259.

Simojoki, H.: Religionspädagogik im globalen Horizont, in: Grümme, Bernhard u. Manfred L. Pirner (Hg.). *Religionsdidaktik weiterdenken. Innovative Ansätze für eine zukunftsfähige Religionsdidaktik.* Stuttgart: Kohlhammer 2023, 184–199.

Stalder, F.; Beck, W. Zur Kultur der Digitalität, Ein Interview von Wolfgang Beck mit Felix Stalder, in: Valentin, Joachim; Nord, Ilona u. Wolfgang Beck (Hg.). *Theologie und Digitalität. Ein Kompendium.* Freiburg: Herder 2021, 21–31.

Stegmaier, Werner. *Emmanuel Levinas. Zur Einführung.* Hamburg: Junius 2009.

Tillich, Paul: „9. Gläubiger Realismus (1927)", in: Danz, Christian; Schüßler, Werner u. Erdmann Sturm (Hg.). *Ausgewählte Texte.* Berlin/New York: De Gruyter 2008, 173–182. DOI: 10.1515/9783110211740.173.

Tillich, Paul: *Systematische Theologie I-II,* Berlin/Boston: De Gruyter ⁹2017.

Trusheim, Jens: Zeugnis und Offenbarung bei Paul Ricœur, in: Korsch, Dietrich (Hg.): *Paul Ricœur und die evangelische Theologie.* Tübingen: Mohr Siebeck 2016, 141–169.

Valentin, Joachim; Nord, Ilona u. Wilfried Beck (Hg.). Theologie und Digitalität. Ein Kompendium. Freiburg: Herder 2021

Valentin, Joachim: Zwischen Matrix und Christus. Fundamentaltheologie als kritische Religions- und Kulturtheorie. *Magazin für Theologie und Ästhetik* 32/2004. >https://www.theomag.de/32/jv1.htm<, letzter Zugriff am 01.03.2024.

Van Riessen, Renée: Creative Kenosis: Lévinas and Christian Theology, in: De Tavernier, Johan; Selling, Joseph; Verstraeten, Johan and Paul Schotsmans (Hg.). *Responsibility. God and Society. Theological Ethics in Dialogue. Festschrift Roger Burggraeve.* Leuven/Paris/Dudley: Uitgeverij Peeters 2008, 143–162.

von Sass, Hartmut (Hg.). *Perspektivismus. Neue Beiträge aus der Erkenntnistheorie, Hermeneutik und Ethik.* Hamburg: Meiner 2019.

von Scheliha, Arnulf: *Umformung christlichen Denkens in der Neuzeit,* in: *Saarbrücker Religionspädagogisches.* Heft 7/2007.

Waldenfels, Bernhard: *Sozialität und Alterität. Modi sozialer Erfahrung.* Berlin: Suhrkamp 2015.

Waldner, Katharina: Die Ästhetisierung der religiösen Erfahrung oder: Wie sinnlich ist Religion, in: Schwaderer, Isabella; Waldner, Katharina: *Annäherungen an das Unaussprechliche. Ästhetische Erfahrung in kollektiven religiösen Praktiken.* Bielefeld: transcript 2020, 17–54.

Wandering, Nikolaus: Zur Rede von einer ‚impliziten Theologie'. Versuch einer Begriffsklärung, in: Drexler, Christoph u. Matthias Scharer: *An Grenzen lernen. Neue Wege in der theologischen Didaktik.* Mainz: Matthias Grünewald 2004, 189–213.

Wasim Frembgen, Jürgen: Klänge, Düfte, Geschmäcke, in: Schwaderer, Isabella; Waldner, Katharina: *Annäherungen an das Unaussprechliche. Ästhetische Erfahrung in kollektiven religiösen Praktiken.* Bielefeld: transcript 2020, 227–229. https://doi.org/10.1515/9783839447253.

Werner, Gunda (Hg.). *Gerettet durch Begeisterung. Reform der katholischen Kirche durch pfingstlich-charismatische Religiosität?* Freiburg: Herder 2017.

Wilkinson, Michael and Peter Althouse (Hg.), *Pentecostals and the Body.* Leiden: Brill 2017

Wilkinson, Michael: Pentecostalism, the Body and Embodiment, in: Wilkinson, Michael and Peter Althouse (Hg.), *Pentecostals and the Body.* Leiden: Brill 2017, 17–35.

Wohlmuth, Josef (Hg.): Im Geheimnis einander nahe: theologische Aufsätze zum Verhältnis von Juden- und Christentum. Paderborn: Ferdinand Schöningh 1996.

Wohlmuth, Josef (Hg.): *Emmanuel Lévinas – eine Herausforderung für die Christliche Theologie.* Paderborn/München u. a.: Ferdinand Schöningh 1999.

Wüthrich, Matthias D.: *Raum Gottes. Ein systematisch-theologischer Versuch, Raum zu denken.* Göttingen: V&R 2015.

Zilleßen, Dietrich: Phänomenologische Religionspädagogik. Diskus und Performance, in: Dressler, Bernhard: Johannsen, Friedrich u. Rudolf Tammeus (Hg.). *Hermeneutik – Symbol – Bildung. Perspektiven der Religionspädagogik seit 1945.* Neukirchen-Vluyn: Neukirchener 1999, 84–103.

Zilleßen, Dietrich: Performativer Religionsunterricht? Gedankengänge im unsicheren Gelände, in: *Zeitschrift für Pädagogik und Theologie,* vol. 60, No. 1 2008, 31–39.

Zimmermann, Nigel: *Lévinas and Theology.* London / New York: Bloomsbury 2013.

Werner, Gunda (Hg.). *Gerettet durch Begeisterung. Reform der katholischen Kirche durch pfingstlich-charismatische Religiosität?* Freiburg: Herder 2017.

Wilkinson, Michael and Peter Althouse (Hg.), *Pentecostals and the Body*. Leiden: Brill 2017

Wilkinson, Michael: Pentecostalism, the Body and Embodiment, in: Wilkinson, Michael and Peter Althouse (Hg.), *Pentecostals and the Body*. Leiden: Brill 2017, 17–35.

Wohlmuth, Josef (Hg.): Im Geheimnis einander nahe: theologische Aufsätze zum Verhältnis von Juden- und Christentum. Paderborn: Ferdinand Schöningh 1996.

Wohlmuth, Josef (Hg.): *Emmanuel Lévinas – eine Herausforderung für die Christliche Theologie*. Paderborn/München u. a.: Ferdinand Schöningh 1999.

Wüthrich, Matthias D.: *Raum Gottes. Ein systematisch-theologischer Versuch, Raum zu denken.* Göttingen: V&R 2015.

Zilleßen, Dietrich: Phänomenologische Religionspädagogik. Diskus und Performance, in: Dressler, Bernhard: Johannsen, Friedrich u. Rudolf Tammeus (Hg.). *Hermeneutik – Symbol – Bildung. Perspektiven der Religionspädagogik seit 1945*. Neukirchen-Vluyn: Neukirchener 1999, 84–103.

Zilleßen, Dietrich: Performativer Religionsunterricht? Gedankengänge im unsicheren Gelände, in: *Zeitschrift für Pädagogik und Theologie*, vol. 60, No. 1 2008, 31–39.

Zimmermann, Nigel: *Lévinas and Theology*. London / New York: Bloomsbury 2013.